Datenbanksysteme
Konzepte und Management

Joachim Niedereichholz
Gerhard Kaucky

Datenbanksysteme

Konzepte und Management

Vierte vollständig revidierte Auflage

Mit 172 Abbildungen

Physica-Verlag Heidelberg
Ein Unternehmen des Springer-Verlags

Professor Dr. Joachim Niedereichholz
Lehrstuhl für Wirtschaftsinformatik II
Universität Mannheim
Schloß
W-6800 Mannheim

Dr. Gerhard Kaucky
Bachstraße 5
W-6239 Kriftel/Ts.

ISBN-13: 978-3-7908-0578-9 e-ISBN-13: 978-3-642-86095-9
DOI: 10.1007/978-3-642-86095-9

Satz: Elsner & Behrens GmbH, Oftersheim

7120/7130-543210 - Gedruckt auf säurefreiem Papier

Vorwort

Das vorliegende Werk möchte auf anschauliche Art und Weise in die Funktionsweise und Einsatzproblematik von Datenbanksystemen einführen. In einigen Kapiteln werden gewisse Informatik-Vorkenntnisse beim Leser erwartet – generell jedoch nicht.

Das Werk entstand aus Vorlesungen, Seminaren innerhalb und außerhalb der Universität sowie aufgrund der Erfahrungen durchgeführter Datenbanksystemtests und -einführungen. Es ist in vielen Teilen ausgesprochen praktisch orientiert, zumal die Erläuterung von Datenbanksystemen anhand existierender Systeme und Einsatzbeispiele gut veranschaulicht werden kann. Die Autoren wollen gleichermaßen die Leserbedürfnisse bei Studenten der Wirtschaftsinformatik, BWL und Informatik als auch bei Praktikern der Informationsverarbeitung befriedigen.

Der modulare Aufbau des Werkes wird durch die symbolische Erwähnung des jeweiligen Kapitels in Überschriften und bei Abbildungen betont. Die Literaturangaben sind kapitelbezogen hinter dem jeweiligen Kapitel aufgelistet.

Die Autoren möchten den Herren Dipl. Kfm. J. Dirker sowie D. Appel und U. Haitz (Universität Mannheim) für die Hilfe bei der Anfertigung der vielfältigen Abbildungen danken.

Januar 1992

J. Niedereichholz G. Kaucky

Inhaltsverzeichnis

1 Einführung (EIN)

Der Begriff „Datenbanksystem“ bezeichnet ein rechnergestütztes System zur Beschreibung, Speicherung und Wiedergewinnung umfangreicher Datenmengen. Im Vergleich zur konventionellen Dateiverwaltung zeichnen sich Datenbanksysteme durch einen integrierten Datenbestand und weitgehende Unabhängigkeit zwischen Daten und Programmen aus. Dadurch ist eine wirtschaftlichere Verwaltung und Nutzung der Daten möglich.

Ein höheres Potential an Redundanzvermeidung, Datenunabhängigkeit, Vielfachzugriff und Datenintegrität gewährleisten eine wirtschaftlichere Datenverwaltung.

Wurden zur Verknüpfung von Daten früher zeitaufwendige Suchvorgänge benötigt, so erlauben Datenbanksysteme eine flexiblere Verknüpfung von Daten bei kurzen Zugriffs- bzw. Verarbeitungszeiten. Durch eine auf Datenbanksystemen aufbauende, vereinfachte und beschleunigte Kommunikation zwischen Anwendungsgruppen ergeben sich neue Anwendungsbereiche der DV-Unterstützung von Informations- und Entscheidungsaufgaben.

1.1 Entwicklungsgeschichte von Datenbanksystemen

In diesem Abschnitt wird der Entwicklungsprozeß ausgehend von der Datenverarbeitung hin zu Datenbanksystemen skizziert. Die Gegenüberstellung der einzelnen Entwicklungsstufen verdeutlicht die Vorteile, die mit dem Einsatz von Datenbanksystemen verbunden sind (vgl. [Sel]).

Konventionelle Datenverarbeitung

Der Einsatz von DV-Systemen war in den 50er und Anfang der 60er Jahre durch Anwendungen geprägt, die lediglich eine sequentielle Verarbeitung von sog. „master files" ermöglichten. Diese auch als „old-master/new-master" bezeichnete Verarbeitung basierte u. a. auf Speichermedien (Magnetbändern), die nur eine sequentielle satzweise Verarbeitung zuließen. Eingabedaten wurden sequentiell aus der Eingabedatei gelesen („old-master"), bearbeitet und zurück (evtl. modifiziert) auf die Ausgabedatei („new-master") geschrieben (Abb. EIN 1).

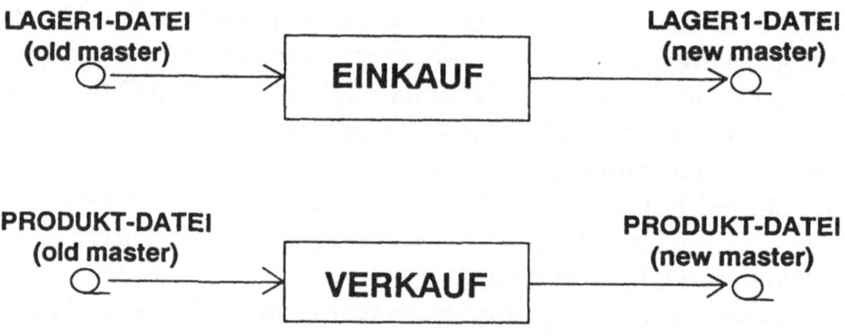

Abb. EIN 1: old-master/new-master Verarbeitung

Diese Form der Datenverarbeitung hatte einige gravierende Nachteile:

- So war der Aufbau und die Organisation der Dateien speziell auf die Erfordernisse der darauf zugreifenden Programme abgestimmt. Die Nutzung der einzelnen Dateien war daher nicht für alle Programme möglich. Die enge Bindung zwischen Anwendungsprogrammen und Daten führte u. a. dazu, daß Änderungen der Dateiorganisation oder der Zugriffsmethode eine Anpassung der zugreifenden Programme nötig machten. Dieser Sachverhalt wird als Datenabhängigkeit bezeichnet.

- Aufgrund der engen Bindung Programm–Datei, mußten z. T. identische Daten in mehreren Dateien gespeichert werden. Diese als Redundanz bezeichnete Mehrfachspeicherung eines Datums führte zu einem Mehrbedarf an sekundärem Speicherplatz, dessen Kosten früher Beachtung fanden. Außerdem ermöglichte die redundante Datenhaltung die unabhängige Änderung der redundant gehaltenen Daten in den einzelnen Dateien. Es war folglich nicht immer auszuschließen, daß über einen Sachverhalt wie z. B. den Preis eines Produktes, in den einzelnen Dateien unterschiedliche Informationen gehalten wurden.
- Die Aktualisierung der Daten war erschwert. Änderte sich z. B. der Preis eines Produktes, so mußte diese Änderung in allen Dateien durchgeführt werden, in denen der Produktpreis erfaßt wurde. Wurden diese Änderungen nicht parallel durchgeführt oder durch einen Schreibfehler falsch ausgeführt, so führte dies zu einem inkonsistenten Datenbestand – d. h. einem in sich logisch widersprüchlichen Datenbestand.
- Die einzelnen Dateien konnten nicht von mehreren Anwendungen gleichzeitig benutzt werden. Die sekundären Speichermedien dieser Verarbeitungsform erlaubten meist nur sequentiellen Zugriff.

Dateiverwaltungssysteme

Mitte der 60er Jahre führten Weiterentwicklungen auf dem Gebiet der sekundären Speichermedien (Magnetplatten) zur Einführung von Dateiverwaltungssystemen („file-management-systems"). Es war nun möglich, Daten, die bislang auf mehreren Speichermedien verteilt waren, unter einer einheitlichen Schnittstelle zusammenzufassen. Folglich konnte die bei der konventionellen Dateiverarbeitung nötige Mehrfachspeicherung von z. T. inkonsistenten Datenkopien entfallen.

Wichtige Eigenschaften, der als Teil des Betriebssystems realisierten Dateiverwaltungssysteme (wie z. B. ISAM) sind u. a. direkter Zugriff auf einzelne Datensätze, Datensicherheit (Recovery, Schreibschutz, usw.) und Online-Betrieb.

Durch die Möglichkeit, über Adressen direkt auf einzelne Datensätze zuzugreifen (mittels Index-Dateien oder Hash-Funktionen), konnte der Mehrfach-Zugriff auf Dateien realisiert werden.

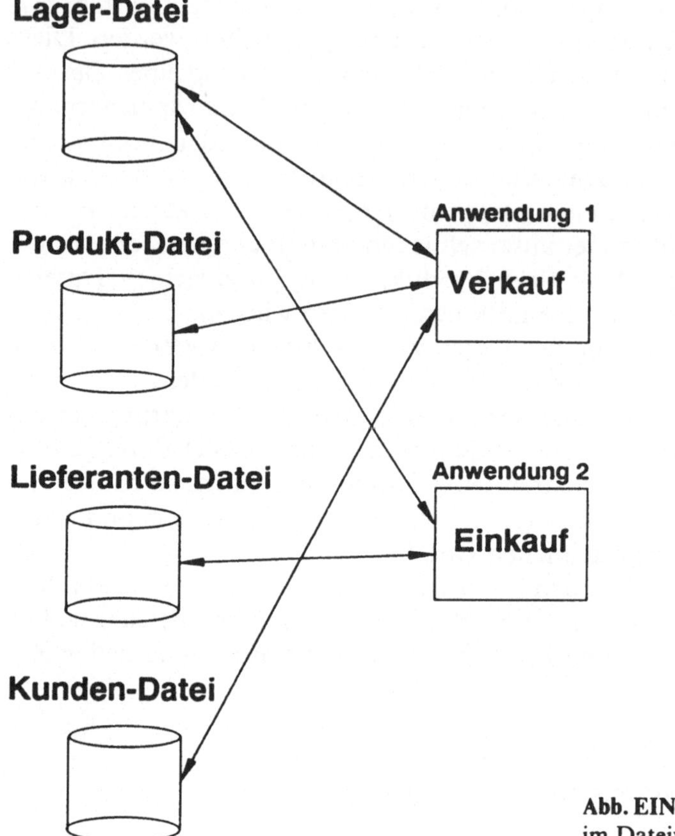

Abb. EIN 2: Anwendungen im Dateiverwaltungssystem

Abb. EIN 2 verdeutlicht die mit den Dateiverwaltungssystemen geschaffene Möglichkeit des Mehrfachzugriffs; mehrere Programme können nun auf eine Datei konkurrierend zugreifen.

Aber auch diese Form der Datenverarbeitung ist mit Nachteilen verbunden. Die Problematik läßt sich folgendermaßen charakterisieren:

- Eine zunehmende Unterstützung betrieblicher Aufgabenstellungen durch DV-Syteme in einzelnen Fachabteilungen führt zur Bildung lokaler Datenbestände. Daten, die von mehreren Fachabteilungen oder Einzelanwendungen benötigt werden, müssen redundant gehalten werden. Dabei erweist sich die Sicherung der Konsistenz und Integrität des Datenbestands als problematisch.

- Die Realisierung des Mehrfachzugriffs stellt erhöhte Anforderungen an Zuverlässigkeit, Sicherheit, Integrität und Konsistenz des Datenbestandes. Diese Anforderungen sind mit Dateiverwaltungssystemen nur schwer zu realisieren.
- Die Datenstrukturierung ist in der Regel nur für wenige Programme optimal. Sollen aber die Möglichkeiten des Mehrfachzugriffs ausgenutzt werden, so müssen auch neue Anwendungen an die bereits existierenden Datenstrukturen angepaßt bzw. letztere restrukturiert werden.
- Die Datenabhängigkeit der Programme führt bei einer Restrukturierung der Daten notwendigerweise zur Änderung aller Programme, die auf diese Daten Zugriff haben.

Datenbanksystem-Konzept

Das Datenbanksystem-Konzept stellte die konsequente Fortführung der mit den Dateiverwaltungssystemen begonnenen Entwicklung dar. Einerseits wird die, durch die Dateiverwaltungssyteme begonnene lokale Integration von Daten nun global vorgenommen, andererseits erfolgt eine weitgehende Trennung von Aspekten der Problemlösung und Datenverwaltung. Die aus der Anwendung von Dateiverwaltungssystemen resultierende Problematik wird im Konzept der Datenbanksysteme durch die Integration aller Daten in einer Datenbank und durch die Schaffung einer zentralen „Sicht" auf den Datenbestand vermieden.

Ein Datenbanksystem (DBS) besteht im wesentlichen aus den Komponenten:

- Datenbank und
- Datenbankmanagementsystem

Eine Datenbank ist eine integrierte, strukturierte Sammlung von Daten, die eine zentrale Speicherung und Kontrolle der Daten ermöglicht. Es können Beziehungen zwischen Dateien hergestellt werden.

Die zentrale Verwaltung und Kontrolle des Datenbestandes erfolgt durch das Datenbankmanagementsystem (DBMS) bzw. Datenbankverwaltungssystem (DBVS), welches außerdem den Datenzugriff der Anwendungsprogramme, sowie die Synchronisation der Zugriffe realisiert. Weitere Funktionen beinhalten die Bereitstellung von Sprachen zur Datenmanipulation sowie Aspekten der Daten-

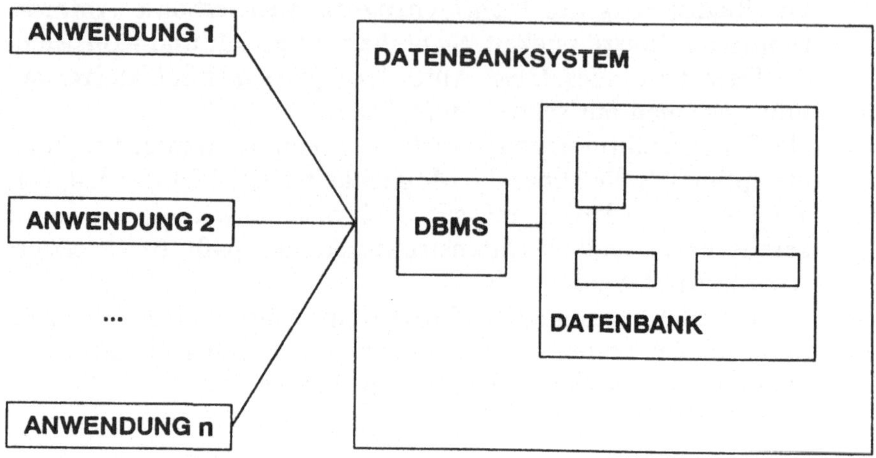

Abb. EIN 3: Struktur eines Datenbanksystems

sicherheit. Abb. EIN 3 verdeutlicht schematisch das Datenbanksystem-Konzept.

Im Vergleich zur konventionellen Datenverarbeitung ergeben sich mit dem Einsatz von Datenbanksystemen durch integrierte und zentrale Datenhaltung sowie weitgehende Datenunabhängigkeit bedeutende *Vorteile* [Dat]:

- Kontrollierte Redundanz

Durch die integrierte Datenhaltung, d. h. die physische und logische Zusammenfassung aller für ein Unternehmen relevanten Daten in einer Datenbank, ist ein weitgehend redundanzfreier Datenbestand möglich.

Werden Daten aus Effizienzgründen redundant gehalten, so ist durch ihre zentrale Kontrolle gewährleistet, daß an ihnen vorgenommene Änderungen nicht zu einem inkonsistenten Datenbestand führen.

Abb. EIN 4 zeigt das modifizierte Anwendungssystem aus Abb. EIN 2. Der Datenzugriff erfolgt nicht direkt durch die Anwendungsprogramme sondern über das Datenbankmanagementsystem (DBMS).

Datenkonsistenz

Unter Datenkonsistenz wird die logische Widerspruchsfreiheit einer Datenbank verstanden. Dateninkonsistenzen resultieren daraus, daß

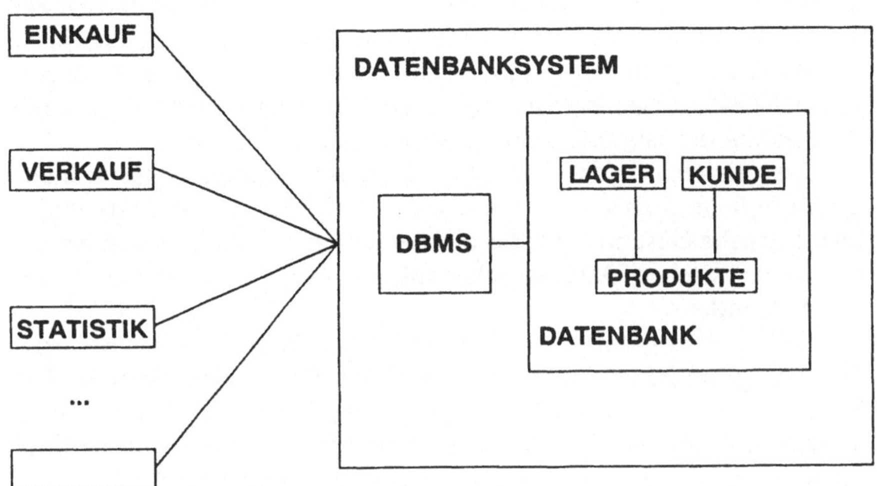

Abb. EIN 4: Integrierter Datenbestand

wegen redundant gehaltenen Daten widersprüchliche Informationen vorliegen.

Da die integrierte Datenhaltung zu einem weitgehend redundanzfreien Datenbestand führt, wird die Gefahr von Dateninkonsistenzen minimiert.

Datenintegrität

Unter Datenintegrität wird die Korrektheit und Vollständigkeit einer Datenbank verstanden. Aufgrund der zentralen Kontrollmöglichkeit ist eine vereinfachte Überprüfung des Datenbestandes auf Korrektheit und Vollständigkeit möglich. So können durch Prüfprogramme irrtümlich oder absichtlich falsche Benutzereingaben sowie durch Software- oder Hardware-Fehler verursachte Verfälschungen der Daten erkannt und verhindert werden.

Datenunabhängigkeit

Durch eine weitgehende Datenunabhängigkeit werden die Kosten der Erstellung und Anpassung von Anwendungssystemen wesentlich reduziert. Datenunabhängigkeit betrifft die Isolierung der Daten von den Programmen.

Es ist zwischen physischer und logischer Datenunabhängigkeit zu unterscheiden. Das Kriterium der physischen Datenunabhängigkeit ist erfüllt, wenn Programme unabhängig von Aspekten der physischen Datenorganisation und Zugriffsmethoden arbeiten. Änderungen der Datenorganisation oder Zugriffsmethoden erfordern keine Anpassung der zugreifenden Anwendungsprogramme.

Das Kriterium der logischen Datenunabhängigkeit impliziert zwei mögliche „logische Sichtweisen" auf die Daten einer Datenbank. Die „logische Gesamtsicht" betrachtet Daten unabhängig von Aspekten der physischen Datenspeicherung und der logischen Sicht einzelner Anwender.

Davon abzugrenzen ist die individuelle Sicht einzelner Benutzer oder Programme, die nur einen Teil der Datenbank umfaßt. Das Kriterium der „logischen Datenunabhängigkeit" ist erfüllt, wenn die logische Gesamtsicht auf die Daten verändert werden kann, ohne die lokalen Anwendungssichten entsprechend ändern zu müssen.

1.2 Architektur von Datenbanksystemen

Für den prinzipiellen Aufbau von Datenbanksystemen existieren eine Reihe konkurrierender Vorschläge, auf die hier nicht im einzelnen eingegangen werden kann (vgl. z. B. [LoS]).

Weitgehend durchgesetzt hat sich der 1975 von der ANSI/SPARC-Gruppe ANSI/X3/SPARC veröffentlichte Vorschlag, der von einer Drei-Ebenen-Architektur ausgeht [ANSI]. Dabei unterscheidet man die folgenden Ebenen:

1. Interne Ebene zur Beschreibung aller Aspekte der physischen Datenorganisation.
2. Konzeptuelle Ebene, auf der die logische Gesamtsicht der zu berücksichtigenden Daten zu beschreiben ist, ohne daß dabei Aspekte der Datenverarbeitung oder des einzelnen Anwenders zu berücksichtigen sind.
3. Externe Ebene, welche alle individuellen Sichten einzelner Anwendungen auf die Daten repräsentiert.

Den Kernpunkt des Vorschlags bildet die Abgrenzung unterschiedlicher Sichtweisen der Daten. Durch die Einführung der Ebenen-Architektur können diese unabhängig voneinander dargestellt wer-

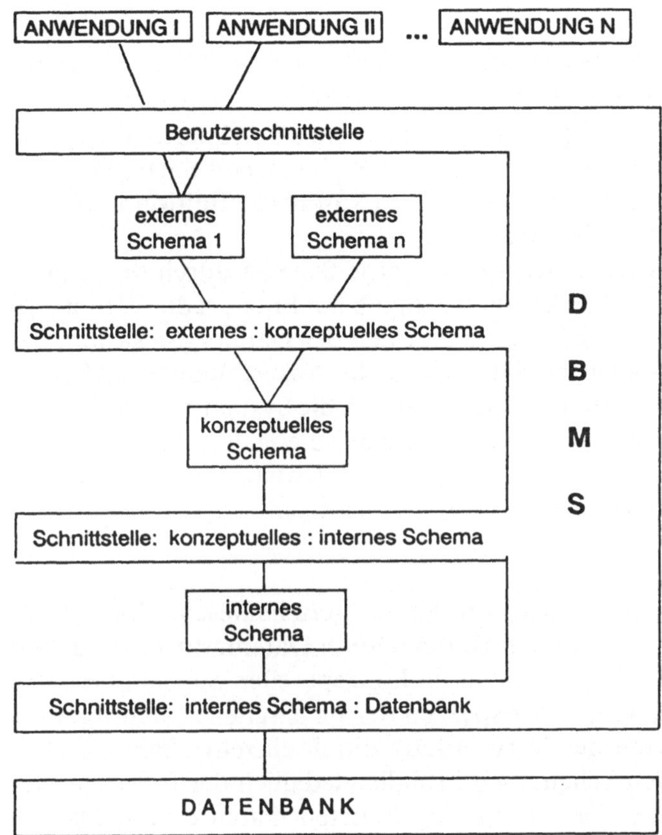

Abb. EIN 5: Drei-Ebenen-Architektur nach ANSI

den. Veränderungen der einzelnen Sichten können vorgenommen werden, ohne dadurch Einfluß auf die anderen Sichten zu nehmen. Die Kommunikation zwischen den einzelnen Ebenen respektive den unterschiedlichen Sichten erfolgt über Schnittstellen. Die gegenseitige Zuordnung der Objekte und Operationen der einzelnen Ebenen wird durch sogenannte Transformationsregeln vorgenommen. Diese werden i. d. R. durch das Datenbankmanagementsystem bereitgestellt.

Abbildung EIN 5 verdeutlicht die prinzipielle Struktur des ANSI/SPARC-Vorschlags. Auf den einzelnen Ebenen wird jeweils durch eine geeignete Datenbeschreibungssprache die unterschiedliche Sicht der Daten in einem Schema beschrieben. Die Ebenen können im einzelnen wie folgt beschrieben werden:

Interne Ebene

Auf der internen Ebene erfolgt die Abbildung der implementierten physischen Datenorganisation. Dazu gehören alle Informationen über den Aufbau der abgespeicherten Daten, deren Speicherorganisation, die Zugriffspfade, die Struktur der physischen Sätze, usw. Die Beschreibung erfolgt mittels einer Data Storage Definition Language (DSDL) im internen Schema.

Erstellt und betreut wird das interne Schema durch den Datenbankadministrator (DBA). Dieser trägt beim Entwurf die Verantwortung für die Auswahl geeigneter Formen der Dateiorganisation, den Aufbau der gespeicherten Sätze sowie die Auswahl der Speichermedien und Zugriffsmethoden. Da hierdurch die Systemleistung wesentlich bestimmt wird, sind bei der Auswahl dieser Parameter u. a. die erwartete Systembelastung, das geplante Datenvolumen sowie die gewünschten Antwortzeiten zu berücksichtigen.

Konzeptuelle Ebene

Auf der konzeptuellen Ebene erfolgt die logische Beschreibung der in einer Datenbank verwalteten Daten. Durch Datenmodelle wird diese logische Gesamtsicht der Daten im konzeptuellen Schema beschrieben, d. h. unabhängig von Aspekten der physischen Datenorganisation oder Aspekten der Verwendung durch einzelne Benutzer. Mit dem konzeptuellen Schema wird folglich lediglich der Informationsgehalt der in einer Datenbank abgebildeten Daten erfaßt. Da eine Modifikation des konzeptuellen Schemas nur erfolgt, wenn sich der im Schema abgebildete Realitätsausschnitt verändert, stellt es einen relativ stabilen Bezugspunkt in einem Datenbanksystem dar.

Zur Schema-Beschreibung wird eine sog. Datenbeschreibungssprache (Data Description Language - DDL) verwendet.

Externe Ebene

Die externe Ebene repräsentiert die Datenbank aus der Sicht einzelner Anwendungen bzw. Benutzer. Die Beschreibungen der individuellen Sichten erfolgt jeweils in einem eigenen externen Schema pro Anwendung bzw. Benutzer; sie spezifizieren den Teil der Datenbank, den einzelne Anwendungen oder Anwender benötigen bzw. benutzen dürfen. Außerdem ist in den externen Schemata festzulegen, wie die Daten von den einzelnen Anwendungen oder Benutzern gesehen werden - z. B. als COBOL-Sätze.

Dieses erfolgt mittels einer sog. Subschema Data Description Language (Subschema DDL).

Zur Datenmanipulation auf dieser Ebene werden vom Datenbankmanagementsystem Sprachmittel zur Verfügung gestellt - sogenannte Datenmanipulationssprachen (Data Manipulation Language - DML). Diese können entweder als eigenständige Dialogsprache vorliegen (z. B. QBE, vgl. Kapitel REL) oder als sogenannte „embedded language" einer Host Language. Bei einer Host Language (Wirtssprache) handelt es sich üblicherweise um eine höhere Pro-

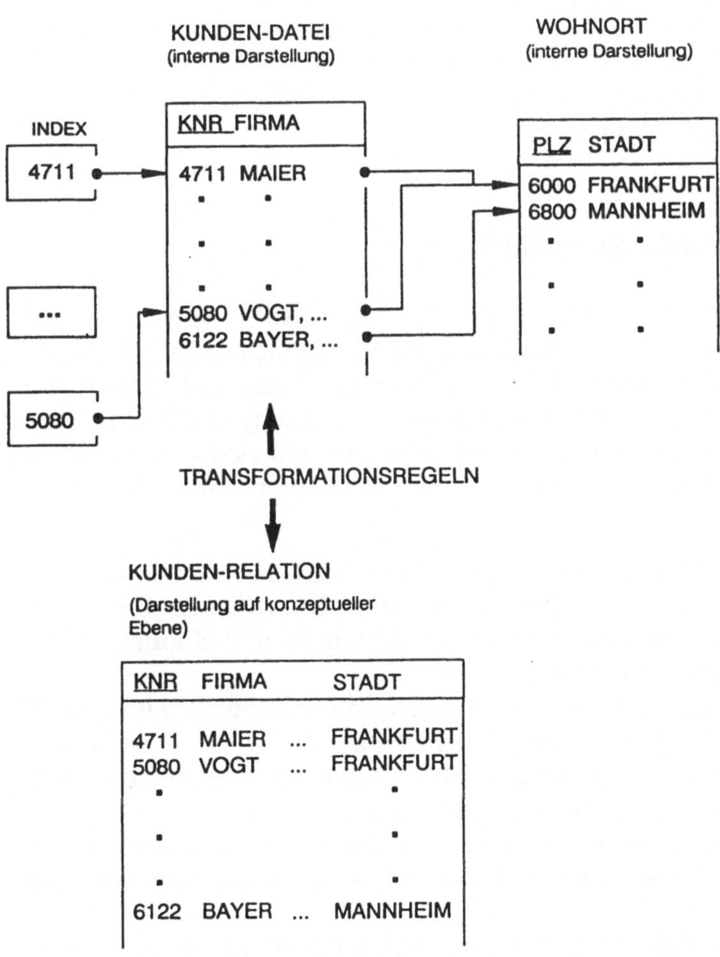

Abb. EIN 6: Transformation internes/konzeptuelles Schema

grammiersprache, wie z. B. COBOL oder PL/1, die um DML-Kommandos erweitert wurde.

Verbindung der Ebenen

Die Verbindung der einzelnen Ebenen erfolgt über Schnittstellen, die vom Datenbankmanagementsystem bereitgestellt werden. Durch Transformationsregeln erfolgt die jeweilige Umsetzung zwischen internem und konzeptuellem oder konzeptuellem und externem Schema. Die Transformationsregeln beschreiben, auf welche Art und Weise ein bestimmtes Objekt eines Schemas oder mehreren Objekten eines tieferliegenden Schemas zu bilden ist.

Kundendaten werden beispielweise auf der internen Ebene als Index-Datei und auf der konzeptuellen Ebene als Relation dargestellt. Die entsprechenden Umsetzungen nehmen dabei die Transformationsregeln vor (Abb. EIN 6).

1.3 Datenbanksystem-Software

Um die geschilderten Merkmale eines Datenbanksystems zu erfüllen, muß eine gut ausgebaute Software zur Verfügung stehen. Die Grundfunktionen eines Datenbanksystems werden teils durch die Datenbanksoftware, teils durch Dienstprogramme (Utilities) erfüllt. Abbildung EIN 7 zeigt einige wichtige Grundfunktionen. Man kann die Abbildung auch als software-orientierte Sicht der Datenbanksystem-Architektur auffassen:

a) Entsprechend der Philosophie des Datenbanksystems muß es eine Methode zur Strukturierung der Datenbank (Design) geben. Die verschiedenen Philosophien lernen wir in den Kapiteln HIER, NETZ und REL noch kennen.
b) Das Design muß mit einer Sprache zur Strukturdefinition (DDL bzw. DSDL) deklariert werden. Es muß ein DDL- bzw. DSDL-Übersetzer zur Verfügung stehen, um aus den Quellcodedeklarationen Objektcodes (Objekt-Schema) zu erzeugen.
c) Wenn die Struktur deklariert ist, können Daten geladen werden. Hierzu müssen Ladebefehle oder Dienstprogramme zur Verfügung stehen.
d) Eine Redefinition der Struktur sollte leicht möglich sein, ohne daß die Übersetzung nach b) wiederholt werden muß.

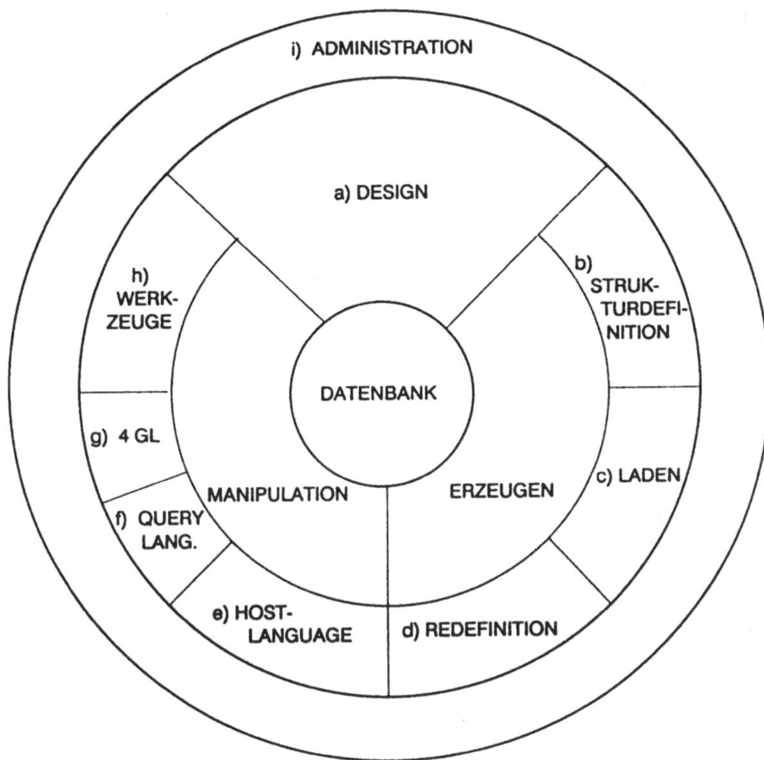

Abb. EIN 7: Grundfunktionen von Datenbanksoftware

e) Auf geladene Daten kann dann nach dem Host Language-Konzept

f) oder mit einer eigenständigen Query Language für ad hoc-Anfragen oder

g) mit einer sog. 4.-Generation-Sprache, die mächtige Datenmanipulationsbefehle enthält, zugegriffen werden.

h) Darüber hinaus werden Werkzeuge für den Endanwender, wie Report Generatoren, Graphik- und Kalkulationsprogramme zur Verfügung gestellt, was oftmals über PC-Anbindungen realisiert wird.

i) Der Datenbankadministrator muß eine ausreichende Anzahl von Dienstprogrammen zur Verfügung gestellt bekommen – als Werkzeuge für Monitoring, Reorganisation, Tuning, Sicherung und Zugriffssicherheit der Datenbank.

1.4 Literatur

[ANSI] ANSI/X3/SPARC Study Group on Data Base Management Systems: Interim Report, in: FDT, Bulletin of the ACM, Sigmod, Vol. 7, Nr. 2, 1975, S. 1–140

[Dat] Date, C. J.: An Introduction to Database Systems, Vol. I, 4th Ed., Readings Mass. u. a. 1986

[Sel] Selinger, P. G.: Database technology, in: IBM Systems Journal, Vol. 26, No 1, 1987, pp. 96–106

[LoS] Lockmann, P. C.; Schmidt, J. W.: Datenbank-Handbuch, Berlin u. a. 1987

2 Relationales Datenbankmodell (REL)

2.1 Grundlagen

2.1.1 Entwicklungsgeschichte und Begriffe

Das Relationenmodell zur Beschreibung von Datenbanken wurde 1970 von E. F. Codd vorgestellt [Cod 1]. Seitdem fand eine dynamische Entwicklung statt, die auf mehreren Voraussetzungen basiert:

- Die Einfachheit des Relationenmodells wurde schnell erkannt.
- Leistungsstarke Hardware ermöglichte ab Anfang der 80er Jahre die Implementierung des Relationenmodells.
- Die Entwicklung und Standardisierung von relationalen, mengenorientierten Abfragesprachen sowie Programmierumgebungen der 4. Generation gewährleistet viele zukünftige Einsatzgebiete.
- Hardwareunabhängige relationale DBS wie ORACLE und INGRES sowie der Markteintritt von IBM mit SQL/DS bzw. DB2 forcieren die Verbreitung relationaler Datenbanksysteme.

Theorie	1968-1970 1970-1973	Codds relationales Datenmodell Weiterentwicklung der Theorie
Prototypen	1973-1976	Query Prototyp QBE relationales DBS Prototyp System R
Tests	1977-1979	System R bei Pilotkunden
Produkte	1981 1983 1987 1988	SQL/DS - VSE DB2 Version 1 (MVS) SQL/DS Version 2 DB2 Version 2

Abb. REL 1: Entwicklung relationaler Datenbanksysteme bei IBM [IBM2]

- Einige nicht-relationale, im Markt befindliche DBS wurden mit einer relationalen Benutzeroberfläche versehen.

Abbildung REL 1 zeigt beispielhaft die Entwicklung relationaler Datenbanksysteme bei der Firma IBM.

Die skizzierten Entwicklungen bedeuten jedoch nicht, daß relationale Datenbanksysteme eine Universallösung im Datenbanksektor darstellen. Probleme in Entwurf und Betrieb relationaler DBS, mangelnde „Relationalität“ unter diesem Etikett angebotener DBS, auch Nachteile des Modells an sich werden hierarchischen und netzwerkartigen DBS weiterhin Einsatzsegmente sichern. Der Bestand nicht-relationaler DBS auf Großrechnern betrug 1990 noch über 70% des Gesamtbestandes an DBS. Im PC-Bereich sowie bei mittleren Systemen (z. B. UNIX-Mehrplatzsysteme, AS/400) findet man hingegen fast ausschießlich relationale Systeme im Einsatz.

Insbesondere ist es wichtig, hervorzuheben, daß gute Kenntnisse auf dem Gebiet des Relationenmodells die Strukturierungsfähigkeit fördern und daß dies auch für den Einsatz nicht-relationaler Datenbanksysteme wichtig ist.

Grundelemente des relationalen Datenmodells

Relation

Der „relationale Gedanke“ verfolgt eine sehr einfache Sichtweise: Alle Daten sowie Beziehungen zwischen Daten werden in zweidimen-

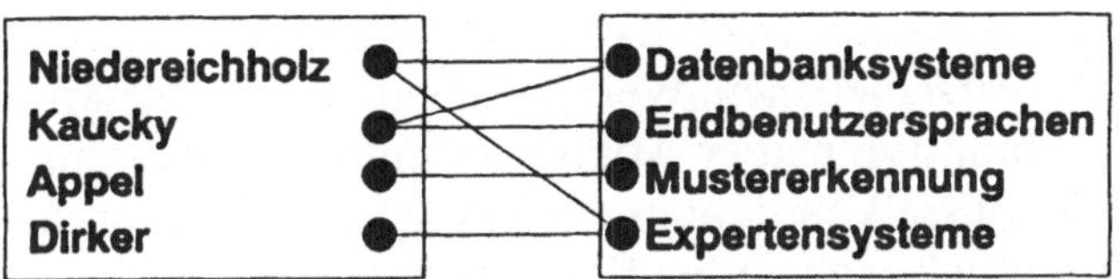

Abb. REL 2: Relation „Person – Forschungsgebiete" in Mengenschreibweise

Attributbezeichnung

logischer Verweis über Fremdschlüssel

Person	Forschungsgebiet
Appel	Mustererkennung
Kaucky	Datenbanksysteme
Kaucky	Endbenutzersprachen
Niedereichholz	Datenbanksysteme
Niedereichholz	Expertensysteme
Dirker	Expertensysteme

Forschungsgebiet	Etat
Mustererkennung	2000,-
Datenbanksysteme	10000,-
Endbenutzersprachen	5000,-
Expertensysteme	20000,-

Relation "Forschungsgebiet"

Attribut

Tupel

RELATION " Person "

Relationenname

Abb. REL 3: Beispiel relationaler Datendarstellung

sionalen Tabellen, sog. „flat files", dargestellt. Grundlage dieser Darstellung sowie der Operationen auf Daten ist die Mengentheorie, deren mathematische Schreibweise eine alternative Darstellungsform ist.

Eine *Relation* ist eine beliebige Zuordnung von Beziehungen zwischen Mengen (Abb. REL 2). Sie ist mathematisch betrachtet eine Teilmenge des kartesischen Produkts mehrerer Mengen.

In der Darstellungsweise relationaler Datenbanksysteme (Abb. REL 3) wird die Mengenzuordnung als Tabelle dargestellt, wobei die Zeilen als *Tupel,* die Spalten als *Attribute* bezeichnet werden. Die Reihenfolge der Spalten und Zeilen ist aufgrund der Mengenorientierung gleichgültig.

Ein Tupel wird auch als *Entity* bezeichnet, ein Objekt der Realität. Eine Zeile der Relation kann durch einen *Schlüssel* eindeutig identifiziert werden; dieses Attribut muß daher in jedem Tupel einen anderen, von „Null" verschiedenen Wert besitzen. In der Relation „Person" ist die Kombination beider Attribute Schlüssel. Manchmal existieren mehrere Schlüsselkandidaten (Primärschlüssel/Sekundärschlüssel). Zur Verdeutlichung werden Schlüssel unterstrichen.

Domäne

Wichtig ist der Begriff *„Domäne" (Entity-Typ).* Er bezeichnet die Konsistenzbedingungen, die für bestimmte Attribute gelten. Diese Bedingungen gehen über die in Programmiersprachen bekannten Datentypdeklarationen hinaus. Z. B. könnte für das Attribut „Person" gelten:

- Datentyp: Alphabetisch.
- Mitarbeiter einer Universität (hat Personalnummer).
- Besitzt akademischen Grad.

Die Bedingungen gelten für alle Verwendungen des Attributes in der Datenbank. Eine Domäne kann auch von mehreren Attributen herangezogen werden.

Verweisstrukturen

Zwischen den Tabellen (Relationen) bestehen keine physischen Verweisstrukturen wie Indizes, Zeiger usw., sondern logische. Verknüpfungen werden durch einen Satz mengenorientierter Operatoren vollzogen. Somit besteht neben der physischen eine logische Datenunabhängigkeit. Dies unterscheidet das relationale Datenmodell grundlegend von hierarchischen und netzwerkartigen Datenmodellen. Die Unterschiede zwischen DDL, DML und Kontrollsprache sind zudem bei aktuellen Produkten geringer als in anderen Datenmodellen.

Die logischen Verweise werden über Fremdschlüssel realisiert. Ein Attribut ist *Fremdschlüssel,* wenn seine Werte die Werte eines Schlüsselkandidaten einer anderen Relation sind (Forschungsgebiet in der ersten Relation). Durch diese Tatsache läßt sich im Beispiel ein Bezug zwischen Person und Etat herstellen.

Integrität

Mittels des Domänenbegriffs und des Fremdschlüsselbegriffs können die Bedingungen der Entity-Integrität und der referentiellen Integrität z. B. über einen Datenkatalog (Data Dictionary) geprüft werden:

Man kann alle Verwendungen des Attributes in der Datenbank simultan den gleichen Integritätsregeln unterziehen bzw. Existenz- und Wertabhängigkeiten zwischen Verwendungen von Attributen festlegen. Integritätsregeln können benutzerdefiniert sein. Die Unterstützung von Schlüsseln, Fremdschlüsseln und Domänen sind wichtige Kriterien relationaler DBS (vgl. Kapitel REL 2.2.1)

2.1.2 Entwurf relationaler Strukturen: Normalisierung

Um eine semantisch korrekte Abbildung der Realität zu erreichen, müssen die relevanten Unternehmensstrukturen in Datenstrukturen der konzeptuellen Ebene umgesetzt werden. Unter Semantik versteht man Informationen über die inhaltliche Bedeutung und Verwendung der Daten.

Mehrere Teilaufgaben sind zu durchlaufen:

a) Identifikation aller Entity-Typen und Beziehungen zwischen Entity-Typen.
b) Auf Attribut-Ebene Definition von Schlüsseln und funktionalen Abhängigkeiten zwischen Attributen.
c) Festlegen von Integritätsbedingungen.
d) Umsetzen in Relationendarstellung und Normalisieren der Relationen.

Schritt a) wird durch allgemeine Beschreibungsmodelle wie das Entity-Relationship-Modell unterstützt (vgl. Kap. IM). Schritt b) und c) gehören ebenfalls zum logischen Entwurf, die Implementierung ist jedoch vom gewählten DBS abhängig. In Schritt d) wird nun unter Benutzung der bisherigen Informationen eine Erstellung der konzeptuellen Datenbankbeschreibung vorgenommen.

Normalformen

Ein Ausschnitt der Realität kann zunächst auf scheinbar fast beliebige Weise in verschiedene Relationen abgebildet werden. Die Theorie der Normalformen bildet unter Beachtung sogenannter funktionaler Abhängigkeiten Relationen derart, daß minimale Speicherredundanz erreicht wird und keine Inkonsistenzen durch Operationen auf die Daten entstehen. Diese Art Integritätssicherung wird

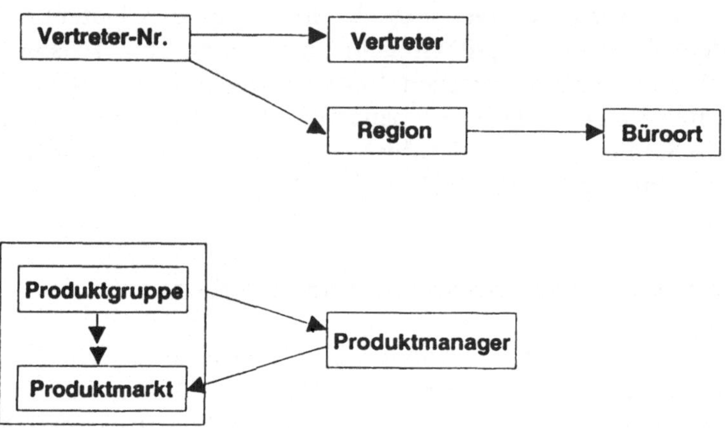

Abb. REL 4: Beispiel-Datenstruktur

durch relationale DBS nicht unterstützt, d. h. die Normalisierung muß benutzerseitig erfolgen (evtl. sind Tools vorhanden). Literatur zur Theorie der Normalformen: [Cod 1], [Dat 1], [Ken].

Beispiel:

Eine Absatzabteilung eines KFZ-Herstellers weise folgende Struktur auf (Notation nach [Dat 1]) (Abb. REL 4).

Wesentlich für den Prozeß der Normalisierung sind *funktionale Abhängigkeiten* zwischen Attributen.

Pfeile zeigen funktionale Abhängigkeiten an. Eine funktionale Abhängigkeit besteht (analog einer mathematischen Funktion) zwischen den Attributen A und B, wenn zu jedem Wert X des Attributes A *höchstens ein* Wert Y des Attributes B als Tupelpaar (X, Y) in der Relation eingetragen ist.

Der Doppelpfeil zwischen Produktgruppe und Produktmarkt soll andeuten, daß eine mehrwertige funktionale Abhängigkeit besteht, die man sich wie folgt verdeutlichen kann: *Alle* Beziehungen, die zwischen Produktgruppe und Produktmarkt bestehen, müssen an die sonstigen Beziehungen zu Produktgruppe gekoppelt werden. Konkreter: Wenn eine Produktgruppe auf einem (neuen) Produktmarkt angeboten wird, dann betreuen alle Vertreter dieser Produktgruppe auch diesen (neuen) Produktmarkt. Im konkreten Fall wird z. B ein Vertreter von LKWs diese immer auf den Produktmärkten „Industrie“ und „Privat“ betreuen (dto. für PKWs).

tr.-Nr.	Vertreter	Region	Büroort	Prod.gruppe	Prod.markt	Prod.manager
1	Kaucky	Bayern	München	LKW	Industrie	Maier
					Privat	Müller
1	Lenze	Hessen	Kassel	LKW	Industrie	Maier
					Privat	Müller
				PKW	Industrie	Maier
					Privat	Schmidt

Abb. REL 5: Unnormalisierte Datenbank (Ausschnitt)

tr.-Nr.	Vertreter	Region	Büroort	Prod.gruppe	Prod.markt	Prod.manager
1	Kaucky	Bayern	München	LKW	Industrie	Maier
1	Kaucky	Bayern	München	LKW	Privat	Müller
1	Lenze	Hessen	Kassel	LKW	Industrie	Maier
1	Lenze	Hessen	Kassel	LKW	Privat	Müller
1	Lenze	Hessen	Kassel	PKW	Industrie	Maier
1	Lenze	Hessen	Kassel	PKW	Privat	Schmidt

Abb. REL 6: Relation in 1. Normalform

Die nicht-normalisierte Form enthält noch eine Hierarchie (multiple Felder) (Abb. REL 5).

Erste Normalform (1NF)

In einer sog. 1. Normalform wird die relationale Darstellung nach dem Prinzip der „flat files" erreicht. Alle Wertebereiche sind elementar; alle Domänen und Attribute enthalten nur elementare Werte (Abb. REL 6).

Zweite Normalform (2NF)

In der 1NF sind noch diverse Integritätsverletzungen durch Updates oder Löschen möglich. Dies liegt daran, daß ein Nicht-Schlüsselattribut (hier Produktmanager) nur von einem Teil des Schlüssels funktional abhängig ist (nämlich von Produktgruppe und Produktmarkt). Deshalb könnte man durch Update einzelner Schlüsselteile Inkonsistenzen in der Beziehung zum Nicht-Schlüsselattribut erzeugen. (Bsp.: Update einzelner Ausprägungen von Region läßt einen

Vertr. -Nr.	Vertreter	Region	Büroort
1111	Kaucky	Bayern	München
4711	Lenze	Hessen	Kassel

Vertr. -Nr.	Prod.gruppe	Prod.markt	Prod.manger
1111	LKW	Industrie	Maier
1111	LKW	Privat	Müller
4711	LKW	Industrie	Maier
4711	LKW	Privat	Müller
4711	PKW	Industrie	Maier
4711	PKW	Privat	Schmidt

Abb. REL 7: Relationen in 2. Normalform

Vertreter mehrere Regionen betreuen; dies ist nicht erlaubt). In der 2. Normalform ist nun jedes Nicht-Primärschlüsselattribut *voll funktional vom Primärschlüssel abhängig,* d. h. nicht von Teilen des Primärschlüssels funktional abhängig. Zudem ist die 1NF erfüllt (Abb. REL 7).

Dritte Normalform (3NF)

Aufgrund der transitiven Abhängigkeit von Vertreter zu Region und Region zu Büroort können weiterhin Integritätsverletzungen auftreten. Transitiv abhängig bedeutet, daß Region von Vertr.-Nr. funktional abhängig ist und Büroort wiederum von Region. Etwa kann man durch Hinzufügen eines Satzes 3 der ersten Relation ein Wertepaar „Bayern, Regensburg" erzeugen, was aber den funktionalen Abhängigkeiten von Region widerspricht (in jeder Region nur ein Büroort, vgl. Abb. REL 4). Die transitive Abhängigkeit aller Nichtschlüsselattribute von Schlüsselattributen wird mittels der 3. Normalform durch Aufspaltung der Relation gelöst.

Ab der 3NF wird über die Relationen, die sich bis zur vollständigen Normalisierung nicht mehr ändern, ein identifizierender Relationenname gesetzt (für spätere Verwendung) (Abb. REL 8).

Boyce-Codd-Normalform (BCNF)

In bestimmten Fällen ist die 3NF nicht ausreichend zur vollständigen Normalisierung. Probleme ergeben sich bei überlappenden Schlüsselkandidaten:

Relation V

Vertr.-Nr.	Vertreter	Region
1111	Kaucky	Bayern
4711	Lenze	Hessen

Relation R

Region	Büroort
Bayern	München
Hessen	Kassel

Vertr.-Nr.	Prod.gruppe	Prod.markt
1111	LKW	Industrie
1111	LKW	Privat
4711	LKW	Industrie
4711	LKW	Privat
4711	PKW	Industrie
4711	PKW	Privat

Prod.gruppe	Prod.Markt	Prod.manager
LKW	Industrie	Maier
LKW	Privat	Müller
PKW	Industrie	Maier
PKW	Privat	Schmidt

Abb. REL 8: Relationen in 3NF

In der letzten Relation ist sowohl (Produktgruppe, Produktmarkt) als auch (Produktgruppe, Produktmanager) Schlüsselkandidat. Dies gilt allerdings nur aufgrund folgender angenommener Semantik:

- Für jede Kombination Produktgruppe/-markt gibt es nur einen Produktmanager.
- Jeder Produktmanager betreut nur eine Art von Produktmarkt.
- Jeder Produktmarkt (als Gattung) kann von verschiedenen Managern betreut werden.

In der sog. Boyce-Codd-Normalform (BCNF) bildet jeder der überlappten Schlüsselkandidaten nun eine eigene Relation. Damit ist die Abbildung der geschilderten Semantik möglich. Formal gesehen wird eine weitere transitive funktionale Abhängigkeit aufgelöst, deren Vorhandensein aber nicht der 3NF widerspricht (Abb. REL 9).

Vierte Normalform (4NF)

Bestehen innerhalb einer Relation mehrwertige Abhängigkeiten (vgl. Beispielbeschreibung), so ist in einer 4. Normalform eine weitere Dekomposition nötig (Abb. REL 10).

Käme nun eine neue Produktgruppe/Produktmarkt-Kombination „LKW/öffentliche Haushalte“ hinzu, so würden alle Vertreter mit der Produktgruppe LKW auch die öffentlichen Haushalte beehren (natürlich nur in ihrer Region)!

Relation PM

Prod.manager	Prod.markt
Maier	Industrie
Müller	Privat
Schmidt	Privat

(sowie alle anderen Relationen der 3NF)

Relation PG

Prod.gruppe	Prod.manager
LKW	Maier
LKW	Müller
PKW	Maier
PKW	Schmidt

Abb. REL 9: Relationen in BCNF

Relation VP

Vertr.-Nr.	Prod. gruppe
1111	LKW
4711	LKW
4711	PKW

Relation PGM

Prod.gruppe	Prod.markt
LKW	Industrie
LKW	Privat
PKW	Industrie
PKW	Privat

(sowie alle weiteren, nicht veränderten Relationen der 3NF und BCNF)

Abb. REL 10: Relationen in 4NF

Fünfte Normalform (5NF)

Bei bestimmten Operationen auf derartige 4NF-Relationen können Inkonsistenzen entstehen, die eine 5. Normalform erfordern. Auf diesen, in der Praxis kaum auftretenden Fall soll hier aber nicht eingegangen werden. Unter normalen Bedingungen ist eine Verfolgung bis zur 3NF ausreichend.

Vorgehensweise in der Praxis

Die Qualität der Normalisierung ist neben der theoretischen Beherrschung des Konzeptes von der richtigen semantischen Abbildung der Realität abhängig. Für bestimmte Anwendungen könnte aus Performance-Sicht eine nicht vollständige Normalisierung Vorteile bringen (Zugriff auf weniger Relationen); dies ist unter Integritätsaspekten jedoch oft problematisch.

Organisatorisch ist beim Entwurfsprozeß die Stelle der Datenbankadministration angesprochen (vgl. Kap. DBA). Die Zusammenarbeit mit Fachabteilungen erweist sich als wichtig.

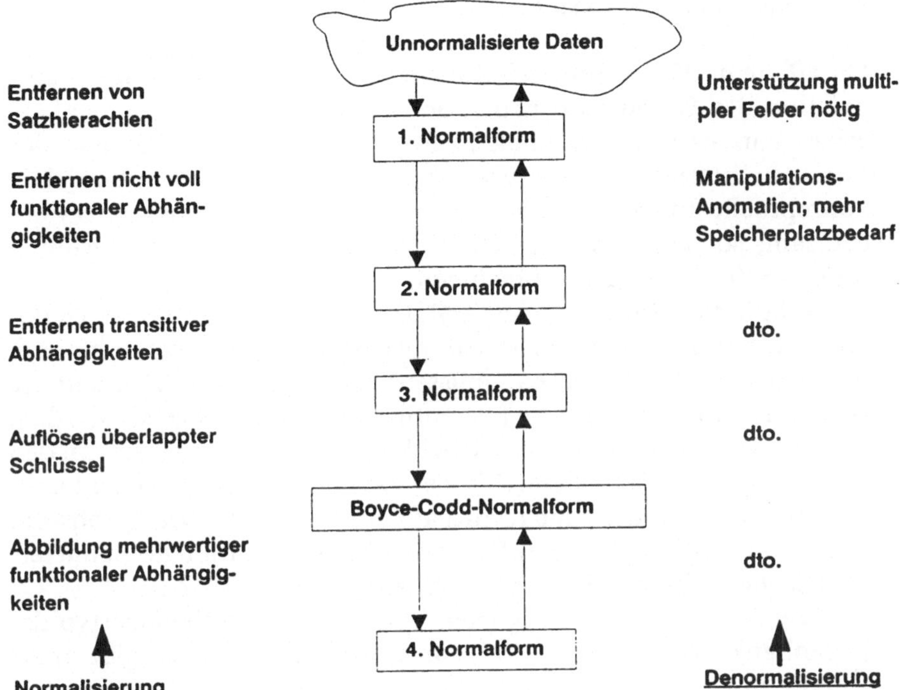

Abb. REL 11: Graphische Darstellung von Normalisierung und Denormalisierung

Als Unterstützung bei der Normalisierung werden mittlerweile Werkzeuge angeboten, welche durch Abfragen funktionaler Abhängigkeiten, Schlüssel usw. eine automatische Normalisierung (allerdings nur bis zur 3NF) anbieten. Diese Tools könnte man in das Gebiet des Computer Aided Software Engineering (CASE) einordnen (vgl. Kap. DBA). Beispiele solcher Tools sind IDMS/ARCHITECT AUTO-MATE PLUS oder NORMAL (zum DBMS SUPRA).

Zusammenfassung

Abbildung REL 11 faßt die Normalisierungsschritte noch einmal graphisch zusammen.

2.1.3 Relationale Sprachen

Die effiziente Verwaltung relationaler Datenbanken sowie die Manipulation der Daten wird neben der Architektur des Datenbanksystems von den Sprachmöglichkeiten beeinflußt, welche auf der externen, konzeptuellen sowie internen Ebene gegeben sind. Die konzeptuelle Ebene ist gerade im Relationenmodell besonders bedeutsam, so daß diesbezügliche Sprachmöglichkeiten den größten Raum in diesem Kapitel einnehmen.

Relationale Sprachen sind Teil der Anwendungsschnittstelle des DBS. Anwendungsaspekte, welche nicht durch die mengenorientierte Sprache abgedeckt werden, müssen durch prozedural orientierte Anwendungsprogrammteile (wesentlich aufwendiger) gelöst werden. Die Mengenorientierung unterscheidet relationale Sprachen von den meisten Sprachen für hierarchische und netzwerkartige Datenbanksysteme, die nach der „one record at a time"-Logik arbeiten (obwohl einige konventionelle Datenbanksysteme eine relationale Benutzeroberfläche aufgesetzt bekamen, vgl. Kapitel REL 2.2.2).

Die Auswahl einer geeigneten Sprache ist vom Benutzertyp der Datenbank (vgl. Kapitel EIN) abhängig. Abb. REL 12 gibt einen Überblick.

Im Gesamtzusammenhang sind die relationalen Sprachen in Produkte bzw. Programmierumgebungen der 4. Generation (4Gl = Fourth Generation Language) einzuordnen. Die Trennung von Query Languages erweist sich manchmal als schwierig. Aus didaktischen Erwägungen betrachten wir an dieser Stelle relationale Sprachen isoliert; 4.-Generation-Produkte behandelt das Kapitel END.

		geeigneter Sprachtyp	relationale Sprachen (Beispiele)
EDV-Spezialisten	Datenbank-administrator Anwendungs-programmierer	Datenmanipulations-sprache(DML) (Host language-Einbettung), DDL, Utilities	SQL eingebettet in COBOL, PL/1 usw., 4GL-Produkte
EDV-Laien	Anspruchsvolle Laien gelegentliche Benutzer	Query Language als eigenständige Sprache (self contained system)	SQL, QBE usw. zukünftig natürlich-sprachliche Ansätze, 4GL-Produkte
	parametrische Benutzer	vorgefertigtes Programm (Menü)	-

Abb. REL 12: Zuordnung von Benutzertypen und Sprachmöglichkeiten

Der Umfang einer relationalen Sprache kann auf der Basis „relationaler Vollständigkeit“ beurteilt werden. Mit diesem Ausdruck ist die Eigenschaft einer Sprache gemeint, eine bestimmte Menge von Operationen auf Relationen ausführen zu können. Codd definierte „relational completeness“ auf der Grundlage des Relationenkalküls, einer eher theoretischen Beschreibungsform. Wir wollen vier wesentliche Operationen: Projektion, Selektion, Join und Union am Beispiel der Sprachen SQL (Structured Query Language) und QBE (Query by Example) demonstrieren.

SQL ist die relationale Sprache des Datenbanksystems DB2 von IBM [DaW], [IBM 1] (vgl. Kap. DB2), wird aber auch für einige andere DBS (ORACLE, DDB/4 usw.) direkt oder als Zusatz (ADABAS) angeboten. SQL läuft auf über 50 Hardware-Einrichtungen und kann als Marktstandard gelten.

SQL ist durch eine Norm des American National Standardization Institute (ANSI X3.135–1986) im Funktionsumfang definiert, jedoch weichen Implementierungen davon ab (Abb. REL 13): Dies hauptsächlich, um mehr Programmierfähigkeiten auf die Abfragelogik aufzusetzen.

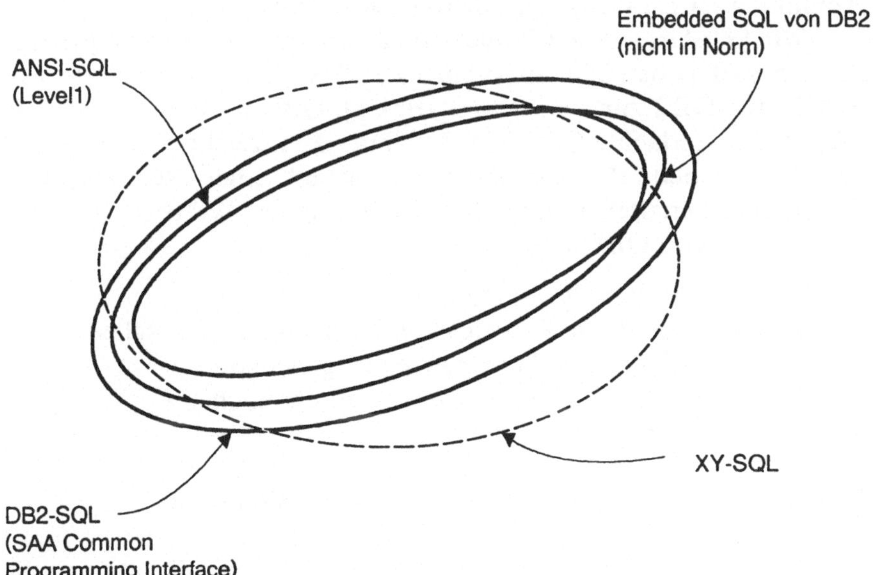

Abb. REL 13: Zusammenhang von SQL-Varianten

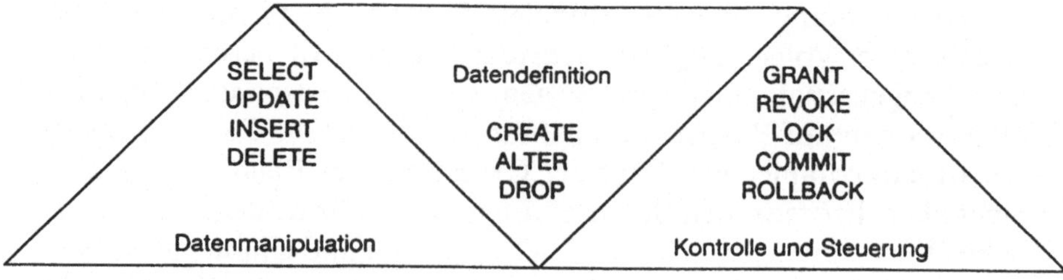

Abb. REL 14: Wichtige Befehle von SQL [IBM 2]

Bei der Beurteilung relationaler Kriterien ist zu unterscheiden zwischen dem ANSI-Standard Level 1, der Erweiterung Level 2 und Hersteller-Implementierungen.

Der Standard (Level 1) ist in seinem Umfang fast eine Schnittmenge existierender Implementierungen, was aus pragmatischer Sicht sicherlich verständlich ist, dafür aber einige wichtige Eigenschaften nicht enthält.

SQL steht als Query Language und als eingebettete DML in COBOL und PL/1 zur Verfügung. Ein Vorteil von SQL ist die Einheitlichkeit der Sprache in den Umgebungen Query, Anwendungsprogrammierung, DDL und Data Dictionary-Beschreibung. Abbildung REL 14 zeigt die wichtigsten Befehlsarten.

QBE [Zlo] ist eine zweidimensionale graphische Abfragesprache. Sie steht z. B. neben SQL im Rahmen der Query Management Facility (QMF) für DB2 zur Verfügung [IBM 3]. QBE ist vornehmlich für EDV-Laien gedacht. Gesuchte Attribute kennzeichnet man durch den Buchstaben „P." für Print im Skelett einer Relation; fixe Bedingungen entstehen durch Normaleintrag des Wertes.

Vorteile von QBE sind [Zlo]:

- Minimale Syntax, leicht erlernbar.
- Das mathematische Konzept kommt nicht zum Vorschein.
- Die Reihenfolge der Eintragungen ist gleichgültig.
- Die graphische Darstellung ist sehr anschaulich.

Elemente relationaler Sprachen zur Datenmanipulation

Die Beispiele beziehen sich auf die bezeichneten Relationen in Kapitel REL 2.1.2 ab der dritten Normalform.

SQL	QBE
SELECT Vertreter FROM V	

QBE:

Vertreter.-Nr.	Vertreter	Region
	P.	

Ergebnis:

Vertreter
Kaucky
Lenze

Abb. REL 15: Beispiel der Operation „Projektion“

SQL	QBE
Select Region, Büroort FROM R WHERE Region = "Bayern"	

QBE:

Region	Büroort
P. Bayern	P.

Ergebnis :

Region	Büroort
Bayern	München

Abb. REL 16: Beispiel der Operation „Selektion“

Projektion: Hiermit wird das Auswählen bestimmter Spalten aus der Relation und Eliminieren dann nicht mehr eindeutiger Tupel ermöglicht (Abb. REL 15).

Selektion: Ermitteln der horizontalen Teilmenge aller Tupel in einer Relation, die ein bestimmtes Prädikat erfüllen (Abb. REL 16).

Projektion und Selektion können verbunden werden, wenn hinter dem Select-Kommando nicht alle Attribute einer Relation folgen.

Join: Diese Operation verbindet beliebige Projektionen von zwei Relationen über je ein Attribut mit gleichem Wertebereich (Domäne). Dies ist eine sehr mächtige Operation, welche in komplexer Anwendungsumgebung entsprechend Rechenleistung benötigt.

Der Join ohne Projektion und Selektion führt zwei Relationen in die nächst niedrigere Normalform über; die Umkehrung geschieht mittels zwei Projektionen (Abb. REL 17).

SQL

```
SELECT Vertr.NR, Vertreter
        R.Region, Büroort
FROM   V,R
WHERE  V.Region = R.Region
```

(das Feld Region muß mit dem Relationennamen qualifiziert sein, da es doppelt vorkommt)

QBE

Vertr.Nr.	Vertreter	Region
P.	P.	P._Bayern

Region	Büroort
_Bayern	P.

(der gleiche Wert "Bayern" stellt den Join her; vorangehender Unterstrich, da Beispielelement)

Ergebnis:

Vertr.-Nr.	Vertreter	Region	Büroort
1111	Kaucky	Bayern	München
4711	Lenze	Hessen	Kassel

Abb. REL 17: Beispiel der Operation „Join“

SQL

```
SELECT Prod.manager
FROM  PM
WHERE Prod.markt = "Industrie"

UNION

SELECT Prod.manager
FROM PG
WHERE Prod.gruppe = "LKW"
```

Ergebnis:

Prod.manager
Maier
Müller

QBE

Prod.manager	Prod.markt
P.	Industrie

Prod.gruppe	Prod.manager
LKW	P.

Abb. REL 18: Beispiel der Operation „Union“

Union: Union entspricht dem Mengenoperator „Vereinigungsmenge“, d. h. eine Verknüpfung von mehreren Auswahlkriterien (Abb. REL 18).

SQL und QBE stellen weiterhin die Funktionen Update, Insert, Delete sowie Zusatzfunktionen, die in einen DML-Befehl eingebaut werden können wie Count (Anzahl der gefundenen Tupel) oder Sum (Summe eines numerischen Datenfeldes über alle Tupel) zur Verfügung.

Kriterien für die Auswahl einer relationalen Sprache

Neben den sprachtheoretischen Aspekten ist für eine relationale Sprache (insbesondere, wenn es sich um eine Query Language handelt) die Benutzerakzeptanz von hoher Bedeutung, so daß an dieser Stelle eine Checkliste wichtiger Kriterien vorgestellt wird (vgl. auch [JaV], [WeS]). Zukünftige Entwicklungen werden sicher Gebrauch von Möglichkeiten natürlichsprachlicher Eingabe, erweiterten graphischen (spatial data management) und Techniken der künstlichen Intelligenz (ungenaue formulierte Anfragen) machen. Die Basis bilden Sprachtypen der vorgestellten Arten.

Das Grundproblem einer Auswahl liegt im Abgleich der Kriterien Benutzertyp, Aufgabenspektrum und Benutzerfrequenz. Für die Nutzung sind organisatorische Regelungen zu treffen, die den willkürlichen Gebrauch von Anfragemöglichkeiten einschränken.

Checkliste für die Auswahl einer Query Language:

- Mächtigkeit der Sprache
- Umfang der Syntax
- Sensitivität (Verhältnis Änderung der Abfragebedingung zur Änderung des Sprachausdrucks)
- Einheitlichkeit von DML und DDL
- Erlernbarkeit
- Ausgabeform und -variation
- Fehlerwahrscheinlichkeit und -behandlung in Richtung auf „forgiving compilers“

Elemente relationaler Sprachen für die Datenbeschreibung (Data Description Language, DDL) und Kontrolle:

SQL kennt als Datenbeschreibungssprache zwei Sichten:

1) Definition von Basisrelationen auf konzeptueller Ebene:

```
CREATE TABLE V
(Vertr. -Nr.  Char (4) NOT NULL
Vertreter     Char (10)
Region        Char (10))
```

NOT NULL bedeutet, daß dieses Feld in jedem Tupel besetzt sein muß, d. h. es ist ein Schlüssel. Weiterhin: ALTER TABLE, DROP TABLE zum Ändern und Löschen von Relationen.

2) Definition von Benutzersichten (Views) auf externer Ebene:

Eine View kann als virtuelle Relation aufgefaßt werden. Sie ist nur für einen einzelnen Benutzer sichtbar und gültig. Sie ist wie ein dynamisches Fenster zur Datenbank, denn alle Änderungen der Basisrelationen werden in der View ebenfalls vollzogen.

Eine View wird in SQL wie eine Query definiert:

```
CREATE VIEW Privat
AS SELECT ...
```

Die Befehle GRANT und REVOKE können Benutzern einzelne Operationen erlauben bzw. entziehen.

Weitere Möglichkeiten von SQL sind der internen Ebene zuordnenbar:

CREATE INDEX zur Beschleunigung des Datenzugriffs.

Der Katalog (Meta-Daten, vgl. Kapitel DBA) wird wie eine normale Relation manipuliert.

Der komplette Funktionsumfang von SQL steht im Rahmen von „Embedded SQL" für eine Host Language (COBOL oder PL/1) zur Verfügung. Bei Befehlen, die eine Bearbeitung von mehreren Datensätzen zur Folge haben, wird über das sog. Cursor-Konzept künstlich auf die one record at-a-time-Logik umgestellt [DaW].

Schließlich sind noch Befehle zur Formatgestaltung zu erwähnen.

2.1.4 Erweiterungen des Relationenmodells

Die Anwendung des Relationenmodells erzeugt eine Datenunabhängigkeit von der physischen Ebene sowie eine weitgehende logische Datenunabhängigkeit. Nicht erspart bleibt dem Anwender die logische Navigation, d. h., er muß in den Anfragen die Relationennamen spezifizieren (vgl. Kapitel REL 2.1.3).

Häufig wird der geringe semantische Gehalt dieses Datenmodells kritisiert [Dat 1]. Unter Semantik versteht man Informationen über die inhaltliche Bedeutung und Anwendung der Daten. Je mehr Semantik ein Datenmodell enthält, um so geringer wird der zusätzliche Aufwand in Anfragen oder Anwendungsprogrammen zur Auswertung der Daten sein.

Relationale DBS enthalten im Datenbestand lediglich Informationen über einzelne Entities und 1:n bzw. m:n-Beziehungen. Abbildung REL 19 listet die Konstrukte des Relationenmodells auf, die weitere semantische Aussagen beinhalten (benutzer- oder systemspezifiziert, je nach Leistungsfähigkeit des Datenbanksystems).

Ein weiterer Kritikpunkt am Relationenmodell ist die Schwierigkeit der Darstellung komplexer Datenobjekte, wie sie in Non-Standard-Datenbanken vorkommen, z. B. bei CAD-, Graphik- oder Computer Animation-Anwendungen.

Analog zu den Kritikpunkten haben sich zwei Erweiterungsrichtungen des Relationenmodells entwickelt [HuK] (Abb. REL 20).

Das Prinzip der Datenabstraktion [Smi] verfolgt über die Begriffe „Aggregation" und „Generalisierung" eine verbesserte Handhabung der Daten auf höherer inhaltlicher Ebene unter Unterdrückung von Details.

Eine Aggregation benennt eine Beziehung zwischen Entities als ein eigenes Entity.

- Primärschlüssel
- Alternativschlüssel
- Fremdschlüssel
- Domänen
- Entity-Integrität
- Referentielle Integrität
- Benutzerspezifische Integrität

Abb. REL 19: Semantische Konstrukte des Relationenmodells

Erweiterung des Relationenmodells

semantische Datenmodelle	objektorientierte Modelle
Ziele: mehr Bedeutungsinhalte in die Datenhaltung einbringen (kommerzielle DV); Entwurfshilfsmittel.	Ziele: Darstellung komplexer Objekte als Einheit (technische DV); objektorientierte Programmierung
Ansätze: - Datenabstraktion - Entity Relationship Modell - RM/T - Universal Relation Modell	Ansätze: - Unnormalisierte Relationen (non-first-normal Form (NF^2)) - Objektorientierte Sprachen - KI-Ansätze

Datenbanksysteme:
Es existieren diverse Prototypen, z. B. Starburst bzw. XSQL als Erweiterung von System R (Prototyp von SQL/DS bzw. DB2) /HaL/, /Sch/ POSTGRES /StR/ (Erweiterung von INGRES)/ oder ADABAS ENTIRE (Entity-Relationship-Darstellung).

Abb. REL 20: Erweiterungen des Relationenmodells

Beispiel zur Aggregation: Kunde-Datum-Produkt: Bestellung

Generalisierung bedeutet eine Hierarchiebildung zwischen Entities, indem ein Subtyp in einem anderen Entity-Typ enthalten ist. Beispiel zur Generalisierung:

Vertreter ⟶ Angestellter
Produktmanager ⟶ Angestellter

Hieraus kann man gemeinsame und verschiedene Eigenschaften dieser Entities ableiten, die durch Integritätsregeln zu unterstützen sind. Die umgekehrte Betrachtungsweise der Generalisierung nennt sich „Spezialisierung".

Das **Entity-Relationship-Modell (ERM)** [Che] kann als eine geringe Erweiterung des Relationenmodells im Sinne von Codd angesehen werden, da es automatisch Integritätsregeln wie Fremdschlüssel u. a. durch Unterscheidung von Objekten und Beziehungen darstellt [Dat 1]. Die praktische Bedeutung des ERM liegt hauptsächlich in der Nutzung als Entwurfshilfsmittel von Datenstrukturen eines

Unternehmens (Unternehmensdatenmodell), die u. U. auch in ein nicht-relationales Datenbanksystem überführt werden können (vgl. Kap. IM). Die Begrifflichkeiten der o. g. Datenabstraktion wurden in erweiterte ERM aufgenommen.

Das Modell **RM/T** [Cod 3] von Codd ist eine semantische Erweiterung seines Relationenmodells. Es wird unterschieden zwischen Entities (E-Relationen), Eigenschaften von Entities und Beziehungen zwischen Entities (P-Relationen). Für jedes Entity wird eine Systemvariable vergeben, die in die Relationen mit Eigenschaften und Beziehungen „vererbt" wird. Diese enthalten ebenfalls pro Tupel eigene Systemvariablen. Die Entity-Relation selbst besteht nur aus einer Spalte mit der Zuordnung der Systemvariable. Hierdurch sind folgende Vorteile möglich:

- Systemkontrollierte Schlüsselunterstützung.
- Keine Normalisierung nötig.
- Datenabstraktion darstellbar.
- Erweiterte Operatoren und Integritätsregeln definierbar.

Ziel des Universal Relation-Modells [MUV] ist es, logische Zugriffspfade (z. B. eine verschachtelte Anfrage über mehrere Relationen) unter eigenen Attributnamen und Relationen sozusagen vorgefertigt abzulegen. Der Benutzer bezieht sich nur auf dieses Attribut und erhält eine logische Navigationsunabhängigkeit.

Einen Überblick über semantische Datenmodelle geben [HuK] und [PeM].

Objektorientierte Ansätze verfolgen einen anderen Weg. Sie versuchen, erlaubte Funktionen und Datenstrukturen über ein Objekt der Realität lokal zu bündeln und unter einer Bezeichnung anzusprechen. Dieser Bereich ist von hoher Bedeutung für Non-Standard-Datenbankanwendungen, wo Hierarchien in Objekten, Versionenverwaltung, lange Felder, zeitlich lange Transaktionen usw. eine Rolle spielen (graphische Benutzeroberflächen, CAD/CAM, Software-Design usw.).

Ein Versuch, Hierarchien in Relationen darzustellen, sind sog. unnormalisierte Relationen (NF^2) [ScS]. Hier wird die Forderung der ersten Normalform aufgegeben, daß Werte von Attributen atomar sind. Der Wertebereich kann nun selbst eine Relation sein.

Das experimentelle System *„Starburst"* bzw. *„XSQL"* der IBM mit einer erweiterten SQL-Syntax unterstützt insbesondere die Darstellung unnormalisierter Relationen und die Objektorientierung.

Dazu hält das System drei verschiedene Datentypen bereit:

- Identifier: Primärschlüssel, Einstieg in den Datenbestand.
- Component-Of: Attribut, welches sich auf einen übergeordneten Identifier bezieht. Damit wird eine Hierarchie in Tabellenform dargestellt und überwacht.
- Reference: Unterstützt eine gleichwertige Querbeziehung (innerhalb eines Objektes) zu Attributen auf anderer Hierarchiestufe in anderen Relationen.

Der DB-Prototyp *„POSTGRES"* [StR] zielt ebenso auf technische Einsatzgebiete und unterstützt komplexe Objekte, Strukturen und erweitert Datentypen und Zugriffsmethoden. Ferner beinhaltet POSTGRES Schlußfolgerungseinrichtungen (Forward- und Backwardchaining) zur automatischen Verknüpfung von Daten.

Zu den Vertretern objektorientierter Sprachen zählen z. B. *Smalltalk* und *Modula/R*. Sie bilden Anwendungsaspekte, die komplexere Datenstrukturen betreffen, in der Syntax einer Programmiersprache ab, während objektorientierte DBS umgekehrt Anwendungsaspekte von Daten, die sonst in der Programmiersprache gelöst würden, im Datenbanksystem abbilden [Kre].

Zusammenfassung

Relationale Datenbankansätze geraten bei erweiterten Anforderungen zunehmend in Konkurrenz (oder Kooperation) zu objektorientierten Programmiersprachen und Ansätzen der Künstlichen Intelligenz (vgl. [Bro]). Weitere Entwicklungen sind unter dem Stichwort *„erweiterbare DBS"* einzuordnen [CaD]. Eine gegenseitige positive Beeinflussung der Forschungsanstrengungen ist zu erwarten, die z. B. zur Entwicklung objektorientierter Datenbanksysteme führt.

2.2 Relationale Datenbanksysteme

2.2.1 Kriterien für ein relationales Datenbanksystem

Um die in Kapitel REL 2.1 genannten Möglichkeiten und Vorteile eines relationalen Datenbanksystems zu realisieren, muß dieses

0. Datenbanken werden ausschließlich über relationale Leistungsmerkmale verwaltet.

---

1. Alle Informationen werden auf der logischen Ebene (in relationaler Form) dargestellt.
2. Jeder elementare Wert ist über eine Kombination aus Tabellenname, Primärschlüssel und Spaltenname logisch abrufbar.
3. Nullwerte werden unabhängig vom Datentyp unterstützt.
4. Es existiert ein dynamischer Online-Katalog auf der Basis des relationalen Modells.
5. Es existiert eine einheitliche relationale Sprache für Datendefinition, Datenmanipulation, operative Betriebsmerkmale.
6. Externe Datensichten sind automatisch aktualisierbar.
7. High-Level Insert, Update und Delete (Relation ist ein Operand) ist möglich.
8. Physische Datenunabhängigkeit.
9. Logische Datenunabhängigkeit.
10. Integritäts-Unabhängigkeit.
11. Verteilungs-Unabhängigkeit.
12. Eine Low-Level-Sprache (one record at a time) erlaubt keine Umgehung von Intgritätsregeln.

Abb. REL 21: 12 Kriterien für ein relationales DBS nach Codd [Cod 4]

bestimmte Kriterien erfüllen. Andernfalls müssen dafür benutzereigene Routinen eintreten, sonst können Integritätsverletzungen auftreten. Die folgenden Kriterien dienen auch zur ersten Unterscheidung angebotener „relationaler“ Datenbanksysteme (vgl. Kapitel REL 2.2.2). Ihre Einhaltung ermöglicht ferner die einfachere Integration zusätzlicher Software (Anwendungs-Standardsoftware, Expertensysteme), da eine datenbasierte Modulkopplung stattfinden sollte.

Eine grundlegende Kriterienaufstellung gibt Codd [Cod 4], der Urheber des relationalen Modells (Abbildung REL 21).

Aufgrund der Bedeutung dieser Regeln erfolgen einige Erläuterungen:

Zu 0: Diese Grundgregel besagt, daß alle Daten mengenorientiert (nicht-prozedural) verwaltet werden.

Zu 1–3: Bezieht sich auf die Begriffe des Kapitels REL 2.1.1.

Zu 4–6: Die einheitliche Sprachsicht verbessert die Kommunikation verschiedener Datenbanksystem-Benutzer. Sie erlaubt mit einfacherem Programmieraufwand, eine dynamische Sicht der Daten zu

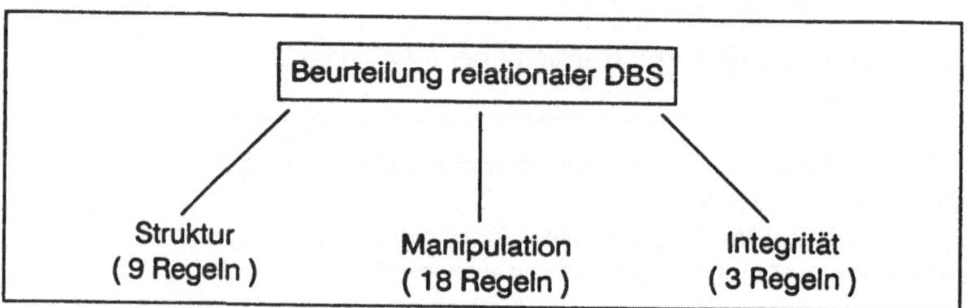

Abb. REL 22: Gliederung von Beurteilungsmerkmalen relationaler DBS nach Codd [Cod 4]

erhalten (z. B. Übergabe von Datenbank-Änderungen an ein aktives Data Dictionary-System).

Zu 7: Diese Regel überläßt die Auswahl und Optimierung aus mehreren möglichen Zugriffswegen dem DBS.

Zu 8–9: Siehe Kap. EIN.

Zu 10: Zu unterscheiden sind:

Entity-Integrität:

Alle Tupel einer Relation müssen eindeutig indentizierbar sein. Ein Primärschlüssel darf demzufolge keine Nullwerte beinhalten.

Referentielle Integrität:

Ein Fremdschlüssel-Wert muß entweder einem Primärschlüssel-Wert entsprechen oder ein Nullwert sein.

Zu 11: Diese Regel erlaubt die Konstruktion verteilter, relationaler Datenbanksysteme (vgl. Kapitel VDBS).

Zu 12: Bei Datenbanksystemen, welche nachträglich eine relationale Sicht bekamen, wird diese Regel meist nicht eingehalten.

Neben diesen 12 Grundregeln nennt Codd weitere 30 detaillierte Regeln zur Beurteilung relationaler DBS. Abbildung REL 22 zeigt die Gliederung.

Diese Fülle von Kriterien ist bei der Auswahl relationaler Produkte sicher nicht immer handhabbar. Der Entscheider sollte daher neben den 12 Grundregeln weitere Beurteilungsmerkmale nach seinen Anwendungsanforderungen auswählen.

Beispiel SQL

Da die meisten dieser Merkmale durch die Funktionen einer relationalen Sprache ausgedrückt werden, soll am Beispiel SQL (vgl. Kapitel REL 2.1.3) gezeigt werden, welche Probleme bzw. Fehler Anfang der 90er Jahre bestehen.

Generelle Kritikpunkte zu SQL (Standard, DB2 u. a. Implementierungen) sind (vgl. [Dat 2], [Dat 3], [Cod 5]):

- Fehlende explizite Unterstützung von Primär- und Fremdschlüsseln, Domänen, einigen Integritätsregeln und Operatoren. Hierzu ist allerdings anzumerken, daß derartige Unterstützungen aufgrund der DBS-Architektur einige zusätzliche Rechnerleistung erfordern. - SQL enthält redundante Sprachelemente, die historisch entstanden sind. Dies bedeutet, daß es (z. B. durch verschachtelte Anfragen) oft mehrere Möglichkeiten gibt, ein Ergebnis zu erhalten. Die Komplexität der Sprache steigt.
- Zwei gleiche Datensätze in einer Relation sind erlaubt.
- Die logische Behandlung von Nullwerten bei Verknüpfungen ist nicht richtig unterstützt (MAYBE-Operator). Nullwerte kommen in der Praxis oft vor, z. B. fehlende Personendaten, keine untergeordneten Teile in einer Stückliste usw.

Im *SQL-ANSI-Standard* sind mehrere Merkmale im Unterschied zu einigen SQL-Implementierungen nicht unterstützt [Dat 3]:

- Dynamische Änderung von Datendefinitionen per Anwendungsprogramm, d. h. es wird eine strikte Trennung von DDL und DML wie seinerzeit in der CODASYL-Norm vorgenommen.
- Fehlende Datentypen und Befehle für den Änderungsdienst.
- Einige Eigenschaften werden im Standard als implementierungsabhängig erlaubt (z. B. Systemvariablen). Damit können zwei Produkte dem Standard entsprechen und trotzdem inkompatibel sein, was letztlich ein uraltes Problem der DV ist, an das man sich schon fast gewöhnt hat.
- Es gibt keine Standardstruktur für den Datenkatalog. Dies erschwert Anwendungen von Drittanbietern.

Man darf diese Kritikpunkte teilweise als entwicklungsbedingt ansehen, sie können in praktischen Anwendungen allerdings fatal wirken. Es ist abzusehen, daß einige Probleme bereinigt werden. Erweiterungen zum ANSI-Standard (Database Language SQL Appendum-2 (working draft), X3H2-86-61) sehen z. B. die Übernahme von Schlüsseln und Fremdschlüsseln vor. IBM will diese Vorschläge in DB2 und SQL/DS übernehmen.

2.2.2 Systemüberblick

Die Bezeichnung „relationales Datenbanksystem" wird für eine Vielzahl von Produkten benutzt und ist geradezu Schlagwort geworden. Anfang der 90er Jahre trifft diese Bezeichnung im Sinne der in Kapitel REL 2.2.1 erläuterten Kriterien für kein Produkt vollständig zu.

An dieser Stelle stehen ein kurzer Produktüberblick und grundsätzliche Einordnungen. Die Verwendung des Begriffes „relational" wird im folgenden beibehalten. Abbildung REL 23 listet verbreitete relationale Datenbanksysteme für den Großrechnerbereich auf. Anmerkungen zu Datenbanksystemen auf PCs findet man im Kapitel END. Die Schnelligkeit der Produktänderungen sollte beachtet werden.

Folgende Kriterienpaare unterscheiden relationale DBS grundlegend:

a) *Durchgängig relational – Erweiterung eines nicht-relationalen DBS*

Durchgängig relationale DBS sind i. d. R. neu erstellt und erlauben eine relationale Sicht auf allen drei Ebenen (ORACLE, SUPRA,...). Erweiterungen früher nicht-relationaler DBS sind historisch aus dem Produktspektrum einer Firma entstanden und bekamen eine relationale Benutzeroberfläche aufgesetzt (Query Language, Data Dictionary usw.). Sie erfüllen die relationalen Kriterien meistens in nur geringerem Maße. Viele physische Datenorganisationen können weiterhin benutzt werden. Der Umstellungsaufwand ist hierdurch geringer (ADABAS, IDMS/R, usw.). Aufgrund der langjährigen Produkterfahrung zeichnen sich solche Systeme oft durch ausgeklügelte physische Speicherungs- und Zugriffstechniken und stabile Auslieferungsversionen aus.

b) Portabel – Nicht portabel

Die Portabilität relationaler Datenbanken bzw. Anwendungen ist ein zusätzlicher Freiheitsgrad für den Anwender. Ein relationales DBS, welches für verschiedene Hardware/Betriebssysteme angeboten wird,

System	Anbieter/ Hersteller	relationale Sprache	wichtige Betriebssysteme	Bemerkungen
DB2 (SQL/DS)	IBM	SQL, QBE (QMF)	MVS, VSE, VM, OS/400, OS/2	DB2 für MVS, SQL/DS für VSE, VM
ORACLE	ORACLE	SQL	MVS, VM, VMS, BS2000, UNIX, DOS	Erstes DBS mit SQL (1979), erstes rel. DBS auf PC (1984)
IDMS/R (IDMS/SQL)	Cullinet	IDMS/R-OLQ (SQL)	MVS, VSE, VM, BS2000	Aufbauend auf Netzwerk-DBS, IDMS
SUPRA	Cincom	SPECTRA	MVS, VSE	
ADABAS	Software AG	NATURAL, SQL	MVS, VSE, VMS, BS2000	Inverted File-System
INGRES	Relational Technology	QUEL, SQL	VM, VMS, UNIX, DOS	
DATACOM/ DB	Applied Data Research	IDEAL, SQL	MVS, VSE	Inverted File-System
SESAM	Siemens	SESAM/ DRIVE	BS2000	Inverted File-System

Abb. REL 23: Übersicht über wichtige Datenbanksysteme mit relationaler Oberfläche

ist aber nicht zwangsläufig portabel (Frage der Systemarchitektur). Allgemein kann zwischen Hardware-Portabilität, Betriebssystem-Portabilität und heute der Transaktionsmonitor-Portabilität unterschieden werden. Für nicht vorhandene Portabilität gibt es oft sog. Umstellungshilfen im Angebot. Vorreiter im Kriterium „Portabilität" sind DBS, welche unter dem Betriebssystem UNIX laufen, da dieses Hardwareportabilität verspricht (z. B. UNIFY, ORACLE, INFORMIX).

c) PC-Einsatz – File-Transfer

Viele relationale Datenbanksysteme werden als PC-Version angeboten (ORACLE, INGRES u. v. a. m). Für die meisten Systeme, die nur auf Mainframes laufen, ist ein File-Transfer und PC-basierte Datenauswertung (Abfragesprache oder Standardsoftware) möglich. Beispiele sind (vgl. hierzu Kap. END):

- ADABAS - NATURAL CONNECTION,
- IDMS/R - GOLDENGATE.

d) Verteilbar – Nicht verteilbar

Echt verteilbare DBS sind erst in Entwicklung. Als abgeschwächter Verteilungsgrad ist ein entferner (remote) DBS-Zugriff möglich, ohne den physischen Ort im Anwendungsprogramm zu definieren. Man bezeichnet dies als verteilte Transaktionsverarbeitung (vgl. Kapitel VDBS).

Produktbeispiele

Zur Illustration verschiedener Akzentsetzungen soll die Architektur dreier relationaler DBS geschildert werden. DB2 wird in einem eigenen Kapitel beschrieben.

IDMS/R

IDMS/R von Cullinet [Cul] ist aus dem Netzwerk-DBS IDMS entstanden.

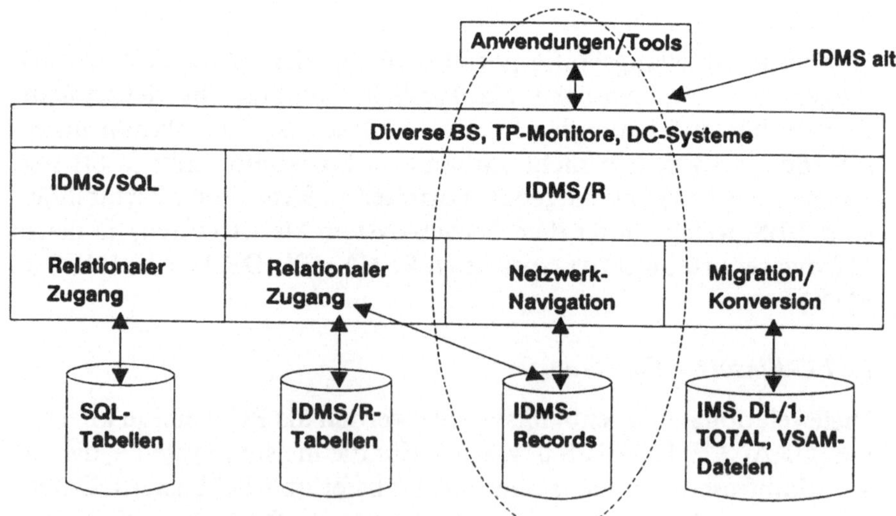

Abb. REL 24: Architektur von IDMS/R bzw. IDMS/SQL

Abbildung REL 24 zeigt, daß verschiedene physische Speicherungsarten möglich sind, die durch das DBS genutzt werden können. Derartige Variationsmöglichkeiten trifft man bei den meisten Großrechner-DBS an. Netzwerkartig gespeicherte Daten sind nach wie vor über Navigationstechnik erreichbar (vgl. Kap. NETZ), aber auch relational. Mit der Ankündigung von IDMS/SQL wird der Standard SQL unterstützt.

SUPRA

Das Datenbanksystem SUPRA von Cincom [Cin] zeigt eine ähnliche Funktionalität wie IDMS/R, ist jedoch neu geschrieben. Ein „physischer Datenmanager" ermöglicht Zugriff auf folgende Datenorganisationsformen:

- SUPRA relationale Datendarstellung,
- TOTAL (Vorläufersystem von SUPRA, netzwerkartig),
- VSAM.

Die Systemkomponenten sind entsprechend der 3-Ebenen-Architektur getrennt und ermöglichen eine integrierte Sicht auf verschiedene Datenorganisationsformen.

SUPRA war ein Vorreiter in der Unterstützung der relationalen Merkmale:

- Domänenkonzept,
- Entity- und referentielle Integrität,
- Primär-, Sekundär- und Fremdschlüssel.

ORACLE

ORACLE der gleichnamigen Firma [Ora] zeichnete sich vor anderen Datenbanksystemen durch eine breites Angebot von Werkzeugen um das DBS herum aus. ORACLE-Tools sind stark endbenutzerorientiert, während die Tools anderer Großrechner-DBS oft mehr professionelle Anwender ansprechen. Dies ist auch durch die PC-Version von ORACLE zu erklären. Als relationale Sprache ist der SQL-ANSI-Standard mit Erweiterungen implementiert. Abbildung REL 25 stellt beispielhaft auch für andere DBS wichtige Werkzeuge vor.

Zusätzlich bietet ORACLE noch Produkte zur Vernetzung und Verteilung und mit SQL*Connect den Zugriff auf DB2-Dateien.

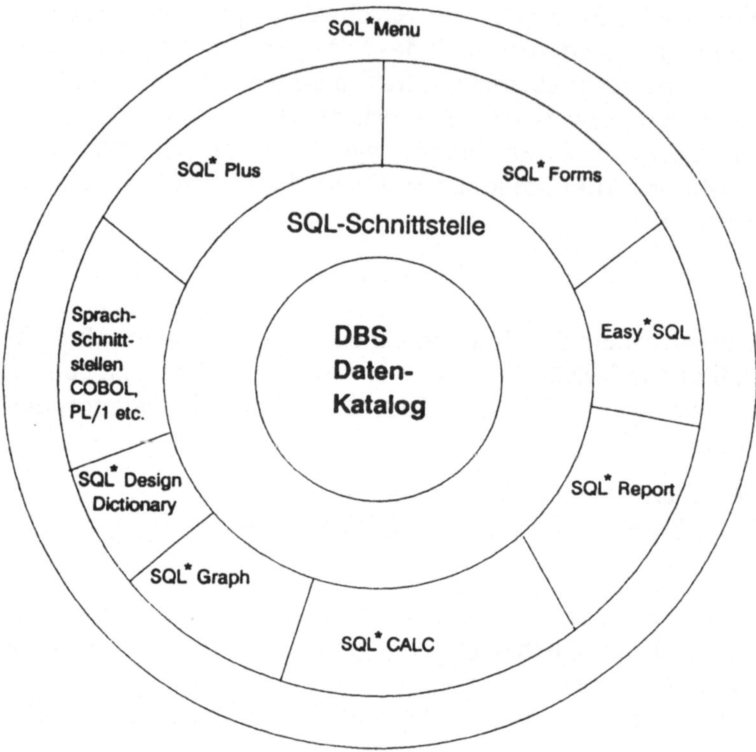

Legende:

SQL* Plus	Erweitertes SQL für Programmierung und Berichte
SQL* Forms	Masken-und Anwendungsgenerator
Easy*SQL	Menügeführte Datenbankabfrage für Endanwender
SQL* Report	Bericht- und Dokumentgenerator
SQL* CALC	Tabellenkalkulation mit SQL-Daten
SQL* Graph	Graphische Darstellung von SQL-Daten
SQL*Menu	Menügesteuerte Schnittstelle für alle Tools und Anwendungen
SQL* Design Dictionary	Tool zur Softwareentwicklung

Abb. REL 25: ORACLE-Systemumgebung

2.2.3 Einsatzmöglichkeiten und -grenzen

Relationale DBS gewinnen zunehmend an Stellenwert im Rahmen der strategischen DV-Planung eines Unternehmens.

Das relationale Datenmodell bietet eine Reihe von *Vorteilen,* aus denen Einsatzmöglichkeiten abgeleitet werden können:

- Einfaches Konzept. Die Daten treten nur in einer Struktur auf (Tabellen, flat file).
- Physische und weitgehend logische Datenunabhängigkeit sind vorhanden.
- Symmetrie des Modells: Alle denkbaren Abfragen sind per se gleichberechtigt.
- Das Modell hat einen konkreten theoretischen Hintergrund (Normalformenlehre usw.). Damit kann das Design einer Datenbank objektiv beurteilt werden.

Einsatzgebiet	Bemerkungen
Dispositiv-strategische Anwendungen (z.B. Marketing-Informationssystem)	Nicht genau vorhersehbarer Informationsbedarf, variable Zugriffskriterien, Anwender sind oft Endbenutzer. Konventionelle DBS sind hierfür weniger geeignet.
Verteilte Anwendungen	Verteilungsunabhängigkeit des relationalen Modells prinzipiell vorhanden. Zu Anfang nur entfernter Datenzugriff.
Endbenutzer - Datenbankabfrage (interaktiv)	Möglich aufgrund der Einfachheit des Modells. Dennoch ist bei ungeübten Benutzern eine ineffiziente Abfragetechnik zu beobachten.
KI - Anwendungen	Relationale DBS sind eine wichtige Voraussetzung für KI - Anwendungen wie z.B. Expertensysteme, da deren Schnittstellen daraufhin ausgelegt werden und z.B. die Frame-Orientierung in diese Richtung drängt.
Technisch-wissenschaftliche Anwendungen	Weiterentwicklungen des relationalen Modells (Kap. REL 2.1.4) werden dieses im technisch-wissenschaftlichen Bereich dominieren lassen. Dieser Bereich muß noch besser unterstützt werden.
Operative Anwendungen (Transaktionssysteme)	Zugriffspfade sind hier meist determiniert. Daher sind hierarchische oder Netzwerk-Datenbanksysteme gut geeignet. Werden gleiche Daten jedoch auch für andere Einsatzgebiete genutzt, sind relationale DBS prinzipiell sinnvoll.

Abb. REL 26: Einsatzgebiete relationaler Datenbanksysteme

- Die deskriptive Abfragesprache reduziert die Komplexität von Anwendungen.
- Es existieren nur geringe Unterschiede von DDL und DML.

Abbildung REL 26 zeigt Einsatzbereiche relationaler DBS auf. Die Spalte „Bemerkungen" erläutert, wie die prinzipielle Eignung des Modells durch implementierungsabhängige Details relativiert wird.

Grenzen des Einsatzes relationaler DBS

Nachdem deutlich wurde, daß relationale DBS prinzipiell als Basis vieler betrieblicher Anwendungen einsetzbar sind, ist der wirtschaftliche Einsatz durch drei Tatsachen noch eingeschränkt:

a) *Mangelhafte Integritätssicherung* [KöN], [Cod 2]

Die semantische Integritätssicherung muß bei nicht voll relationalen DBS teilweise komplett in das Anwendungsprogramm eingebracht werden. Die Kosten der Systemerstellung steigen. Dieses Problem verschärft sich überproportional bei komplexen Anwendungen. Zudem wird der Integritätsgrad vom Grad der Normalisierung bestimmt. Auch diese gestaltet sich um so schwieriger, je komplexer die Datenumgebung ist.

Als Folge werden Endbenutzer-Anwendungen und dispositiv-strategische Anwendungen problematisch.

Zudem muß mit einem hohen Anpassungsaufwand von Anwendungsprogrammen an eine sich weiter entwickelnde relationale DBS-Software im Sinne verbesserter Integritätsunterstützung gerechnet werden [KöN].

b) *Mangelhafte Performance*

Dieses Problem ist hauptsächlich Entwicklungszeit-abhängig, da alle Datenbanksysteme in ihrem Lebenszyklus Performance-Probleme durchmachen mußten. Zu besserer Performance tragen zukünftig sowohl eine weiter optimierte Zugriffssoftware als auch Hardware-Leistungssteigerungen bei. Datenbankmaschinen haben ebenfalls gewisse Zukunftschancen.

Abbildung REL 27 demonstriert anhand eines Benchmarktestes von DB2 (IMS Data System Workload) [IBM 2], daß die Antwortzeiten bei stärkerer Rechnerauslastung eher linear zunehmen.

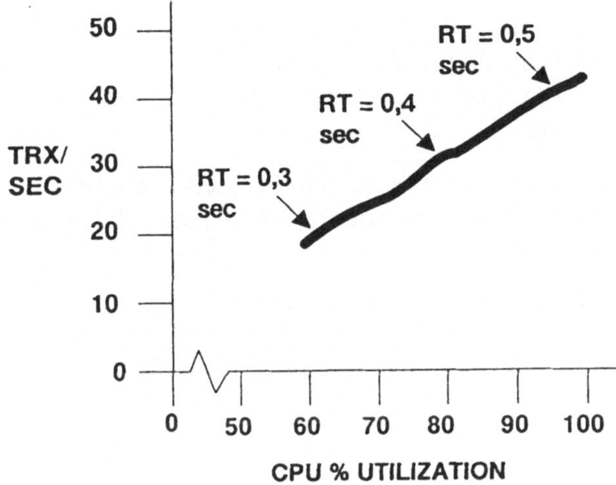

Abb. REL 27: Performanceverhalten von DB2 [IBM 2]

Derartige Benchmarktests und Angaben über „Transaktionen pro Sekunde im OLTP (Online Transaction Processing)-Betrieb" werden von vielen Anbietern zitiert und müssen genauestens interpretiert werden. Die Performance kann anhand anderer Merkmale wie

- physischer Speicherungstechniken, z. B.
  - Clusterbildung anhand Querverweisen zwischen Relationen,
  - Indizierung,
  - Benutzung von B-Bäumen etc.,
- Optimierung von Zugriffspfaden,
- Reihenfolge der Relationen bei Joins

interpretiert werden.

Generell ist das Gebiet der Performancemessung von Datenbanksystemen schon alt, immer stark diskutiert und nie voll befriedigt worden (vgl. Kapitel ORG).

c) *Mangelhafte semantische Abbildungsfähigkeiten*

Dieses Problem geht teilweise mit den Integritätsproblemen einher, führt aber darüber hinaus. Hier liegt vermutlich das größte Hindernis für einige potentielle Anwendungen relationaler DBS. Dieses Problem wurde bereits in Kapitel REL 2.1.4 geschildert.

Zusammenfassung

Es wurde verdeutlicht, daß der Einsatz relationaler DBS in Gebieten, die traditionell mit hierarchischen DBS, Netzwerk-DBS oder Dateiverwaltung betrieben werden, stark zunehmen wird. Somit gewinnen zwei Fragen an Bedeutung:

- Wie sieht eine Migrationsstrategie zu relationalen DBS aus?
- Wie ist ein paralleler Betrieb relationaler und nicht-relationaler DBS zu gestalten?

Antworten hierauf geben die Kapitel DB2 und ORG.

2.3 Literatur

[Bro] Brodie, M. L.; Mylopoulos, J.: On Knowledge Base Management Systems, New York u. a. 1986

[Che] Chen, P. P.: The entity-relationship model: toward a unified view of data, in: ACM Transactions on Database Systems, Vol. 1, No. 1, 1976, S. 9–36

[Cin] Cincom Systems Inc. (Ed.): SUPRA – Management Overview, Nr. SUP-001-15M-8708, Cincinnati, o. J.

[Cod 1] Codd, E. F.: A Relational Model of Data for Large Shared Data Banks, in: Communications of the ACM, Vol. 13, No. 6, June 1970, S. 377–387

[Cod 2] Codd, E. F.: The Capabilities of Relational Database Management Systems, in: IBM Research Report RJ 3132, 1981

[Cod 3] Codd, E. F.: Extending the database relational model to capture more meaning, in: ACM Transactions on Database Systems, Vol. 4, No. 4, 1979, S. 397–434

[Cod 4] Codd, E. F.: Is Your DBMS Really Relational? in: Computerworld, Oct. 14, 1985, S. ID/1–ID/9 und Does Your DBMS Run by the Rules?, in: Computerworld, Oct. 21, 1985, S. 49–64

[Cod 5] Codd, E. F.: Fatal Flaws in SQl, in: Datamation, Vol. 34, 15. Aug. 1988, S. 45–48 und 1. Sept. 1988, S. 71–74

[Cul] Cullinet Software, Inc. (Ed.), IDMS/R Technical Summary, Westwood, MA, 1986

[Dat 1] Date, C. J.: An Introduction to Database Systems, Vol. 1, 4th ed., Reading (Mass.) 1986

[Dat 2] Date, C. J.: Relational Database: Selected Writings, Reading (Mass.) 1986

[Dat 3] Date, C. J.: Where SQL Falls Short, in: Datamation, Vol. 33, 1. Mai 1987, S. 83–86

[DaW] Date, C. J.; White, C. J.: A Guide to DB2, 2nd ed., Reading (Mass.) 1988

[HaL] Haskin, R. L.; Lorie, R. A.: On extending the functions of a relational database System, in: Proc. of the intern. Conference on the Management of Data (Orlando, Fla., June 2–4, 1982, S. 207–212

[HuK] Hull, R.; King, R.: Semantic Database Modeling, in: ACM Computing Surveys, Vol. 19, No. 3, Sept. 1987, S. 201–260

[IBM 1] IBM Deutschland GmbH (Hrsg.): SQL/Data System Referenzhandbuch für VSE, IBM-Form Nummer H 12-1446-1

[IBM 2] IBM Deutschland GmbH (Hrsg.): Relationale Datenbanksysteme, IBM Database 2, IBM-Form Nummer GT 12-3395-1, 1987

[IBM 3] IBM Deutschland GmbH (Hrsg.): Query-by-Example Benutzerhandbuch, IBM-Form Nummer H 12-1360-0

[JaV] Jarke, M.; Vassiliou, Y.: A Framework for Choosing a Database Query Language, in: ACM Computing Surveys, Vol. 17, No. 3, Sept. 1985, S. 313–340

[Ken] Kent, W.: A Simple Guide To Five Normal Forms In Relational Database Theory, in: Communications of the ACM, Vol. 26, No. 2, Feb. 1983, S. 120–125

[KöN] König, W.; Niedereichholz, J.: Informationstechnologie der Zukunft, Heidelberg, Wien 1986

[Kre] Kreutzer, W.: System Simulation, Sydney u. a. O., 1986

[Mat] Mathy, G.: Informatik-Strategie und Relationale Datenbanken, in: Information Management 2/87, S. 6–17

[MUV] Maier, D.; Ullmann, J. D.; Vardi, M. Y.: On the Foundations of the Universal Relation Model, in: ACM Transactions on Database Systems, Vol. 9, No. 2, June 1984, S. 283–308

[ORA] ORACLE Deutschland GmbH (Hrsg.): Überblick über ORACLE und Einführung in SQL, München 1987

[PeM] Peckham, J.; Maryanski, F.: Semantic Data Models, in: ACM Computing Surveys, Vol. 20, No. 3, Sept. 1988, S. 153–189

[Sch] Schwarz et al.: Extensibility in the Starburst Database System, in: Dittrich, K. R.; Dayal, U. (Hrsg.), Proc. 1986 International Workshop on Object-Oriented Database Systems, IEEE Washington, D. C., S. 85–92

[ScS] Schek, H. J.; Scholl, M.: Die NF^2-Relationenalgebra zur einheitlichen Manipulation externer, konzeptioneller und interner Datenstrukturen, in: Schmidt, J. W. (Hrsg.) Sprachen für Datenbanken, Berlin, 1983, S. 113–133

[Smi] Smith, J. M.; Smith D. C. P.: Database Abstractions: aggregation and generalization, in: ACM Transactions on Database Systems, Vol. 2, No. 2, 1977, S. 105–133

[Sto] Stonebraker, M.: Triggers and Inference in Database Systems, in: [Bro], S. 297–314

[StR] Stonebraker, M.; Rowe, L.: The design of POSTGRES, in: Proc. of the Intern. Conference on Management of Data (Washington, D. C., May 28–30, 1986), S. 430–455

[WeS] Welty, C.; Stemple, D. W.: Human Factors Comparison of a Procedural and a Nonprocedural Query Language, in: ACM Transactions on Database Systems, Vol. 6, No. 4, Dec. 1981, S. 626–649

[Zlo] Zloof, M. M.: Design Aspects of the Query-By-Example Data Base Management Language, in: Databases: Improving Usability and Responsiveness, Shneiderman B. (Ed.), New York, San Francisco, London 1978, S. 29–54

3 Einführung in DB2 (DB2)

3.1 Architektur von DB2

DB2 ist entsprechend der komplexen Systemsoftwareumgebung bei S/370-Systemen und der anspruchsvollen Forderung, eine neue Software in eine komplexe, alte Softwareumgebung einzubetten, nicht einfach strukturiert.

DB2 besteht aus einer Vielzahl von Komponenten, die man, der gebotenen Kürze der Darstellung angepaßt, folgendermaßen unterteilen kann (vgl. Abb. DB2 1):

a) Systemkern
b) Ergänzende Schnittstellen und Dienstleistungsprogramme.

Die Vorgeschichte bis zur Ankündigung von DB2 in 1983 wurde im Kapitel REL erwähnt. Seitdem hat das System ständig Verbesserungen und einen beachtlichen Aufschwung erfahren, dessen anfängliche Stationen Abb. DB2 2 skizziert.

Die angegebenen Werte zu durchgeführten Transaktionen/Sekunde werden nach IBM (z. B. [IBM1]) wiedergegeben und stellen nur unter den spezifischen Testbedingungen ein Orientierungsmaß dar (vgl. Kap. END 6.3). Verständlicherweise zeigt ein neu auf den Markt gebrachtes System zu Anfang noch kein optimiertes Leistungsverhalten (vgl. [Hug]).

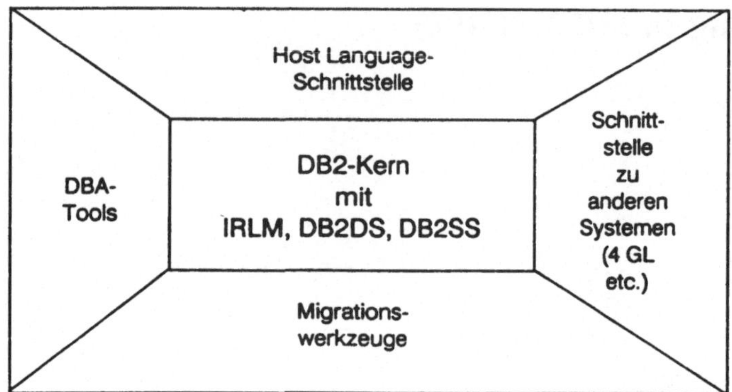

Abb. DB2 1: Gesamtaufbau von DB2

Release	Ankündigung	Auslieferung	Wichtige Bestandteile des Releases	TR./ Sek.
1.1	6/83	4/85	Für kleine, persönliche IS-Auswertungen auf Großrechnern gedacht.	~ 20
1.2		3/86	Optimizer neu; Unterstützung von CSP und QMF; Performance Monitor	~ 47
1.3		6/87	Neue Datenarten: DATE, TIME, TIMESTAMP; SAA-Schnittstelle	~ 53
2.1	4/88	10/88	Referentielle Integrität; Gruppenautorisation	~ 180
2.2	11/88	III/89	Vollständige Sicherheitsfunktion; Ressourcen Manager; Instrumentation Facility Interface	

Abb. DB2 2: Entwicklungsweg von DB2 (Anfang)

3.2 DB2-Systemkern

DB2-Funktionen laufen in verschiedenen Adreßbereichen des MVS ab (vgl. [Dat]):

- DB2 System Services (DB2SS),
- IMS Resource Lock Manager (IRLM)
- DB2 Database Services (DB2DS)
- DB2 Interactive Interface (DB2II).

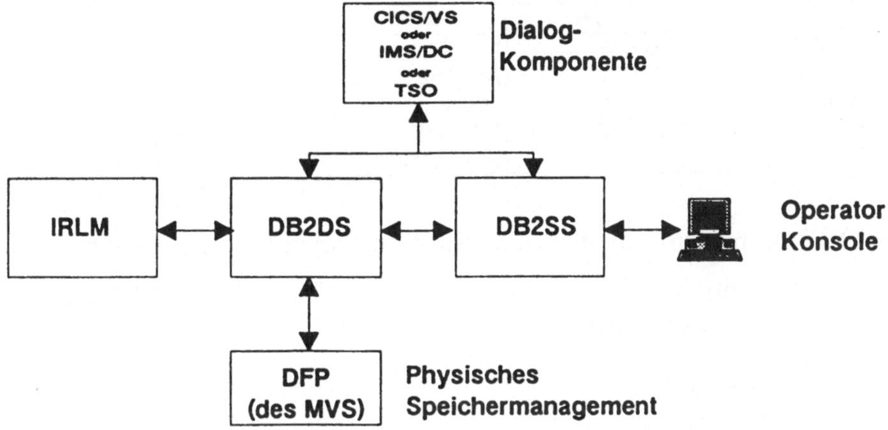

Abb. DB2 3: Systemkern

Abb. DB2 3 zeigt die Struktur des Systemkerns und, daß DB2 die Funktionen des logischen Speichermanagements übernimmt und in klarer Trennung diejenigen des physischen Speichermanagements an die DF-Produktfamilie (DFP (Data Facility Product)) des MVS überträgt (vgl. [Wio]).
Das Zusammenspiel wird durch Abb. DB2 3 veranschaulicht und sieht kurzgefaßt folgendermaßen aus:

a) DB2SS führt die folgenden Funktionen aus:

- Kontrolle der Verbindungen zu den anderen Subsystemen CICS, IMS/DC, TSO.
- Systemstart und -beendigung sowie Operatorkommunikation.
- Verwaltung des Systemlogfiles.
- Aufzeichnen von Statistik-, Performance- und Abrechnungsinformationen durch die DB2 Instrumentation Facility.

b) IRLM behandelt die Sperrmechanismen von DB2, unabhängig davon, ob IMS/DB/DC ebenfalls verwendet wird oder nicht.

c) DB2DS führt die Funktionen der Sprache SQL durch, deren Sprachelemente in drei Gruppen zusammengefaßt werden können (vgl. Abb. DB2 4):

- Data Manipulation Language (DML)
- Data Definition Language (DDL)
- Data Control Language (DCL).

DDL	DML	DCL
CREATE ALTER DROP	SELECT UPDATE INSERT DELETE	GRANT REVOKE LOCK COMMIT ROLLBACK

Abb. DB2 4:
Gruppen von SQL

DB2DS besteht aus mehreren Subkomponenten (vgl. [Dat]):

- Precompiler
- Bind mit Optimizer
- Runtime Supervisor
- Data Manager
- Buffer Manager und
- Utilities.

Wenn SQL aus einem Host Language-Programm mittels EXEC SQL aufgerufen wird, analysiert ein *Precompiler* – wie bei Datenbanksystemen mit CALL-Schnittstelle üblich – die SQL-Statements und ersetzt sie durch CALL-Statements der Host Language. Hieraus wird ein Database Request Module (DBRM) gebaut, der der Komponente Bind übergeben wird (vgl. Abb. DB2 5).

Bind kompiliert einen oder mehrere DBRM, um einen sog. Application Plan zu erstellen, der die kompilierten SQL-Strukturen als Parameter für den Data Manager enthält. *Bind* enthält auch den Optimizer, der die Authorisationsprüfungen und den Zugriffsweg zu den Daten optimieren soll. Er legt die für den Benutzer unsichtbare Navigation fest. Ein derartiger Optimizer war für Datenbanksysteme neu, wenn man davon absieht, daß manche „alte“ Inverted File-Systeme (z. B. adabas) bei Suchanfrage, die mehr als zwei Deskriptoren mit KEY-Charakter mittels logischem UND verknüpfen, die Satznummern hinter den entsprechenden Deskriptorwerteintragungen im Index entsprechend ihren Häufigkeitsangaben durchsuchen: Wenn die zwei Satznummernlisten mit der geringsten Satznummernanzahl keine Ergebnisliste zeigen, kann die ganze Anfrage aufgegeben werden; auch dies ist eine Form der Anfrageoptimierung. Der DB2-Optimizer wählt den Zugriffsweg aufgrund der Analyse der folgenden Fragestellungen:

- Welche DB2-Tabellen werden gewünscht?
- Wie groß sind diese Tabellen?
- Welche Indizes existieren?

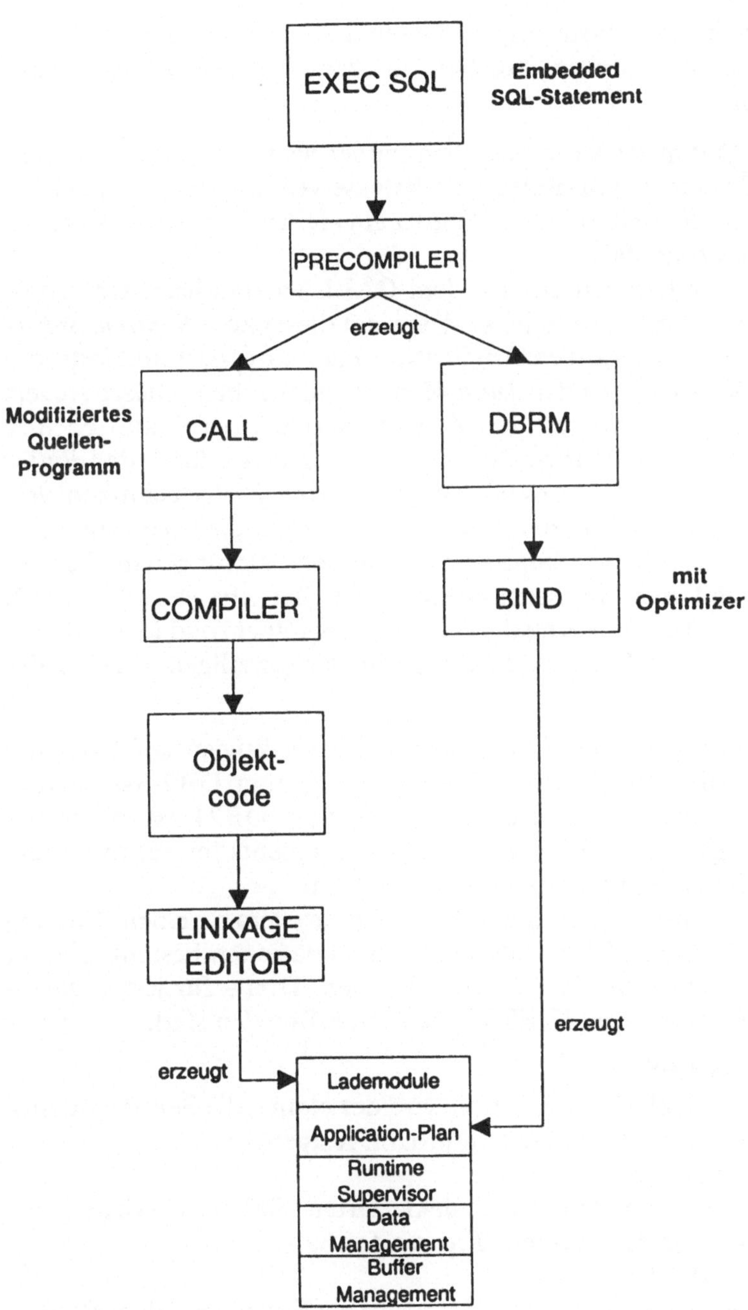

Abb. DB2 5: Ablauf im Modul DB2DS

- Wie sieht das Clustering der Daten auf den Platten aus?
- Welche Operatoren tauchen in der WHERE-Klausel auf? u. a. m.

Solch ein Optimizer kann natürlich immer weiter verfeinert werden, um dem System zu von Release zu Release verbesserter Performance zu verhelfen. Er stellt im Grundansatz ein kleines Expertensystem zur Pfadoptimierung dar.

Wenn zur Laufzeit ein aus dem CALL entstandener Unterprogrammsprungbefehl erreicht wird, springt dieser zum *Runtime Supervisor,* der den zuständigen Application Plan adressiert und lädt, um dann die Kontrolle an den *Data Manager* abzugeben. Dieser steuert den eigentlichen Aufruf der Zugriffsroutinen der Data Facility Products (DFP) des MVS. Optimiert werden diese durch den *Buffer Manager,* der durch Anwendung geschickter Puffertechniken versucht, den I/O-Verkehr zu minimieren und somit die Performance zu verbessern. Auf dieser Ebene sind stetige Verbesserungen im Zusammenhang mit der Weiterentwicklung des Betriebssystemes - z. B. durch stetige Verbesserung der Nutzung der Hiper- und Datenräume zur Nutzung des Expanded Storage in der jeweiligen Version des MVS/ESA.

d) DB2I ermöglicht es, SQL-Statements interaktiv auszuführen und kann deshalb, obwohl unter TSO laufend, zum DB2-Systemkern gerechnet werden. Die Funktionalität von DB2I ist mehr für Anwendungsprogrammierer, die SQL-Statements interaktiv testen, oder für Datenbankadministratoren gedacht.

DB2 enthält - wie jedes Datenbanksystem - einen Katalog (catalog). Wesentlich ist, daß dieser aus Relationen besteht, die mit SQL-Statements abgefragt werden können. Drei - für jedes Datenbanksystem (vgl. Abb. HIER 3) - wichtige Tabellen sind:

- SYSTABLES
  Für jede deklarierte Relation wird der Name, die Benutzeridentifikation, die Attributanzahl u. a. m. festgehalten.
- SYSCOLUMNS
  Für jedes Attribut einer deklarierten Relation existiert ein Eintrag, der den Namen, Typ etc. festhält.
- SYSINDEXES
  Für jeden verwalteten Index existiert ein Eintrag mit dem Namen, dem Namen der Relation, der Benutzeridentifikation u. a. m.

Der Katalog kann als Kern eines Data Dictionary-Systems angesehen werden, das für die Integration in das Repository notwendig ist. Hier werden im Rahmen der SAA-Entwicklungen noch weitere Entwicklungschritte zu erwarten sein.

Bei der Entwicklung von DB2 wurde sehr viel Wert auf Datensicherheit und Wahrung der Zugriffsrechte gelegt. Der Katalog kann vom Anwender nicht verändert werden, etwa durch DELETE, UPDATE oder INSERT. Ungewollte oder gewollte Manipulationen sind so ausgeschlossen.

Dem System-Datenbankadministrator stehen zwei spezielle Befehle (GRANT/REVOKE) zur Verfügung, um Zugriffsrechte zu vergeben und wieder aufzuheben. Hinzu kam noch die Möglichkeit der Gruppenautorisierung, so daß man z. B. einer ganzen Fachabteilung bestimmte Zugriffsrechte geben kann.

Anders als bei IMS kann bei DB2 kein Spezialprogramm unter Umgehung des Datenbanksystems auf die Daten zugreifen, eine Forderung an relationale Datenbanksysteme, die auch Codd sehr betont.

Die Einführung in den Systemkern soll hiermit abgeschlossen werden, da die Erörterung weiterer Details den Rahmen des Werkes sprengen würde. Hierzu sei auf die Literatur, z. B. [Dat] verwiesen.

3.3 Schnittstellen und Dienstleistungsprogramme

Es gibt eine Reihe von Ergänzungen des DB2-Kerns, die teils den Charakter von Schnittstellen, teils den von Dienstleistungsprogrammen haben. Einige sind in Abb. DB2 6 aufgeführt. Es liegt auf der Hand, daß bei einem Schlüsselprodukt, wie es DB2 darstellt, ständig neue derartige Produkte hinzukommen, nicht zuletzt auch von Drittanbietern.

Zum Verständnis aller aufgeführten Produkte der Abb. DB2 6 ist ein Grundwissen der gesamten S/370-Softwarearchitektur notwendig, so daß Detailerörterungen hier zu weit führen würden, stattdessen sollen einige ausgewählte Komponenten kurz vorgestellt werden (vgl. Nummern in Abb. DB2 6):

(1) Über eine Schnittstelle können mittels ESE (Expert System Environment) – der host-orientierten XPS-Shell von IBM –

Gebiet	a) Schnittstelle zu	b) DB2 - orientierte Utilities
Sprachen	Höhere Programmiersprachen	DB2 Outer Form
Enbenutzer-werkzeuge	AS IC/1 AD/Cycle	QMF (2) DB Edit
Anwendungs-entwicklungs-systeme	CSP IMSADF ESE (1)	
DBA - Werkzeuge	OS/VS DB/DC DD	DB2 PM (3) DBRAD
Kopier- und Migrations-hilfen		DXT (4) und DXTA DB2/VSAM Transparency Migration VSAM to DB2 DB2 MA HDBV ECF

Abb. DB2 6: Ergänzende Produkte

entwickelte Expertsysteme mit DB2 kommunizieren. Dies ist z. B. für die Datenversorgung der Wissensbasen aus DB2-Datenbanken sinnvoll.

(2) QMF (Query Management Facility) ist ein mit DB2 angekündigtes Endbenutzerwerkzeug. QMF-Queries können entweder in SQL oder mit QBE (Query by Example) formuliert werden. In Kapitel REL wurde bereits kurz auf diese beiden Möglichkeiten eingegangen. QMF erlaubt, seine Kommando-Folgen als Prozeduren zu speichern, um vorgefertigte Anfragen von Laien-Benutzern aufrufen zu lassen.

An dieser Stelle soll ergänzt werden, daß viele Softwarehäuser ihre Angebote an 4GL-Systemen mit einer Schnittstelle zu DB2 versehen haben, wie z. B.:

- FOCUS von Information Builders Inc.,
- NOMAD von MUST Software International,
- RAMIS von On-Line Software,
- SAS-Pakete

oder Produkte, die den weitgehend natürlichsprachigen Zugang erreichen wollen, wie

- INTELLECT von Artificial Intelligence Corporation.

Dieser Trend wird im Zuge der 4GL- und KI-Weiterentwicklungen anhalten.

(3) DB2 Performance Monitor
Dieser Monitor stellt dem Datenbankadministrator Meßergebnisse in tabellarischer oder graphischer Ausgabeform bei unterschiedlichem Detaillierungsgrad zur Verfügung. Man kann hierbei Batch- und/oder Real Time-Auswertungen unterscheiden, wobei letztere noch zu erwarten sind.
Es brauch fast nicht erwähnt zu werden, daß derartige Angebote auch von Drittanbietern zur Verfügung gestellt werden, wie etwa Omegamon/DB2 oder Insight/DB2 (vgl. [Het]).

(4) DXT (Data Extract) ist ein Extraktionswerkzeug, das als Quellen

- IMS/VS-Datenbanken,
- DB2-Tabellen,
- SQL/DS-Tabellen (VM),
- VSAM-Dateien oder
- physisch sequentielle Dateien (SAM)

in Zielformen von

- DB2-Tabellen,
- SQL/DS Tabellen (VM),
- physisch sequentielle Dateien (SAM) oder
- CMS-Dateien (VM)

überführen kann. Besondere Bedeutung kommt der Tatsache zu, daß DXT IMS/VS- oder IMS Fastpath-Datenbanken extrahieren und DB2 zur Verfügung stellen kann. So können entsprechend der dualen Datenbankphilosophie (Koexistenz von IMS und DB2) diese beiden Systeme miteinander kooperieren.

DXT stellt natürlich keine Lösung zur Migration von IMS zu DB2 dar, sondern nur eine Möglichkeit der Datenübergabe. Das Migrationsproblem wird noch lange den Lebenszyklus von DB2 begleiten (vgl. [Mar], [Nor])

3.4 Abkürzungsverzeichnis zu DB2

Wegen der sehr IBM-spezifischen Abkürzungen in diesem Kapitel, soll hier ein Abkürzungsverzeichnis angefügt werden, das die Lektüre erleichtern kann.

ADF	Application Development Facility
AS	Application System
CICS	Customer Information Control System
CSP	Cross System Product
DBMAU	DB2 Migration Aid Utility
DBRAD	Data Base Relational Application Directory
DBRM	Database Request Module
DB2	IBM DATABASE 2
DB2I	DB" Interactive
DB2PM	DB" Performance Monitor
DB2DS	DB" Database Services
DB2SS	DB2 System Services
DCL	Data Control Language
DDL	Data Definition Language
DFP	Data Facility Product
DML	Data Manipulation Language
DXT	Data Extract
DXTA	DXT Assist
ECF	Enhanced Connectivity Facilities
ESE	Expert System Environment
ESDS	Entry Sequenced Data Set
HDBV	Host Data Base View
IC/1	Info Center/1
IMS/DB/DC	IMS Database/Data Communications
IMS/VS FP	IMS/VS Fast Path
IMSADF II	IMS Application Development Facility II
IRLM	IMS Resource Lock Manager
ISPF	Interactive System Productivity Facility
KSDS	Key Sequenced Data Set
MA	Migration Aid
QBE	Query-By-Example
QMF	Query Management Facility
SAA	Systems Application Architecture

SAM	Sequential Access Method
SPUFI	SQL Processor Using File Input
SQL	Structured Query Language
SRPI	Server-Requester Programming Interface
TSO	Time Sharing Option
VSAM	Virtual Storage Access Method

3.5 Literatur

[Dat] Date, C. J.; White, C. J.: A Guide to DB2, 2nd edition, Reading, 1988

[Het] Hett, H. M.: Produkte im DB2-Umfeld, in: Online 7/1988, S 46–51

[Hug] Hugo, I.: Getting the measure of DB2, in: IBM System User, 4/88, S. 51–56

[IBM] IBM: DB2, BT 12-3395-1, Stuttgart, 6/1987

[Mar] Martin, J.: The Long Road to DB2 Migration, in: Datamation 15. 1. 1989, S. 29–32

[Nor] Norman, G.: DB2: an official glimpse into the future?, in: insight IBM 2/91, S. 1–4

[Ste] Stevens, L.: DB2-Report, in: Computerworld Schweiz, Nr. 39/88, 26. 9. 1988, S. 15–21

[Wio] Wiorkowski, G.; Kull, D.: DB2 Design & Development Guide, Reading u. a., 1988

4 Hierarchisches Datenbankmodell (HIER)

4.1 Veranschaulichung anhand IMS

Das hierarchische Datenbankmodell, besser das baumartig hierarchische Modell, ist dadurch gekennzeichnet, daß ein Entity beliebig viele untergeordnete Entities besitzen darf, jedoch nicht umgekehrt. Man spricht auch von einer 1:n-Zuordnung. Einige frühe Datenbanksysteme basieren auf dem hierarchischen Modell - z. B. IMS und GIS von IBM (Information Management System, Generalized Information System) oder S2000 von MRI bzw. später intel. IMS ist sicherlich das bekannteste und am weitesten verbreitete hierarchische Datenbanksystem, das trotz des verstärkten Einsatzes relationaler Datenbanksysteme noch viele Jahre im Einsatz bleiben wird (vgl. Kapitel REL und DB2), weshalb die wichtigsten Eigenschaften des hierarchischen Datenbankmodells anhand von IMS-Beispielen veranschaulicht werden sollen [IBM]: Mitarbeiter sollen abteilungsweise erfaßt werden, man möchte über jetzige und ehemalige Tätigkeiten sowie über die Ausbildungsdaten der Mitarbeiter Auskunft bekommen.

Ohne weitere Spezifikationen der Auskunftswünsche, die an die Datenbank gerichtet werden, kann vorerst wegen der oben angedeuteten 1:n-Zuordnungen eine Baumhierarchie als hierfür passend

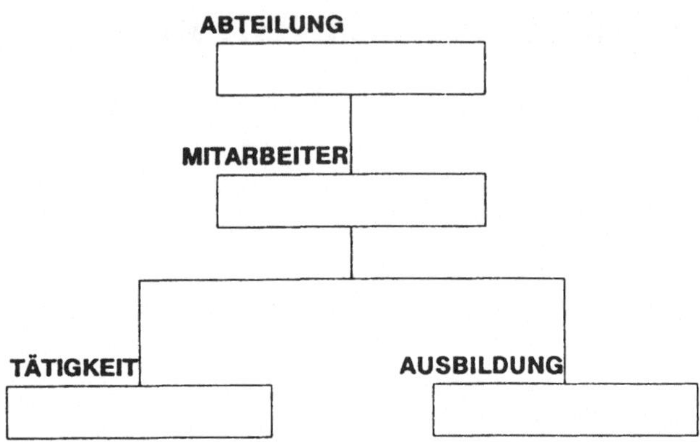

Abb. HIER 1: Beispiel eines IMS-Segmentbaumes

angenommen werden. Ein Entitytyp wird bei IMS Segment genannt (Abb. HIER 1).

Es fällt auf, daß bei der Konzeptfindung eines derartigen Datenbanksystemes zwei wesentliche Designparameter festgelegt werden müssen:

a) Über wieviel Ebenen darf sich die Hierarchie erstrecken?
b) Wieviel unterschiedliche Entitytypen dürfen innerhalb einer Baumhierarchie miteinander in Beziehung stehen?

IMS (und seine Folgeversionen) begrenzt die Hierarchieebenen auf maximal 15, S2000 (vgl. [GMD]) auf 32, manche Datenbanksysteme lassen bereits mehr als 2 Ebenen nicht zu – z. B. GIS und die IMS-Sonderversion IMS/Fast Path. Es ist schnell einsehbar, daß der Implementierungsaufwand für letztere Systeme geringer ist, desweiteren erzwingen sie, daß keine zeitaufwendigen hierarchischen Suchprozesse existieren können, die zu einem trägen Gesamtverhalten beitragen. Auch bei kritischer Einstellung muß man sagen, daß eine Staffelung des Datengerüsts eines Anwendungsproblems in zwei Stufen für viele Problemklassen der betrieblichen Anwendungen ausreicht; bisweilen wird man 3 oder 4 Stufen für notwendig erachten, in den seltensten Fällen mehr, weshalb man sagen kann, daß eine maximale Tiefe von 32 oder auch nur 15 Ebenen den realen Notwendigkeiten nicht entspricht. Bisweilen findet man die Kombination der starken und geringen Hierarchisierung. Das Datenbanksystem RAMIS von Mathematica Inc. gestattete z. B. nur einen hierarchischen Zweig tief zu staffeln, alle anderen dürfen nur eine Stufe unter der Wurzel stehen (vgl. [Mat]).

Die zweite Frage mußte von den geistigen Vätern des Datenbanksystems auch realistisch gelöst werden: 16 unterschiedliche Entitytypen dürften z. B. zu wenig sein, 255 wie bei IMS reichen sicherlich aus, mehr sind höchstwahrscheinlich nicht notwendig. Von der Zahl 255 kann man darauf schließen, daß bei einem abgespeicherten Segment ein ein Byte langer Segmentcode mitgeführt wird, der es charakterisiert; eine der 256 möglichen Codierungen wird von System beansprucht.

Viele andere Fragen sind untergeordneter Art:

- Wie werden die Entitytypen bezeichnet: Segment bei IMS, Repeating Group (Wiederholgruppe) bei S2000 etc.
- Wie werden die Attribute bezeichnet: Meist field (Feld).
- Welche Feldtypen sind erlaubt: Meist alphanumerisch, binär, Text, bisweilen seltener verwendete Typen wie MONEY oder DATE (z. B. bei DB2, S2000) oder Bitstring.

Bei der Deklaration der Baumstruktur muß möglichst sprechend und leicht erlernbar die Über-/Unterordnung notiert werden können:

- Bei IMS wird nach ..PARENT =... der übergeordnete Segmentname notiert,
- bei S2000 wird nach RG IN ... die Nummer der vorher deklarierten übergeordneten RG (Repeating Group) angegeben,
- bei Systemen, die nur zwei Hierarchiestufen zulassen, muß nur die Wurzel ausgewiesen werden, alle anderen deklarierten Entitytypen sind automatisch auf Ebene zwei untergeordnet.

Solchermaßen ist die IMS-Deklaration, die sog. Data Base Description (DBD), der Abb. HIER 2 in Verbindung mit der graphischen Struktur der Abb. HIER 1 selbsterläuternd. Erwähnt sei noch, daß sowohl bei DBD von IMS als auch bei der DESCRIBE-Komponente von S2000 die Funktion des konzeptuellen und internen Schemas vermischt wurden. Die Nützlichkeit einer Trennung war noch nicht ins Bewußtsein gerückt worden.

Der Begriff DBD (Data Base Description) leitet die Definition ein, die Datenbank erhält den Namen ABTEILUNG-DB, sie wird mit der indexsequentiellen Methode HISAM (Hierarchical Indexed Sequential Access Method) organisiert. Letzteres kann allerdings nur ein Spezialist wie der Datenbankadministrator (DBA, vgl.

```
DBD      NAME = ABTEILUNG-DB, ACCESS = HISAM
SEGM     NAME = ABTEILUNG, BYTES = 40, FREQ = 100
FIELD    NAME = ABTNR, BYTES = 15, START = 1, TYPE = C
FIELD    NAME = ABTNAME, BYTES = 15, START = 6, TYPE = C
FIELD    NAME = ABTLEITER, BYTES = 20, START = 21, TYPE = C
SEGM     NAME = MITARBEITER, BYTES = 25, FREQ = 100, PARENT = ABTEILUNG
FIELD    NAME = MITARBNR, BYTES = 5, START = 1, TYPE = C
FIELD    NAME = NAME, BYTES = 20, START = 6, TYPE = C
SEGM     NAME = TÄTIGKEIT, BYTES = 56, FREQ = 10, PARENT = MITARBEITER
FIELD    NAME = TCODE, BYTES = 6, START = 1, TYPE = C
FIELD    NAME = BESCHR, BYTES = 30, START = 7, TYPE = C
FIELD    NAME = ABKUERZ, BYTES = 4, START = 37, TYPE = C
FIELD    NAME = TARIF, BYTES = 2, START = 39, TYPE = C
FIELD    NAME = ANFDATUM, BYTES = 6, START = 43, TYPE = C
FIELD    NAME = ENDDATUM, BYTES = 6, START = 49, TYPE = C
FIELD    NAME = BEURTEILUNG, BYTES = 2, START = 51, TYPE = C
SEGM     NAME = AUSBILDUNG, BYTES = 21, FREQ = 4, PARENT = MITARBEITER
FIELD    NAME = GRAD, BYTES = 10, START = 1, TYPE = C
FIELD    NAME = INSTITUT, BYTES = 10, START = 11, TYPE = C
FIELD    NAME = NOTE, BYTES = 1, START = 21, TYPE = C
DBDGEN
FINISH
END
```

Abb. HIER 2: DBD der Datenbankstruktur nach Abb. HIER 1

Kap. DBA) festlegen. Er weiß, daß außer HISAM noch die Methoden

HSAM (Hierarchical Sequential Access Method)
HDAM (Hierarchical Direct Access Method)
HIDAM (Hierarchical Indexed Direct Access Method)

als Zugriffsmethode zur Auswahl stehen und mit dieser Angabe die logische Betrachtungsebene verlassen wird und eine Angabe zur physischen Speicherungsform erfolgt.

Abbildung HIER 3 veranschaulicht die Arbeitsweise des DBD-Übersetzers, um das interne Schema zu erstellen: Nach dem reservierten Begriff SEGM muß der reservierte Begriff NAME = folgen, was in der Tabelle der reservierten Begriffe nachgeschlagen wird. Der vom Benutzer vergebene Begriff ABTEILUNG wird dann in eine Segmentnamenstabelle eingetragen und erhält den Segmentcode 1, mit

Tabelle der physischen Datenbanken

DB-Name	Methode	Sonst.	Zeiger
ABTEILUNG-DB	HISAM		
.....			

Segmenttabelle

Segmentname	Segmentcode	Segmentebene	Parent-Segementcode	Sonstige Angaben	Zeiger auf Feldtabelle
ABTEILUNG	1	1	-	....	
MITARBEITER	2	2	1	....	
TÄTIGKEIT	3	3	2	....	
AUSBILDUNG	4	3	2	....	

Feldname	Rel. Position	Sonstige Angaben
ABTNR	1.1	.....
ABTNAME	1.2	.....
ABTLEITER	1.3	.....

Abb. HIER 3: Veranschaulichung des internen Schemas einer physischen IMS-Datenbank

dem alle Ausprägungen dieses Segmenttyps in der Datenbank abgespeichert werden. Nach Erkennen von FIELD und NAME = erhält ABTNR die interne Zählung 1.1.

S2000 [MRI] ist ein weiteres bekanntes Datenbanksystem, dem das hierarchische Datenbankmodell zugrunde liegt. An ihm soll veranschaulicht werden, wie man versuchen kann, den Nachteil dieses Modelles, daß der Einstieg in die Hierarchie immer über die Wurzel erfolgen muß, zu umgehen. Die Beispieldatenbank der Abb. HIER 4 ist eine Produktdatei, in der Daten über elektronische Bauteile, ihre Beschreibung, die Lieferanten und Erläuterungen erfaßt werden sollen (vgl. [GMD]).

Abb. HIER 5 zeigt die Deklaration dieser Datenbankstruktur mittels der DESCRIBE-Komponente des Datenbanksystems. Erwähnt sei noch, daß sowohl bei DBD von IMS als auch DESCRIBE von S2000 die Funktion des konzeptuellen und internen Schemas vermischt wurden. Die Nützlichkeit einer Trennung war noch nicht ins Bewußtsein gerückt.

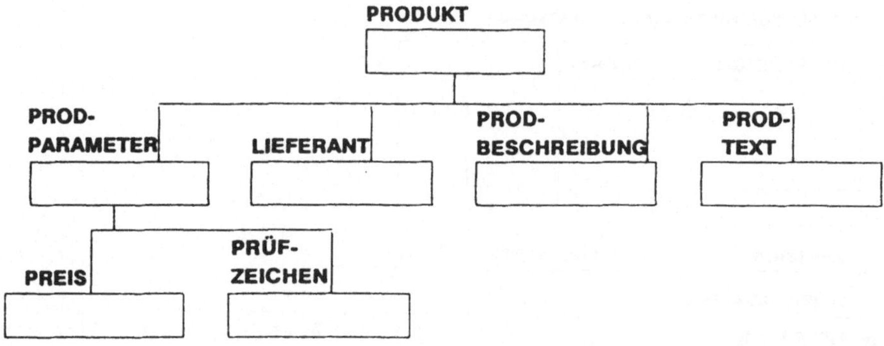

Abb. HIER 4: Struktur der S2000-Beispieldatenbank

```
DESCRIBE;
DATABASE NAME IS PRODUKT
  1* TNRCODE (INTEGER NUMBER 9(8))
  2* ZUGANGSNR (INTEGER NUMBER 9(6))
  3* PRÜFDATUM (DATE)
  4* EINGANGSDATUM (DATE)
  5* BILDNR (INTEGER NUMBER 9(8))
  10*PROD-PARAMETER (RG)
    11* PAR-CODE (INTEGER NUMBER 9(5) IN 10)
    12* ALT-NUMBER (NON-KEY INTEGER NUMBER 9(8) IN 10)
    15* MIL-SPEC-NR (INTEGER NUMBER 9(8) IN 10)
    13* PREIS (RG IN 10)
         131* EK-PREIS (INTEGER NUMBER 9(6) IN 13)
         131* MIL-PREIS (INTEGER NUMBER 9(6) IN 13)
    14* PRUEFZEICHEN (RG IN 10)
         141* BRD-PRUEF (NAME X(5) IN 14)
         141* AUSL-PRUEF (NAME X(7) IN 14)
  20*LIEFERANT (RG)
    21* FIRMENCODE (NAME X(5) IN 20)
    22* FIRMENTYP (NON-KEY NAME X(2) IN 20)
  30*PROD-BESCHREIBUNG (RG)
    31* BESCHREIBUNG (NAME X(30) IN 30)
  40*PROD-TEXT (NON-KEY NAME X(45) IN 45)
```

Abb. HIER 5: Deklaration der S2000-Beispieldatenbank

Die Besonderheit von S2000 liegt darin, daß trotz der Gegebenheit des hierarchischen Datenbankmodells mit seiner besonderen Ankerbedeutung des Wurzelsegments der Soforteinstieg in tiefere

Ebenen ermöglicht wird. Hierzu verwendet S2000 ein Invertierungskonzept, das soweit geht, daß die Invertierung über einem Feldbegriff, d. h. seine automatische Verwaltung als Index, gestoppt werden muß, ansonsten wird über alle deklarierten Felder invertiert. In Abb. HIER 5 erkennt man, daß bisweilen das Stichwort NON-KEY deklariert wurde; alle anderen Felder werden automatisch als Schlüssel aufgefaßt, ohne daß zwischen Primär- und Sekundärschlüssel unterschieden wird.

Damit gelingt es, mit einer entsprechend geschickten Organisation des Inverted File und einer sie ausnutzenden Anfragesprache QUEL, schnell in unteren Hierarchieebenen zugreifen zu können. Die Vorgehensweise ist jedoch nicht einfach, verlangt beachtliches Mitdenken des Anwenders, der etwa eine Anfrage am Terminal formuliert, und ist deshalb für Laien-Endanwender kaum geeignet. Es scheint sich zu bestätigen, daß Mitdenken des Benutzers an der Benutzerschnittstelle noch einige Zeit lang notwendig ist, um Systeme leistungsstark arbeiten zu lassen, ehe sie in einen Zustand gelangen, in dem adaptiv die jeweils optimalen Zugriffswege gefunden werden.

Dies gilt sicher auch noch – allerdings in wesentlich geringerem Ausmaß – für die Anwendung von relationalen Datenbanksystemen, zumindest in deren Frühphase der Durchsetzung am Markt (80er Jahre, vgl. Kapitel REL).

Es soll noch ergänzt werden, daß IMS/VS, die auf IMS 2 folgende virtuell funktionierende Version von IMS, seit langem die sogenannte Sekundärindizierung beherrscht, was mittels VSAM (Virtual Access Method) realisiert wird, jedoch nicht so elegant wie z. B. bei S2000. Details hierzu würden den Rahmen dieses Werkes sprengen.

4.2 Speicherungsformen der Baumhierarchie

Die am häufigsten angewendete Technik zur Speicherung hierarchischer Satzgebilde ist die Kettung in Form der Sohn-Bruder-Zeigertechnik, da hiermit die Ziele der schnellen Suche und des flexiblen Updates erreicht werden können, desweiteren auch die redundanzfreie Speicherung – eines der Urziele der Datenbanksystementwicklung.

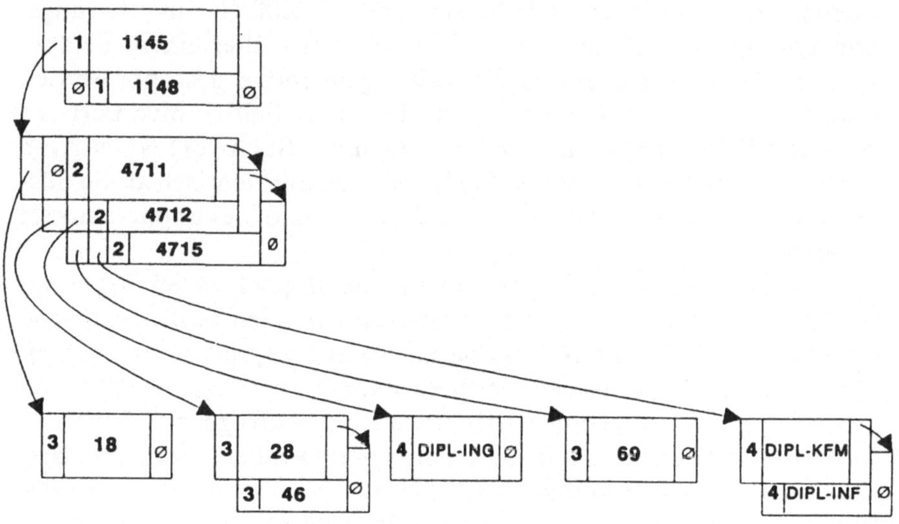

Abb. HIER 6: Zwei physische IMS-Sätze einer Beispieldatenbank

Die Sohn-Bruder-Zeigertechnik soll anhand der Datenbank von Abb. HIER 6 veranschaulicht werden; bei IMS wird sie Child-Twin-Technik genannt.

Die in der Folge angegebene Definition dieser Zeigerorganisation, die nur bei HDAM und HIDAM deklariert werden kann, ist zwar bei Betrachtung leicht einsichtig, doch ist die Orientierung von Anwendungsprogrammen an dieser physischen Speicherform des internen Schemas sehr zeitaufwendig und damit kostenintensiv. Die Relationisten lehnen mit Recht die Notwendigkeit, sich als Anwender auch nur ein wenig hierin auszukennen, völlig ab.

```
SEGM NAME = ABTEILUNG, PARENT = 0, POINTER = TWIN
....
SEGM NAME = MITARBEITER, PARENT = (ABTEILUNG,
SINGLE), POINTER = TWIN
....
SEGM NAME = TAETIGKEIT, PARENT = (MITARBEITER),
POINTER = TWIN
....
SEGM NAME = AUSBILDUNG, PARENT = (MITARBEITER),
POINTER = TWIN
....
```

Bei den meisten Datenbanksystemen stehen vielfältige Optionen der physischen Speicherung zur Verfügung, die das System zwar sehr fähig, aber auch oft unübersichtlich gestalten:

a) Auch der Laie wird darauf kommen, daß manche Anwendungssituationen es bedingen, daß ein übergeordnetes Segment sehr viele untergeordnete zugeordnet bekommt. Ein Auftrag besteht evtl. nicht nur aus wenigen, sondern aus hunderten Positionen, eine Region enthält tausende von Kunden, ein Artikel besteht aus zig Teilen etc. Die die Zuordnung realisierenden Bruderzeiger-Ketten können lang werden. Wenn die darin enthaltenen Segmente sortiert eingebaut werden sollen, aber auch aus anderen Gründen, kann man zusätzlich zu der Vorwärtskettung eine Rückwärtskettung als sinnvoll erachten. Jedes Segment enthält dann einen Rückwärtszeiger. Dies gibt nur einen Sinn, wenn nicht nur auf den Anfang, sondern auch auf das Ende der Kette verwiesen wird, ansonsten könnte man sie nicht rückwärts abarbeiten. Im übergeordneten Parent-Segment muß also ein entsprechender zweiter Sohnzeiger etabliert werden (Last-Zeiger bei IMS).
b) Bisweilen kann das Problem anstehen, in der Baumhierarchie schnell wieder zum Parent-Segment zu kommen. Am schnellsten wird dies durch einen direkten Zeiger im Child Segment ermöglicht.

Natürlich kann nur ein Datenbankspezialist die Gründe für die Nutzung der Optionen a) und b) im Vorgriff für viele Auswertungswünsche „erahnen“. Um sie richtig zu nutzen, muß er ein ausgezeichnetes Wissen der Datenbanksysteminterna besitzen, was tendenziell wieder dazu führt, diese Vorgehensweise teuer werden zu lassen. Viele Datenbanksysteme gestatten fast keine derartigen Optionen, z. B. Total von CINCOM: Nur zwei Hierarchieebenen werden ermöglicht, die Realisation erfolgt ohne Beeinflussungsmöglichkeit standardmäßig mittels einer vorwärts und rückwärts geführten Sohn-Bruder-Zeiger-Technik. Solchermaßen wird auch der Schulungs- und Spezialwissensbedarf in Grenzen gehalten.

Jedes Datenbanksystem am Markt strengt sich nach Kräften an, seine interne Verweis- und Suchtechnik möglichst leistungsstark zu gestalten. Tiftlige Details der geheimsten Informatik-„Schubladen“ werden ausgenutzt, bisweilen mit nicht zu leugnendem Erfolg. Viele Beispiele könnten angeführt werden, doch soll hier abschlie-

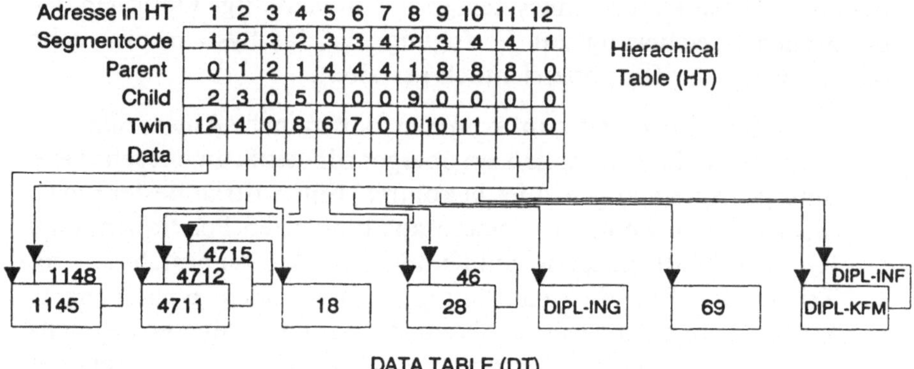

Abb. HIER 7: Hierarchical Table bei S2000

ßend nur eine Variation der gezeigten Kettungstechnik veranschaulicht werden. Grundlagen hierzu kann man z. B. bei Knuth [Knu] nachlesen.

S2000 verkettet die Segmente (dort Repeating Groups genannt) nach einer bestechenden Idee. Die Systemzeiger sowie der Segmentcode werden aus den Segmenten herausgelöst und im Sohn-Bruder-Vater-Sinn in einer separaten Tabelle, Hierarchical Table (HT) genannt, gespeichert. Aus dieser Tabelle heraus wird auf die jeweils betroffenen Eintragungen in der Data Table verwiesen. Abb. HIER 7 veranschaulicht die Vorgehensweise.

Da eine Eintragung in der HT ein festes Format aufweist (Segmentcode, Parent-, Child-, Twin-, Datazeiger), müssen Twin-Zeiger notwendigerweise über die Grenze unterschiedlicher Segmentcodes hinwegführen. Dies heißt, daß z. B. der DL/1-Functioncode GNP (vgl. Kapitel HIER 4.2.) nochmals komplizierter würde, da der Segmentcode noch zusätzlich abgeprüft werden müßte – geradezu eine Angstvorstellung für die Vertreter mengenorientierter Abfragesprachen bei relationalen Datenbanksystemen.

Man fragt sich natürlich, ob die Kettungsform der HT nur Spielerei ist oder ob sie begründbare Vorteile bringt? Der Vorteil der in Abb. HIER 7 gezeigten variierten Zeigertechnik liegt in der kompakten Haltung aller Zeiger in der HT. Der Datenbankadministrator wird bei seinen Tuning-Maßnahmen bestrebt sein, einen großen Working Set der HT im Hauptspeicher resident zu halten, um damit eine sehr effiziente Suche zu erreichen, die Data-Zeiger betroffener Segmente erst sammelt, dann umsortiert, um clusterorientiert in DT zuzugreifen. DT stellt eine unsortierte, strukturlose „Bitsammlung“ dar. Sie kann nicht mehr in Form physischer Blöcke gelesen werden.

Wenn man noch einen Schritt weiter geht, kann man sich ein System vorstellen, das die Daten gar nicht mehr abspeichert. TDMS von SDC (Time Shared Data Management System) (vgl. [SDC]) geht so vor; da es als Totally Inverted File System alle Daten invertiert erfaßt hat, braucht es die eigentlichen Daten nicht mehr – sie werden bei Bedarf „wieder errechnet“.

4.3 Navigation in Hierarchien

Das hierarchische Datenbankmodell ist neben dem Netzwerkmodell das typische Modell für Datenbanksysteme, bei denen „navigiert“ werden muß, d. h. der Weg zu den gewünschten Informationen im Detail und evtl. sehr kompliziert und damit fehleranfällig im Datenbankaufruf aus dem Host-Programm vorgegeben werden muß. Die Komplexität, Unübersichtlichkeit und systemspezifische Ausprägung dieser Vorgehensweise war ein Hauptkritikpunkt sowie eine Motivation zur Entwicklung des Relationenmodells (vgl. Kapitel REL).

Die Navigation soll anhand eines hierfür gut geeigneten IMS-Beispieles veranschaulicht werden, wozu zuerst in Abb. HIER 8 das Format eines DL/1-Calls vorgestellt wird.

Die Funktionscodes dieser Schnittstelle zum Aufruf von DL/1 aus Assembler-, COBOL- oder PL/1-Programmen stellen die wesentlichen Datenbankoperationen dar und werden in Abb. HIER 9 aufgeführt.

```
CALL  { ASMTDL1 }   PARMCOUNT, FUNCTIONCODE, PCBNAME, USERIOAREA,
      { CBLTDL1 }   SSA1, SSA2, ... SSAn;
      { PL1TDL1 }

mit:  PARMCOUNT:     Parameterzahlangabe
      FUNCTIONCODE:  Vgl. Folgeabbildung HIER 9
      PCBNAME:       Angabe eines Program Control Blocks,
                     der auf eine deklarierte Benutzer-View
                     verweist.
      USERIOAREA:    IO-Bereich im rufenden Programm.
      SSA:           Segment Search Argument, das die
                     navigierende Suche steuert.
```

Abb. HIER 8: Vereinfachtes Format eines DL/1-Calls

GET UNIQUE	GU	Direkter Zugriff auf ein Segment
GET NEXT	GN	Sequentielles Durchsuchen
GET NEXT WITHIN PARENT	GNP	Sequentielles Durchsuchen der Abhängigen
GET HOLD UNIQUE	GHU	Wie GU mit Update-Möglichkeit
GET HOLD NEXT	GHN	Wie GN mit Update-Möglichkeit
GET HOLD NEXT WITHIN PARENT	GHNP	Wie GHN mit Update-Möglichkeit
DELETE	DLET	Löschen eines Segmentes
REPLACE	REPL	Ändern eines Segmentes
INSERT	ISRT	Einfügen eines Segmentes

Abb. HIER 9: DL/1-Funktionscodes

Es würde zu weit führen, alle Funktionen erklären zu wollen, zumal hierzu das gesamte Konzept von IMS bekannt sein muß.

Wir wollen stattdessen anhand eines Beispieles einige Funktionen durchspielen und ihre Wirkungsweise kennenlernen. Wichtig ist zu erkennen, daß die Arbeitsweise vollkommen positionsorientiert ist. Der Programmierer muß sich einen Weg zu dem gewünschten Segment gesucht haben; er muß dieses positionieren, d. h. finden lassen, in einen Arbeitsbereich holen und dann per Programm verarbeiten. Solchermaßen hat er die entsprechenden Zugriffsroutinen durch die Datenbank navigieren lassen.

Abb. HIER 9 zeigt zwei physische IMS-Sätze, die der Struktur der Abb. HIER 1 und HIER 2 entsprechen und zur Veranschaulichung einiger Funktionscodes und Suchargumente SSA dienen sollen. Die Abbildung sagt noch nichts über die physische Speicherungsform aus, doch ist diese hinsichtlich der Performance der einzelnen Operationen nicht gleichgültig. Man kann diese Aussage umkehren und formulieren, daß sich die Speicherungsform (HSAM/ HISAM/HDAM/HIDAM) nach der Art der gewünschten und häufig anzutreffenden Navigationen und der hierbei gewünschten Performance richten muß; ein Punkt, der von den „Relationisten" den „Hierarchisten" sehr – und zu Recht – angekreidet wird.

In Abb. HIER 10 sind in den Segmenten jeweils der Segmentcode sowie Werte der Felder ABTNR, MITARBNR, TCODE und GRAD notiert. Die über dem Rechteck notierte Nummer dient der Beantwortung der im folgenden als Fragen notierten DL/1-Aufrufe.

Welches Segment liefert z. B. der folgende (vereinfacht notierte) DL/1-Aufruf:

```
GU ABTEILUNG (ABTNR = 1145)
   MITARBEITER (MITARBNR = 4711)
   TAETIGKEIT (TCODE = 18)
```

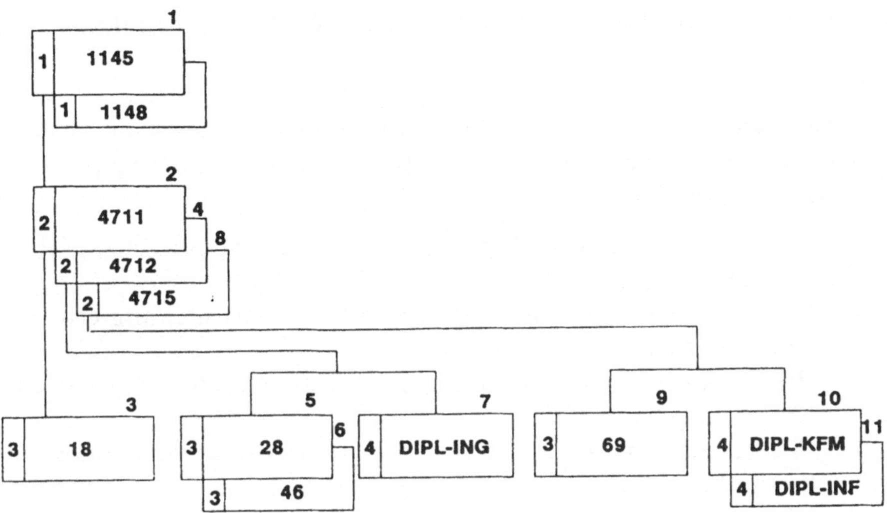

Abb. HIER 10: Zwei physische IMS-Sätze einer kleinen beispielartigen Datenbank

Antwort: Nachdem die via ACCESS = ... festgelegte Zugriffsmethode das Segment 1 positioniert hat, sucht sie mit der ihr eigenen Vorgehensweise (die schnell oder langsam sein kann) das Segment 2, positioniert dieses und findet dann das Segment 3.

Dieses wird in die I/O-Area transportiert.

Frage:

Welches Segment liefert dann?	Antwort
a) GN TAETIGKEIT	5
b) GN MITARBEITER	4
c) GN AUSBILDUNG	7
d) GNP AUSBILDUNG	Nicht vorh.
e) GN AUSBILDUNG	10
f) GN ABTEILUNG	12

Das Beispiel a) macht klar, daß als nächste Tätigkeit eine solche unter einem anderen Mitarbeiter geliefert wird. Falls dies nicht beabsichtigt ist, muß GNP angewendet werden. Dies ist ein gutes Beispiel zur Veranschaulichung der Komplexität der Programmierung navigierender Suchroutinen bei hierarchischen Datenbanksystemen.

4.4 Anwendbarkeit des hierarchischen Datenbankmodells

Ein ins Auge springender Vorteil dieses Modells liegt darin, daß viele – man kann eigentlich sagen, alle – Situationen des täglichen Lebens, und damit auch alle betrieblichen Situationen, hierarchische Abhängigkeiten beinhalten:

- Der Organisator ist an Organigramme gewöhnt und erkennt ihre Bedeutung sofort.
- Der Bürger versteht die hierarchische Aufgabenteilung etwa in einem Rathaus.
- Wir schlagen die Gliederung eines Fachbuches auf und wissen, wie es aufgebaut ist.
- Wir kennen Onkel, Tanten, Nichten und Neffen und erkennen die hierarchische Gliederung unseres Stammbaums.

Ein Datenbankmodell, das derartige Situationen ähnlich abbildet, ist an sich gut geeignet (vgl. [Hau]). Daß seine Benutzerschnittstelle komplizierter wurde, als man sie sich idealerweise vorstelllen kann, zeigte sich erst später. Hierauf bezogen, kann man die Aussage von 1977 von Schlageter und Stucky [Sch], „Das hierarchische Datenmodell spielt in der heutigen Datenbankdiskussion keine Rolle mehr", als passend ansehen; hinsichtlich der grundsätzlichen Anschaulichkeit des Modelles, kann man anderer Meinung sein. Einen nochmals anderen Standpunkt kann man hinsichtlich der tausendfachen Verwendung in der Praxis auch noch in den 90er Jahren einnehmen.

Hier wird nämlich in der Diskussion der Performancevorteil eines zwar alten, aber gereiften Datenbanksystems wie IMS/Fast Path gegenüber dem modernen, benutzerfreundlichen Anspruch eines jungen, noch in der Weiterentwicklung begriffenen Systems wie DB2 (vgl. Kapitel DB2) abgewogen.

Aus der Vielzahl betrieblicher Anwendungen, die mit dem hierarchischen Datenbankmodell gelöst wurden, soll eine besonders typische und wichtige herausgegriffen werden, die zudem noch den Anlaß zur Entwicklung von IMS bei North American Rockwell, von wo IBM es übernommen hat, gegeben hat:

Die Stücklistenspeicherung.

Stücklisten stellen die Struktur von Bauteilen dar. Sie werden oft als Baum dargestellt und können in zwei Richtungen durchsucht werden:

a) analytisch,
b) synthetisch.

a) beantwortet die Frage, in welche Teile sich ein übergeordnetes Teil auflösen läßt (Auflösung).
b) beantwortet die Frage, in welche übergeordneten Teile ein Teil eingeht (Teileverwendung).

In Kapitel HIER 4.4 soll die Fragestellung a) behandelt werden, in Kapitel NETZ dann zusätzlich die Fragestellung b). Das Beispiel einer Stückliste nach Abb. HIER 11 soll hierbei zugrunde gelegt werden.

Um das Problem der Mehrfachverwendung und damit Mehrfachspeicherung von Teilen (hier: Teil C und D) zu lösen, wird die Stückliste umarrangiert und als sog. Gozinto-Graph [Vas] redundanzfrei dargestellt (vgl. Abb. HIER 12).

Hierdurch angeregt kam man schon früh bei Stücklistenprozessoren (z. B. BOMP, Bill of Material Processor) oder frühen Datenbanksystemen (z. B. DBOMP, Data Base Organization and Maintenance Program) auf den Grundgedanken, daß zwei Relationen (Satztypen, Segmente) maßgeblich sind:

- Eine, die die Knotenrepräsentanz (TSS, Teilestammsatz) und
- eine, die die Kanten und damit die Struktur des Graphen repräsentiert (ESS, Erzeugnisstruktursatz).

Die IMS-Segmentstruktur sieht damit, wie in Abb. HIER 13 gezeigt, aus (vgl. [Wed]).

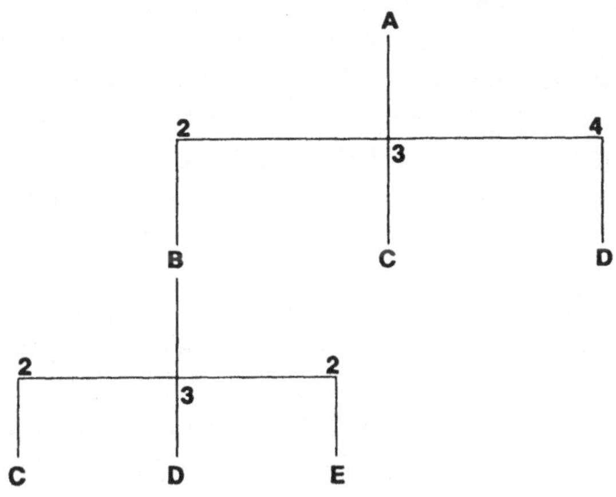

Abb. HIER 11: Stückliste als Baum dargestellt

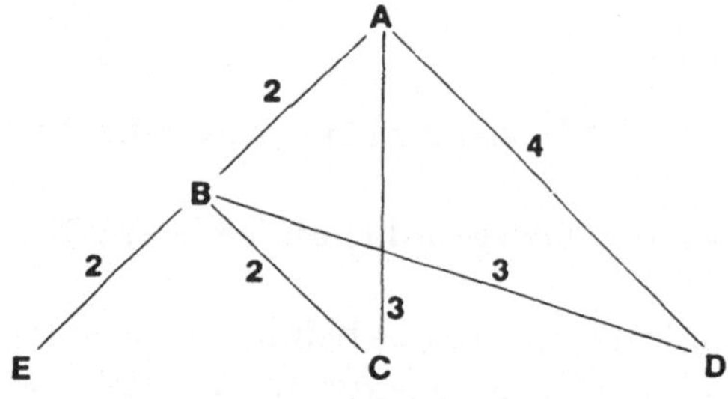

Abb. HIER 12: Stückliste als Gozinto-Graph

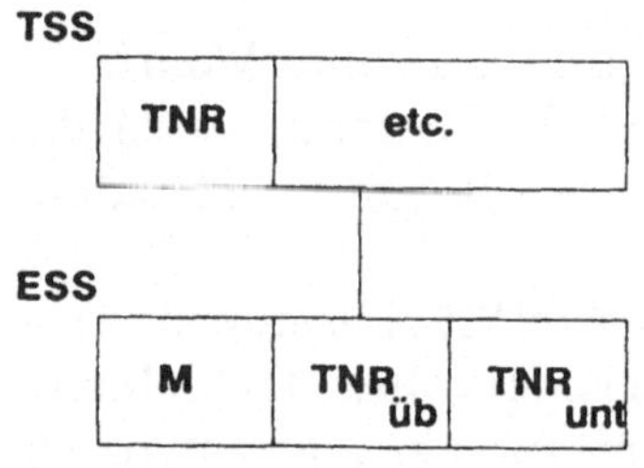

TNR = Teilenummer
M = Menge
$TNR_{üb}$ = Teilenummer des übergeordneten Teils
TNR_{unt} = Teilenummer des untergeordneten Teils

Abb. HIER 13: IMS-Struktur einer Stückliste

Mit der Sohn-Bruder-Zeigertechnik erhält jeder TSS einen Sohnzeiger (PC, Physical Child), der auf den ersten ESS verweist, der bei der Stücklistenauflösung mit den Angaben $TNR_{üb}$ und TNR_{unt} die Verbindung zu dem untergeordneten TSS schafft (vgl. Abb. HIER 14). Jeder ESS erhält einen Bruderzeiger (PT, Physical Twin), der auf einen weiteren ESS verweist, der die Vermittlung zu einem weiteren untergeordneten TSS ermöglicht. Performancegründe sprechen dafür, in einem ESS den Hinweis $TNR_{üb}$ nicht nur symbolisch zu notieren, sondern zur schnellen Suche des entsprechenden TSS einen Zeiger hierauf unterzubringen. Dies ist im IMS-Sinn ein Parent-Zeiger (PP, Physical Parent). Zur Auflösung der Stückliste nach Abb. HIER 12 kann die Struktur nach Abb. HIER 13 verwendet werden.

Die Abb. HIER 14 ist entsprechend dem Aussehen des Gozinto-Graphen der Abb. HIER 12 gezeichnet, da diese Darstellungsart in Abb. NETZ wieder aufgegriffen wird.

Falls man sich von der Abb. HIER 11 zu einer Strukturfindung anregen ließe, käme wahrscheinlich die folgende Idee (Abb. HIER 15) auf:

Unter übergeordneten Teilesegmenten TUEB will man alle eine Dispositionsstufe tiefer stehenden untergeordneten Teilesegmente

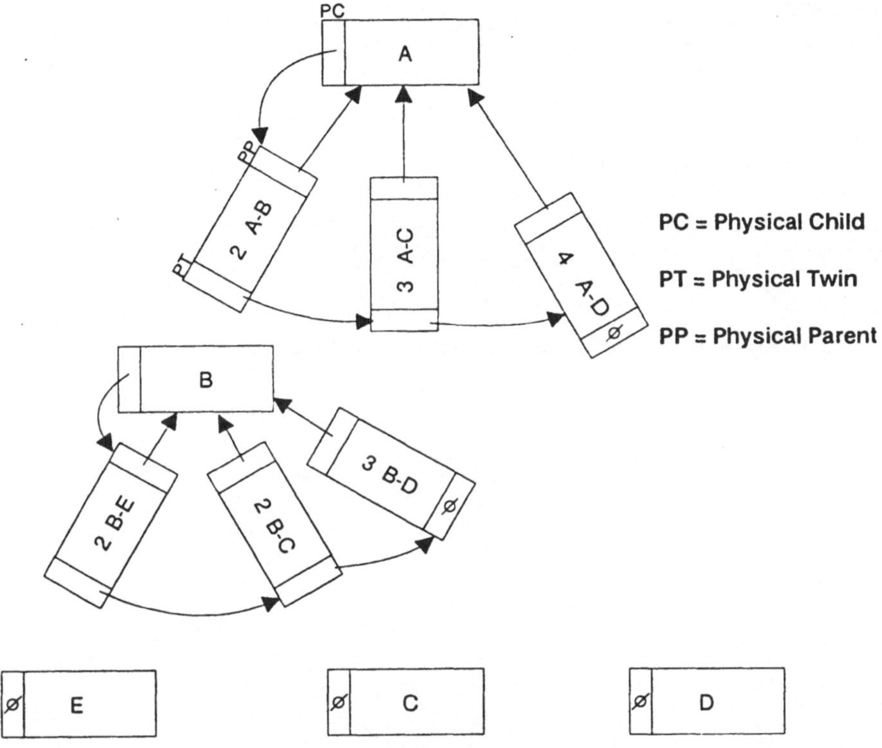

Abb. HIER 14: Kettung zur Stücklistenauflösung

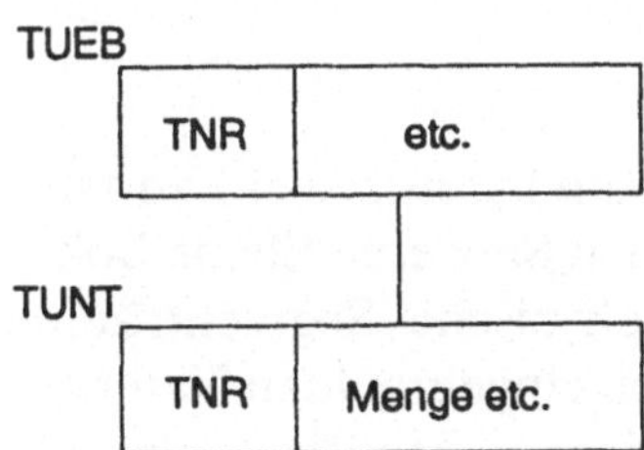

Abb. HIER 15: Segmentstruktur der Stückliste als Baum

TUNT erfaßt wissen, was mittels Sohn-Bruder-Zeigertechnik folgendermaßen realisiert werden kann (Abb. HIER 16).

Solchermaßen kann eine redundanzfreie Speicherung nicht realisiert werden, es sei denn, daß ein Parent-Zeiger in TUNT zu Hilfe genommen würde (Abb. HIER 17).

Hierbei sind wir jedoch einem Irrtum unterlegen, da mit einem rein hierarchischen Datenbanksystem eine Kettung nach Art der

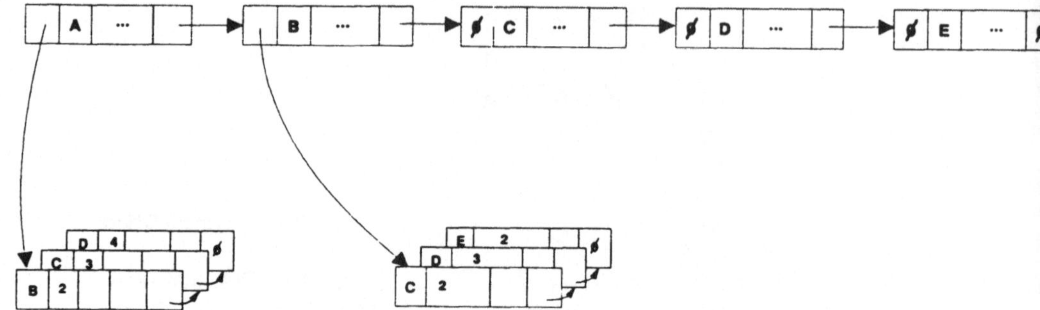

Abb. HIER 16: Sohn-Bruder-Zeigertechnik mit Redundanz

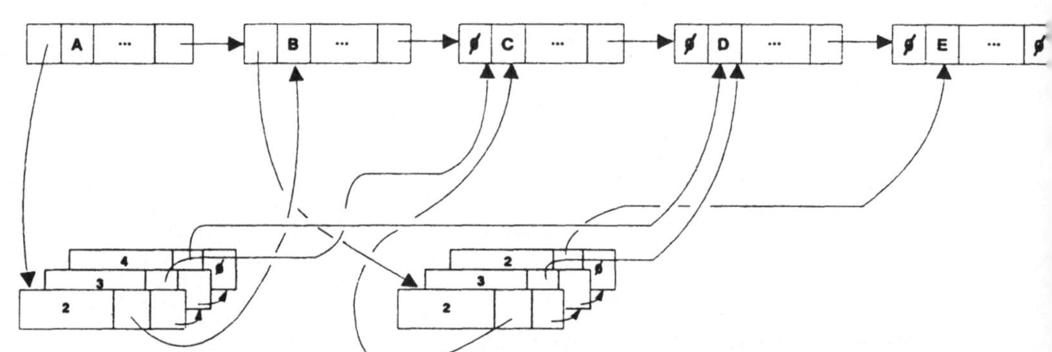

Abb. HIER 17: Sohn-Bruder-Vater-Zeigertechnik ohne Redundanz

Abb. HIER 17 nicht erreicht werden kann. Ein Parentzeiger kann nur in dem sein Segment betreffenden physischen Satz eine Ebene höher führen, er kann nicht in benachbarte physische Segmenträume verweisen, wie dies in Abb. HIER 17 mit den eingebrachten Vaterzeigern versucht wird. Um dies zu ermöglichen, benötigen wir ein Netzwerkdatenbanksystem (vgl. Kapitel NETZ).

Abschließend sollen drei weitere IMS-Strukturen die Vielzahl der in der Ära der kommerziellen DV hiermit gestalteten hierarchischen Datenbanken veranschaulichen. Abb. HIER 18 zeigt ein Beispiel, das den Kern eines operativen Bankinformationssystems darstellt.

Abb. HIER 19 veranschaulicht eine Teiledatenbank und Abb. HIER 20 den zentralen Teil einer Lebensversicherungs (LV)-Datenbank.

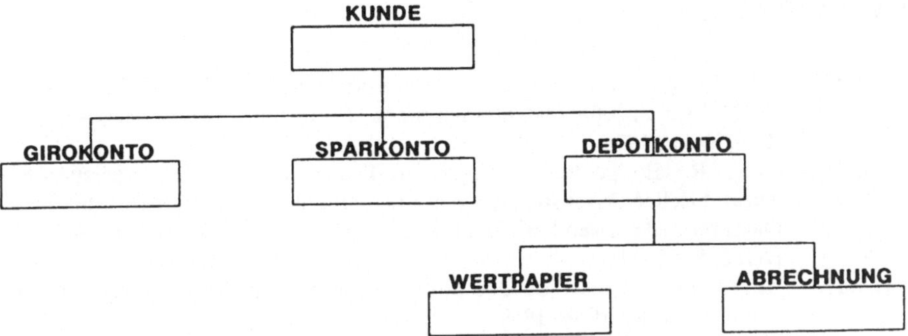

Abb. HIER 18: Struktur einer Kundendatenbank einer Bank

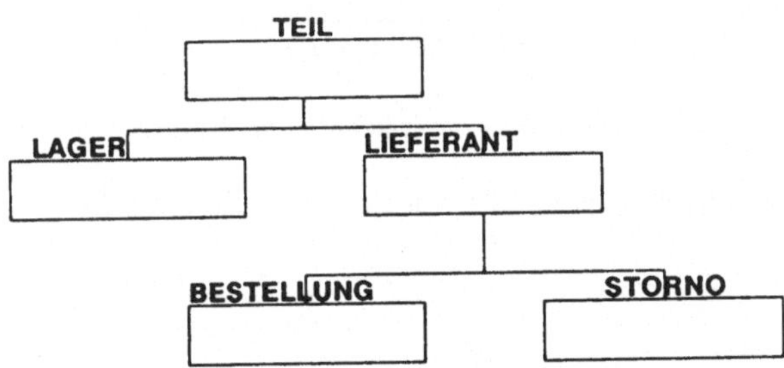

Abb. HIER 19: Teiledatenbankstruktur

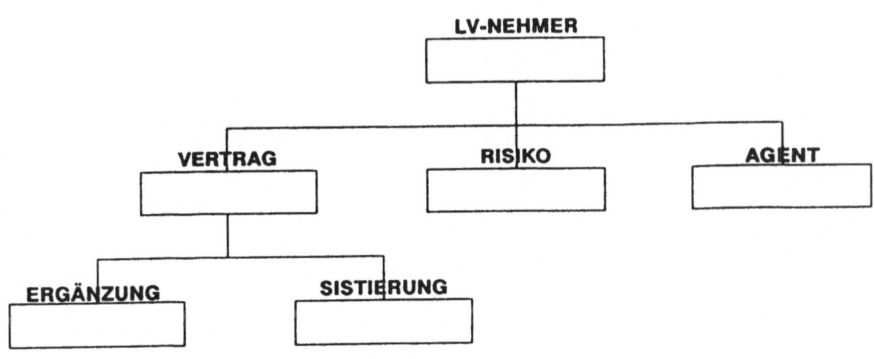

Abb. HIER 20: Kern einer LV-Datenbank

4.5 Literatur

[IBM] IBM: IMS/VS database design and implementation, ZR20-4466, 1974

[GMD] GMD: System 2000, Datenbanksysteme-Erfahrungsberichte-Heft 4, München, Wien, 1979

[Hau] Haux, R.: Einige Bemerkungen zur Frage: Soll man zur Speicherung hierarchischer Datenstrukturen ein Datenbanksystem mit hierarchischem Datenmodell verwenden?, in: Statistical Software Newsletter 1981, Band 7, Heft 2, S. 58–63

[Knu] Knuth, D.: The Art of Computer Programming, Vol. 1, Fundamental Algorithms, Reading, 1969

[Mat] Mathematica: Ramis User's Manual, 1–12, 1977

[MRI] Management Research Inc.: S2000 Reference Manual, 1978

[Sch] Schlageter, G.; Stucky W.: Datenbanksysteme: Konzepte und Modelle, Stuttgart 1983

[SDC] System Development Corporation: File Organization in the SDC Time Shared Data Management System (TDMS), Technicle Article SP-2907a, o. J. a.

[Vas] Vaszony, A.: Die Planungsrechnung in Wirtschaft und Industrie, Wien-München 1962

[Wed] Wedekind, H.: Datenbanksysteme I, Mannheim/Wien/Zürich 1981

5 Netzwerkdatenbankmodell (NETZ)

5.1 Veranschaulichung mit CODASYL-Beispielen

Das Netzwerkdatenbankmodell erweitert das hierarchische Modell, indem die 1:n-Beziehungen zu m:n-Beziehungen ausgebaut werden. Ein untergeordneter Entitytyp kann mehr als einem übergeordneten unterstellt sein, was bedeutet, daß es mehrere Einstiegspunkte in die Datenbankhierarchie – und nicht nur einen ausgewiesenen, wie das Rootsegment bei IMS –, gibt.

Dies soll anhand typischer CODASYL (Conference on Data Systems Languages)-Beispiele veranschaulicht werden. Die CODASYL Data Base Task Group (DBTG) hatte 1971 (und in den Folgejahren) einen Standardisierungsvorschlag für Datenbanksysteme unterbreitet, dessen herausragender Gedanke die Netzwerkstruktur war (vgl. [COD]).

Die Struktur der hierarchischen Datenbank ABTEILUNG entsprechend Abb. HIER 1 und HIER 2 ist gut geeignet, Probleme der Art „Liste für alle Abteilungen alle Mitarbeiter mit ihren Tätigkeiten und Ausbildungen auf" bearbeiten zu lassen. Man kann sich anschaulich vorstellen, wie der Suchalgorithmus beim Rootsegment beginnend durch die Hierarchie der Segmente navigiert und solchermaßen wahrscheinlich schnell und effizient suchen kann.

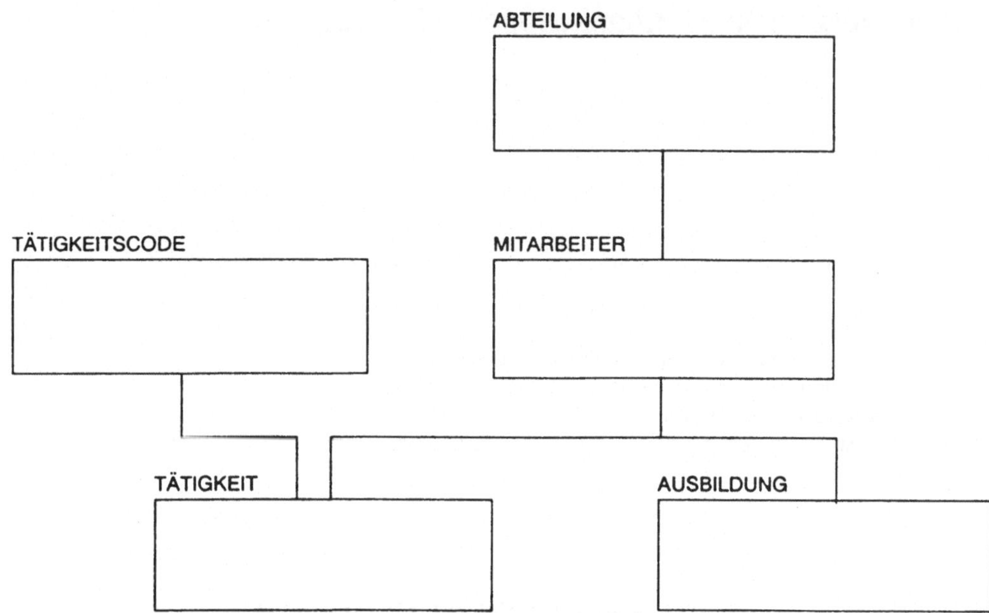

Abb. NETZ 1: Erweitern der hierarchischen Datenbankstruktur

Wenn eine andere Fragestellung, etwa „Suche alle Mitarbeiter, die den Tätigkeitscode XYZ ausüben" ansteht, erkennt auch der Laie, daß die ganze Datenbank durchsucht werden müßte, um bisweilen oder überhaupt nicht auf der Ebene 3 der IMS-Segmenthierarchie Segmente mit dem Code XYZ zu finden (Annahme: Tätigkeitscode ist im Segment TÄTIGKEIT abgespeichert). Man wünscht sich in diesem Fall eine zweite Einstiegsmöglichkeit in die Datenbankstruktur – und damit in die aktuelle Datenbank –, was vereinfacht in Abb. NETZ 1 zum Ausdruck kommt.

Abbildung NETZ 1 möchte aufzeigen, daß unter den Tätigkeitscodes (z. B. XYZ) alle zutreffenden Tätigkeiten erfaßt werden sollen und man von diesen dann auf die entsprechenden Mitarbeiter und ihre Abteilungen schließen können soll. Das hierbei zu lösende Problem, daß das System Hilfestellung leisten muß, um in der Hierarchie wieder nach oben navigieren (man könnte auch sagen: klettern) zu können, hatten wir bereits in Kapitel HIER 4.2 kennengelernt.

Der Kern des Netzwerkgedankens wird in Abb. NETZ 2 nochmals herausgehoben und entsprechend dem CODASYL-Konzept dargestellt.

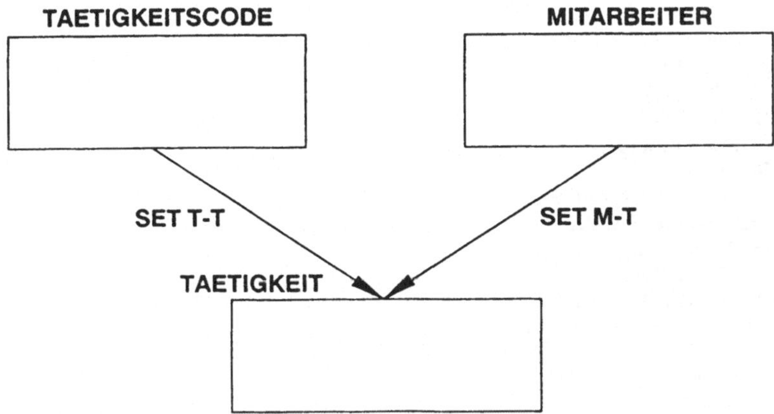

Abb. NETZ 2: Struktur in CODASYL-Darstellungsweise

Nach CODASYL gibt es OWNER- und MEMBER-Records, zwischen denen SET-Beziehungen deklariert werden und existieren. Graphisch werden letztere in sog. Datenbankstenogrammen mittels Pfeilen dargestellt, die die Über-/Unterordnung markieren. In komplexen Stenogrammen (vgl. Abb. NETZ 5) ist das hierarchische Gefüge der Satztypen solchermaßen schnell zu erfassen. In Abb. NETZ 2 sind zwei SET-Beziehungen angegeben: SET T-T und SET M-T.

Die Deklaration der Datenbankstruktur der Abb. NETZ 2 mit einer CODASYL DDL (Data Description Language) sieht wie in Abb. NETZ 3 angegeben aus. Je nach eingesetztem System (z. B. UDS (Siemens), DMS 1100 (UNISYS) IDMS (Cullinane)) können Variationen und Abweichungen von dem Standardisierungsvorschlag auftauchen.

Zur Vermeidung von Redundanz wurden die Felder BESCHR, ABK, TARIF aus dem Segment TAETIGKEIT der Abb. HIER 2 in den Satztyp TAETIGKEITSCODE der Abb. NETZ 3 genommen, da sie von diesem funktional abhängig sind (Normalisierungsprozeß).

Die DDL-Deklaration der Abb. NETZ 3 ist teilweise, nämlich dann, wenn die konzeptuelle Ebene deklariert wird, leicht verständlich (z. B. RECORD NAME IS TAETIGKEITSCODE, SET NAME IS M-T SET), teilweise, und zwar dann, wenn die Speicherstruktur deklariert wird, für den Laien unverständlich. Beispiele zu letzterem sind:

```
RECORD SECTION.
RECORD NAME IS TAETIGKEITSCODE
    LOCATION CODE IS CALC
    02 MODE PIC X (6)
    02 BESCHR PIC X (30)
    02 ABKUERZ PIC X (4)
    02 TARIF PIC X (2).
RECORD NAME IS MITARBEITER
    LOCATION MODE IS CALC
    02 MITARBNR PIC X (5)
    02 NAME PIC X (20).
RECORD NAME IS TAETIGKEIT
    LOCATION MODE IS VIA T-T SET
    LOCATION MODE IS VIA T-M SET
    02 TCODE PIC X (4)
    02 ANFDATUM PIC X (6)
    02 ENDDATUM PIC X (6)
    02 BEURTEILUNG PIC X (2).
SET SECTION.
SET NAME IS T-T SET
    MODE IS CHAIN LINKED PRIOR
    ORDER IS SORTED
    OWNER IS TAETIGKEITSCODE
    MEMBER IS TAETIGKEIT AUTOMATIC
    DUPLICATES ARE ALLOWED
    SET OCCURRENCE SELECTION IS THRU CURRENT OF SET.
SET NAME IS M-T SET
    MODE IS CHAIN
    ORDER IS SORTED
    OWNER IS MITARBEITER
    MEMBER IS TAETIGKEIT AUTOMATIC
    ASCENDING KEY IS TCODE
    DUPLICATES ARE ALLOWED
    SET OCCURRENCE SELECTION IS THRU CURRENT OF SET.
```

Abb. NETZ 3: DDL-Deklaration zu Abb. NETZ 2

- LOCATION MODE IS CALC
  Dies gibt an, daß die Sätze vom Typ TAETIGKEITSCODE und MITARBEITER mittels eines Hash-Codes (bei CODASYL CALC-Routine genannt) durch Adreßrechnung eingespeichert und gesucht werden sollen.
- LOCATION MODE IS VIA ... SET
  Dies gibt an, daß die Sätze vom Typ TÄTIGKEIT über zwei Navigationspfade, nämlich den SET T-T und den SET M-T erreicht werden können, was ja die Grundabsicht der Strukturfindung ausmachte.

In der SET SECTION wird z. B. für den SET M-T der Reihe nach folgendes festgelegt:

- Der SET M-T wird als Kette realisiert, die auch rückwärts (PRIOR) verkettet sein soll (vgl. Erläuterungen in Kap. HIER 4.2).
- Die MEMBER-Sätze werden sortiert eingegeben.
- OWNER des SETs ist der Satztyp MITARBEITER.
- MEMBER des SETs ist der Satztyp TAETIGKEIT. Das Einfügen neuer Sätze vom Typ MITARBEITER soll automatisch durch die Datenbanksystem-Software erfolgen (AUTOMATIC im Gegensatz zu MANUAL).
- Die MEMBER-Sätze sind nach TCODE aufsteigend sortiert.
- Doppelte TCODE-Angaben dürfen vorkommen und werden nicht abgewiesen.
- Ein bestimmter Satz vom Typ TAETIGKEIT wird über den Weg vom übergeordneten Satz MITARBEITER erreicht.

Eine der am häufigsten geäußerten Kritiken des CODASYL-Modells richtet sich gegen die Vermischung logischer und physischer Strukturierungsangaben bei der Schema-Deklaration. In Folgevorschlägen wurde deshalb von der CODASYL-DBTG noch die SSL (Storage Structure Language) aus der DDL herausgegliedert, damit Angaben zur Optimierung der physischen Speicherstruktur nur den Spezialisten (DBA) beschäftigen müssen. In Kapitel NETZ 5.3 werden diese Aspekte noch vertieft.

Nach C. Bachman, dem geistigen Vater des Datenbanksystems IDS (Integrated Data Storage) von ehemals General Electric (dann: Honeywell), werden Strukturstenogramme auch oft Bachman-Diagramme genannt. CODASYL erlaubt die folgenden Bachman-Diagramme entsprechend Abb. NETZ 4.

Die Aussagen der Abb. NETZ 4 lauten verbal (vgl. [Kro]):

1. Ein MEMBER-Satz darf auch wieder OWNER-Satz sein, was grundsätzlich nicht begrenzt wird, in aktuellen Datenbanksystemen jedoch schon.
2. Beliebig viele MEMBER-Sätze dürfen einem OWNER-Satz unterstellt werden.
3. Ein MEMBER-Satz darf in beliebig vielen SET-Beziehungen unter ebenso vielen OWNER-Sätzen stehen. Realiter muß dies aus Performancegründen auf wenige begrenzt werden, im Normalfall auf zwei.

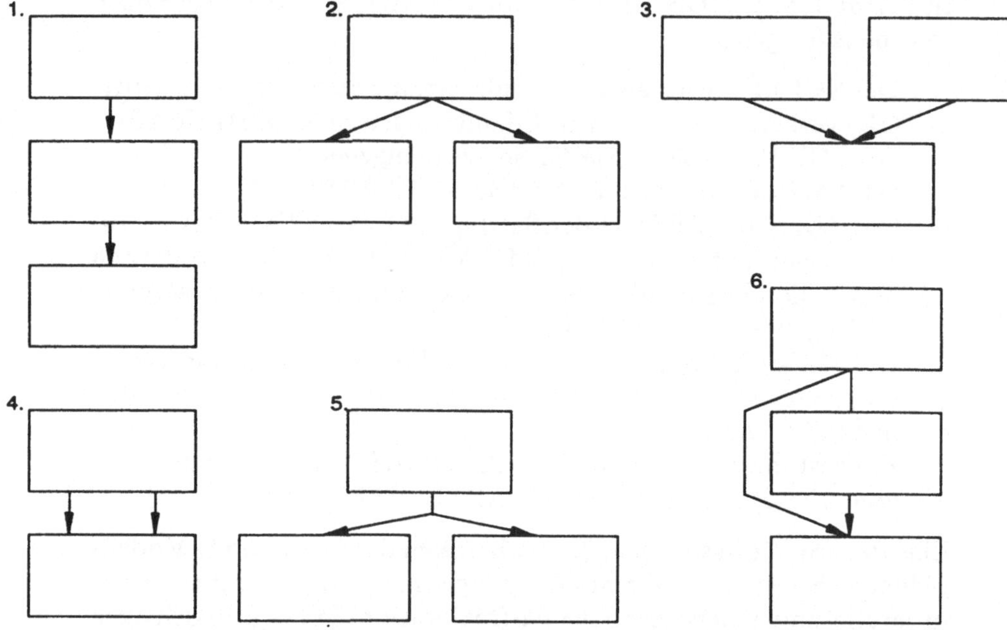

Abb. NETZ 4: Erlaubte CODASYL-Strukturen

4. Ein OWNER-Satz darf mit einem MEMBER-Satz über mehrere SET-Beziehungen verbunden sein.
5. Verschiedene MEMBER-Satztypen dürfen in einer gespaltenen SET-Beziehung unter einem OWNER-Satztyp stehen, eine Regel, die keine praktische Bedeutung erlangt hat.
6. Kombination von Regel 1 und 4.

Mit den gezeigten Grundregeln können sehr mächtige Datenbankstrukturen aufgebaut werden, wie dies Abb. NETZ 5 abstrahierend von Anwendungsinhalten andeuten möchte.

Derartig komplexe Strukturen erfordern natürlich beim DBA und bei den Anwendungsprogrammierern großes Können, um Programme mit guten Zugriffseigenschaften zu erzeugen – ein Prozeß, der betreuungsintensiv und damit tendenziell teuer ist. Auf der anderen Seite muß man sehen, daß relationale Systeme auch betreut werden müssen. Es ist schwer abzuwägen, welche Seite letzten Endes die teuerere ist.

In Abb. NETZ 5 hat der DBA z. B. durch die Notation von CALC bei manchen Satztypen angedeutet, welche Sätze als CALC-

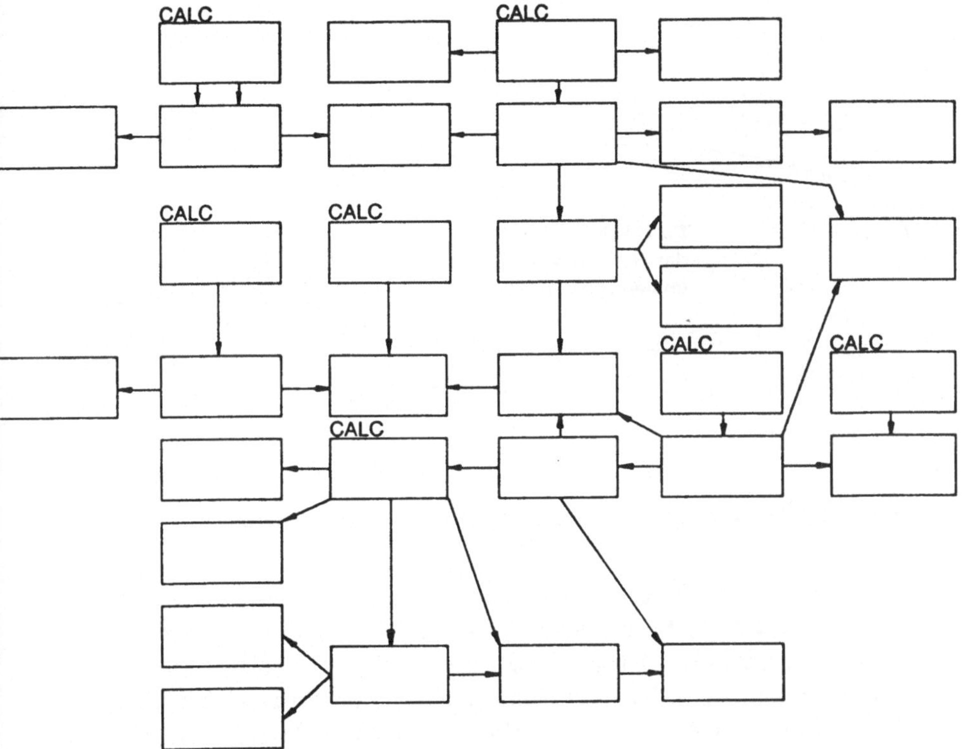

Abb. NETZ 5: Komplexe CODASYL-Struktur

Records deklariert werden sollen – eine Maßnahme, die dem Fachabteilungslaien, der die Struktur evtl. mitdiskutiert und -erstellt hat, sicherlich vollkommen fremd ist. Die Struktur nach Abb. NETZ 5 würde ein reales Datenbanksystem sicher sehr fordern, wenn man ein größeres Mengengerüst (z. B. zehntausende Occurrences eines jeden Satztyps) unterstellt. Bei komplexen Datenbankstrukturen kann deshalb der Wunsch auftauchen, die entworfene Struktur zuvor mit einigen Testdaten per Simulation zu testen. Viele Datenbanksystemanbieter stellen derartige Simulatoren als unterstützende Utility zur Verfügung (z. B. DBPROTOTYPE bei IMS) – vgl. hierzu auch Kapitel ORG.

Die Verwendung eines Durchschnitts verschiedener CODASYL-Implementierungen kann man folgendermaßen veranschaulichen (vgl. Abb. NETZ 6).

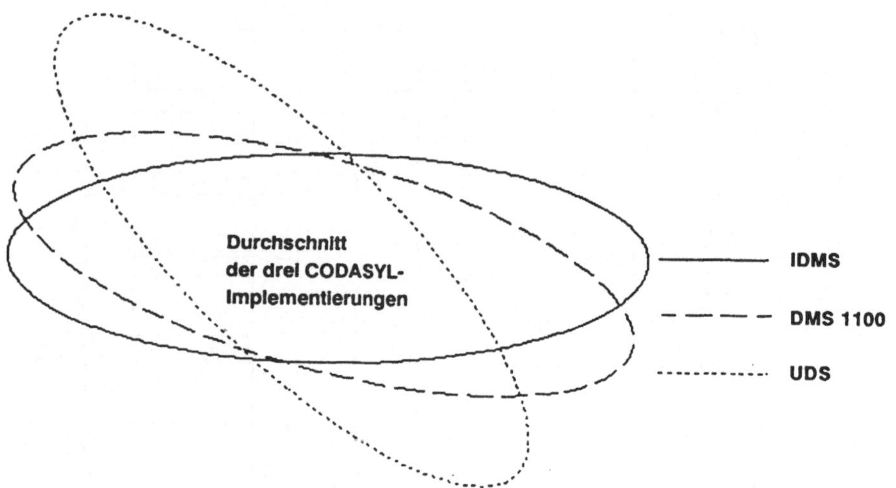

Abb. NETZ 6: Durchschnitt von drei CODASYL-Implementierungen

Ein größeres Unternehmen habe mehrere Systeme installiert, z. B. Siemens 7500, IBM ES/9000, UNISYS 2200. Diese oder ähnliche Situationen waren historisch bedingt häufig zu beobachten, bringen jedoch beachtliche Kompatibilitätsprobleme mit sich, die sich letztlich - auch im OSI-/SAA-Zeitalter der 90er Jahre - in erhöhten Software- und DV-Kosten äußern. Wenn man jedoch auf allen installierten Systemen ein CODASYL-Datenbanksystem - oder heutzutage ein ANS-SQL entsprechendes relationales System - einsetzen würde, könnten zumindest die Datenbankkosten reduziert werden. Man müßte sich bei der Systemnutzung und Anwendungsprogrammierung auf den Durchschnitt der Möglichkeiten entsprechend Abb. NETZ 6 als kleinsten gemeinsamen Nenner einigen. Dieser wird zur internen Datenbanknorm erhoben. Solchermaßen wurde jedoch nur selten vorgegangen; einer der Gründe war und ist, daß die Wahl des Durchschnitts die attraktiven Extras des jeweiligen Systems ausschließt.

5.2 Speicherungsformen vernetzter Datenstrukturen

UDS (vgl. [Sie]) bietet mit seiner SSL (Storage Structure Language), die im wesentlichen dem DBTG-Vorschlag von 1973 folgt, eine gute

Möglichkeit, die Komplexität der bei einem CODASYL-System verfügbaren Optionen zur Optimierung der Speicherstruktur zu veranschaulichen. Hierzu genügt ein Ausschnitt aus der Syntax der SSL, ein Dreizeiler sozusagen, der es aber in sich hat:

```
SET NAME IS Setname-1

          { CHAIN [LINKED TO PRIOR]                                          }
[MODE IS  { {POINTER-ARRAY} {ATTACHED TO OWNER                          }    } ]
          { {LIST         } {DETACHED [WITHIN Realname-1]               }    }
          {                 {WITH PHYSICAL LINK]                        }    }
......
[MEMBER IS PHYSICALLY LINKED TO OWNER]
```

Einige Beispiele zu unterschiedlichen SET-Modi veranschaulichen die Vielzahl der Gestaltungsmöglichkeiten. Hierbei sollte der Leser immer im Auge behalten, daß der DBA genauestens wissen muß, warum er die spezielle Auswahl eines Modus getroffen hat: Herumexperimentieren ist nicht angeraten, weil sich eine einmal getroffene Wahl bei laufendem Betrieb der Datenbank nur mit großem Aufwand wieder abändern läßt.

Der DBA läßt sich bei seiner Wahl von einem mehr oder weniger genau prognostizierten Anwendungsspektrum der einzurichtenden

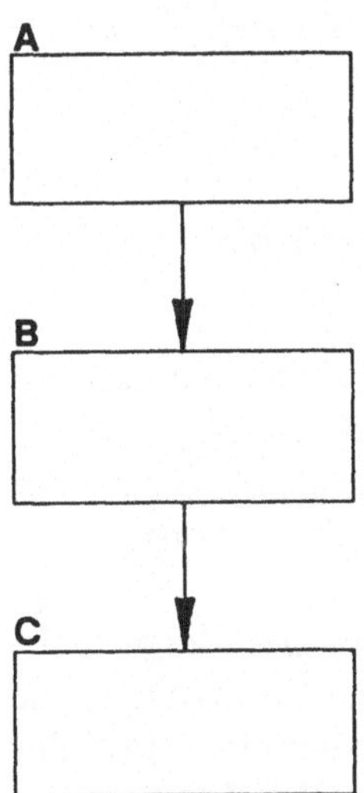

Abb. NETZ 7: Beispielstruktur für die folgenden SET-Modi

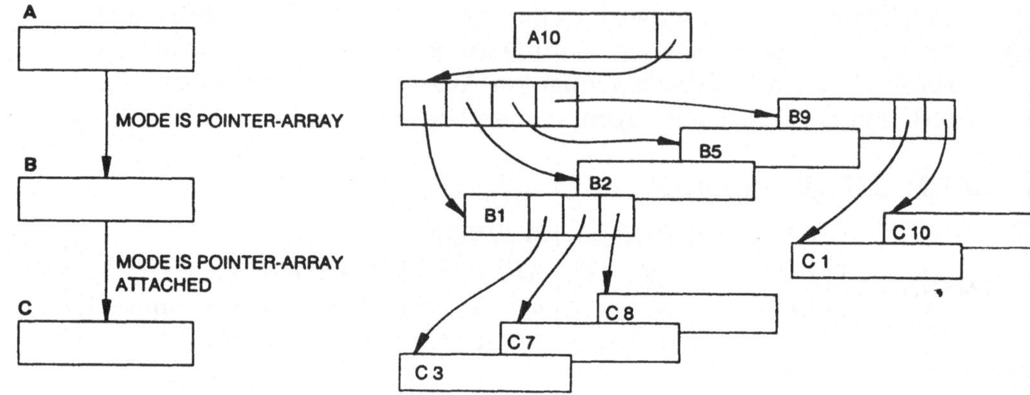

Abb. NETZ 8: MODE IS POINTER-ARRAY und POINTER-ARRAY ATTACHED

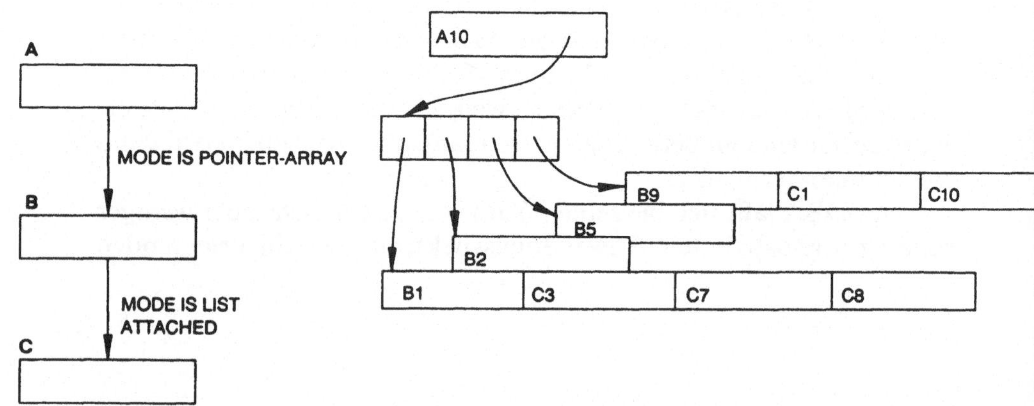

Abb. NETZ 9: MODE IS POINTER-ARRAY und LIST ATTACHED

Datenbank leiten und versucht, die Performance zu optimieren oder – bescheidener ausgedrückt – Nachteile zu vermeiden.

Allen folgenden Beispielen liegt die einfache Struktur der Abb. NETZ 7 zugrunde, wobei die SET-Modi variiert werden sollen.

Im Prinzip wird in Abb. NETZ 12 eine Sohn-Bruder-Zeigertechnik angewendet: Der Zeiger in A 10 auf B 1 ist ein Sohnzeiger, die zweiten Zeiger in B 1, B 2, B 5 und B 9 sind Bruderzeiger mit der Besonderheit, daß der Bruderzeiger im letzten MEMBER-Satz im Ring auf den OWNER-Satz zurückverweist. Diese Ringkettung ist

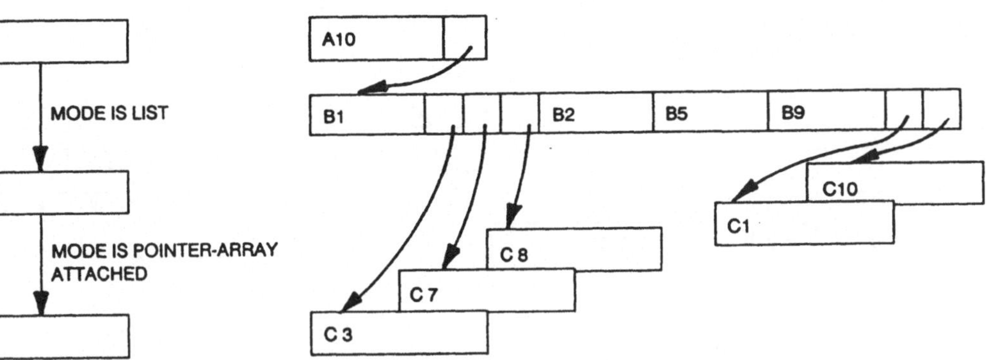

Abb. NETZ 10: MODE IS LIST und POINTER-ARRAY ATTACHED

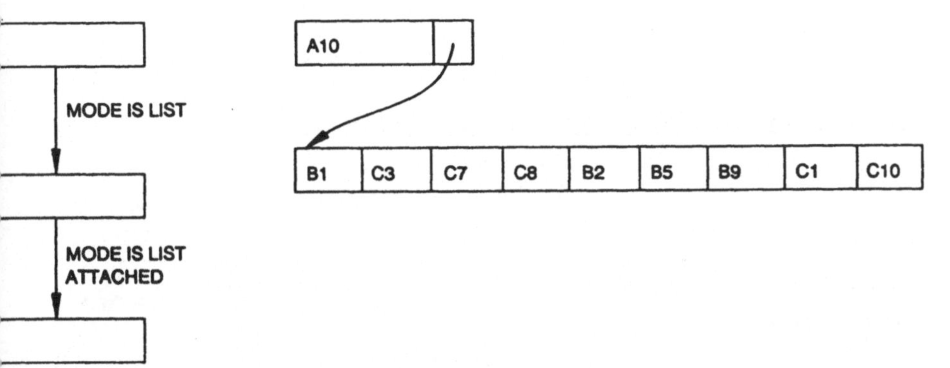

Abb. NETZ 11: MODE IS LIST und LIST ATTACHED

eine Spezialität, die im Vergleich zu einer abbrechenden Kette (vgl. Abb. HIER 6) geringfügig Vorteile bringt und von IDS stammt.

Der CHAIN-Modus wird bei CODASYL-Systemen sicher am häufigsten angewendet. Eine Begründung für die Wahl der Modi in den Abbildungen NETZ 8 bis NETZ 14 kann in allgemeiner Form nicht angegeben werden. Manche Kombinationen sind – wie dargestellt – möglich, doch ist ihre Sinnhaftigkeit wohl nur in Spezialfällen einzusehen. Ein solches Beispiel zeigt Abb. NETZ 14.

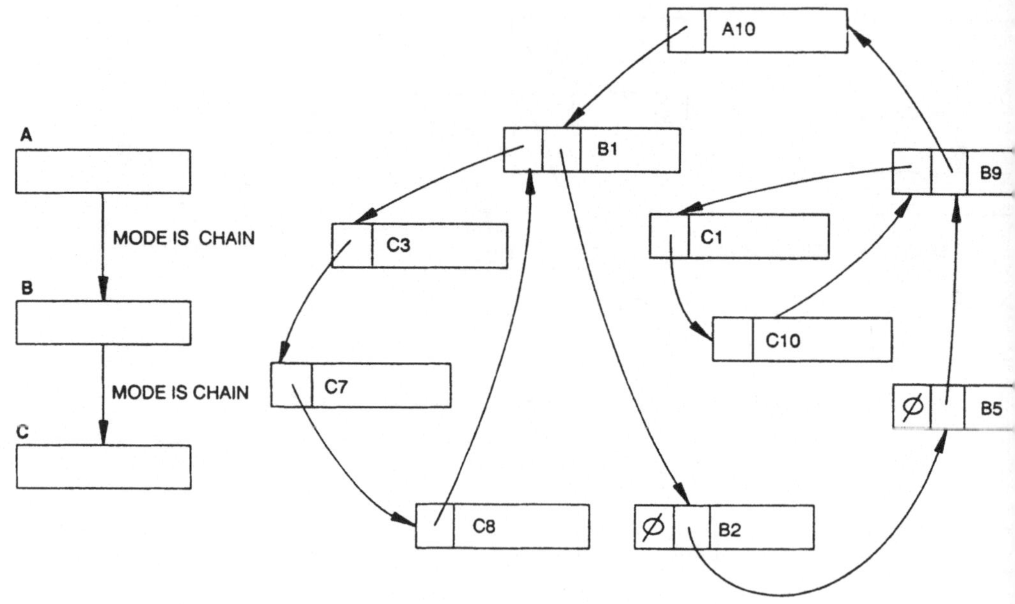

Abb. NETZ 12: MODE IS CHAIN und MODE IS CHAIN

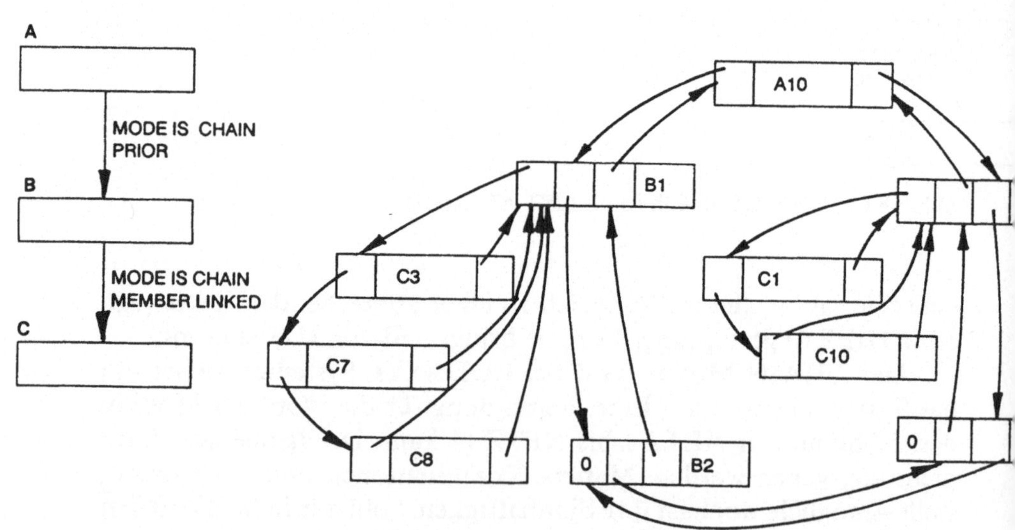

Abb. NETZ 13: MODE IS CHAIN PRIOR und MODE IS CHAIN MEMBER LINKED

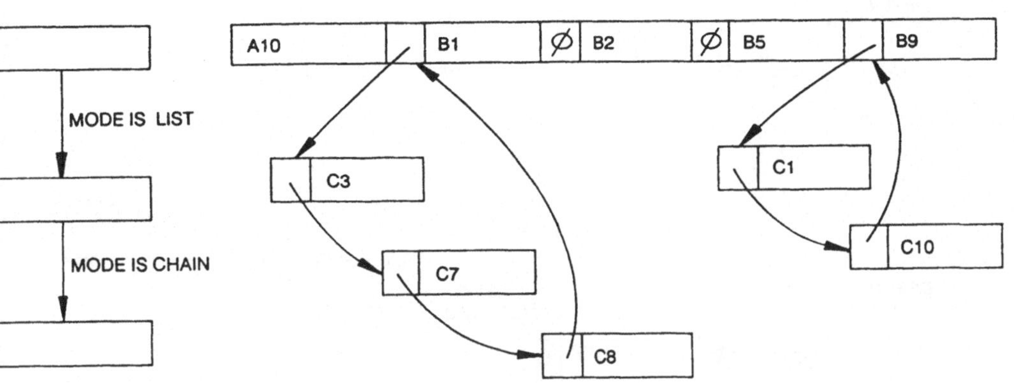

Abb. NETZ 14: MODE IS LIST und MODE IS CHAIN

5.3 Navigation in Netzen

Die Komplexität der Navigation in Netzen soll anhand einer CODASYL-Datenbankstruktur nach Abb. NETZ 15 veranschaulicht werden (vgl. [Nie]).

Die Einsprungstellen (EIN-1, EIN-2, EIN-3 und EIN-4) werden direkt abgespeichert (LOCATION MODE IS DIRECT), d. h. die Datenbankadresse muß vom DBA vorgegeben werden. Der Inhalt dieser Records besteht nur aus einer Kennung, die für die Verarbeitung unbedeutend ist.

Die MITARBEITER-Records werden kalkuliert abgespeichert (LOCATION MODE IS CALC). Als Schlüsselbegriff wird der jeweilige Name des Mitarbeiters verwendet. Die Schlüsseltransformation wird mit der CALC-Routine des Datenbanksystems durchgeführt.

Die KOSTENSTELLE-, ABTEILUNG-, GEHALTSGRUPPE-, TAETIGKEIT- und AUSBILDUNG-Sätze sind alle VIA SET abgespeichert, d. h. die einzelnen Records werden entsprechend der ORDER-Klausel in die jeweilige Kette eingefügt. Die Berechnung der Datenbankadresse erfolgt durch die entsprechenden Routinen des Datenbanksystems. In Abb. NETZ 16 sind die SET-Beziehungen in tabellarischer Form zusammengestellt. In Spalte 3 ist vermerkt, ob die Verkettung beim Einspeichern der Records automatisch erfolgt

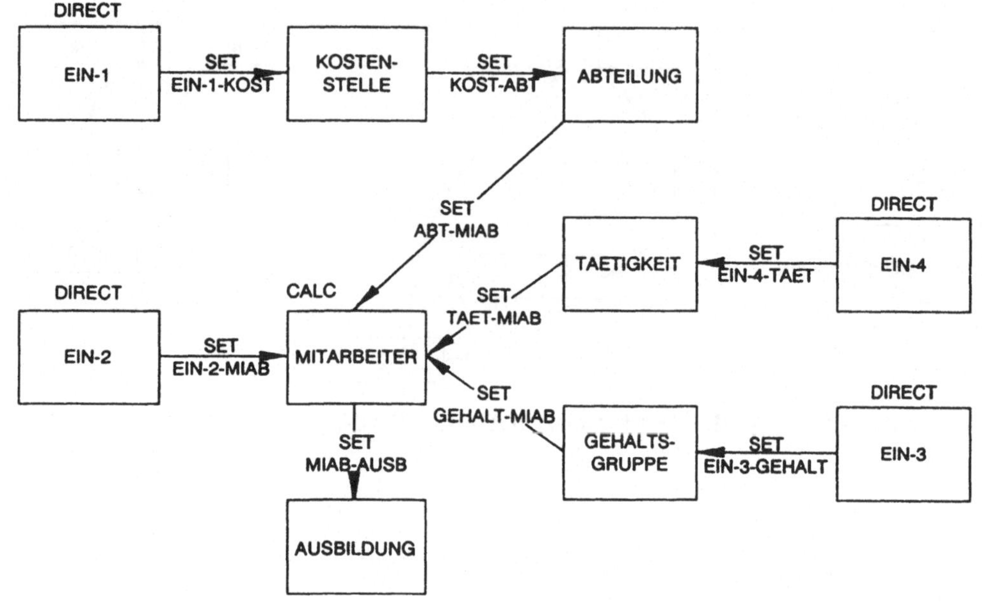

Abb. NETZ 15: Datenbankstruktur PERSONAL

SET - NAME	OWNER	MEMBER	ORDER-KLAUSEL	Sortierfolge, Schlüssel
EIN - 1 - KOST	EIN - 1	KOSTENSTELLE, AUTOMATIC	SORTED	Aufsteigend, Kostenstellen-N
EIN - 2 - MIAB	EIN - 2	MITARBEITER, MANUAL	SORTED	Aufsteigend, Name
EIN - 3 - GEHALT	EIN - 3	GEHALTSGRUPPE, AUTOMATIC	SORTED	Aufsteigend, Gruppe
EIN - 4 - TAET	EIN - 4	TAETIGKEIT, AUTOMATIC	SORTED	Aufsteigend, Tätigkeit-Bez
KOST - ABT	KOSTENSTELLE	ABTEILUNG, MANUAL, LINKED TO OWNER	SORTED	Aufsteigend, Abteilungs-Nr
ABT - MIAB	ABTEILUNG	MITARBEITER, MANUAL LINKED TO OWNER	SORTED	Aufsteigend, Name
GEHALT - MIAB	GEHALTS-GRUPPE	MITARBEITER, MANUAL	SORTED	Aufsteigend, Name
TAET - MIAB	TAETIGKEIT	MITARBEITER, MANUAL	SORTED	Aufsteigend, Name
MIAB - AUSB	MITARBEITER	AUSBILDUNG, AUTOMATIC	SORTED	Aufsteigend, Kurs-Datum

Abb. NETZ 16: SET-Beziehungen der Databank PERSONAL

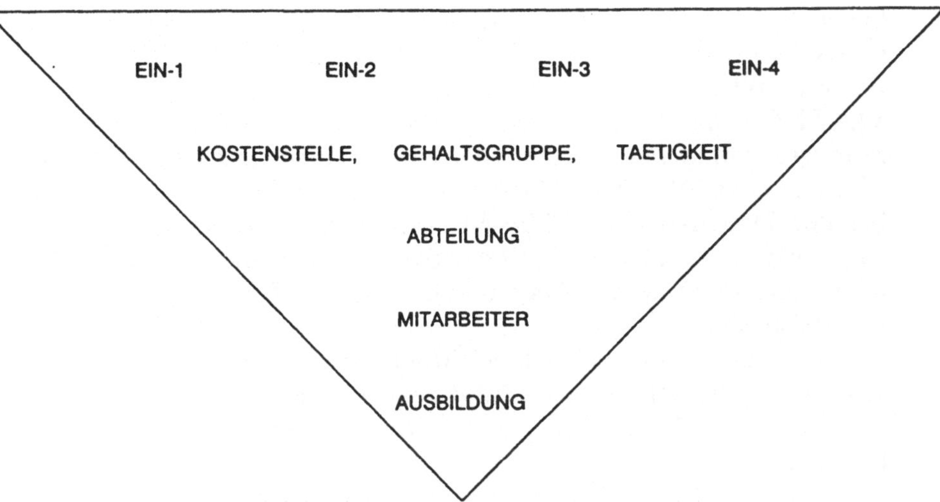

Abb. NETZ 17: Ladefolge der einzelnen Records

(AUTOMATIC) oder aber durch einen speziellen Befehl vorgenommen werden muß (MANUAL). Weiterhin wird an dieser Stelle noch die eventuelle Rückwärtskettung und diejenige zum OWNER vermerkt.

Bereits das Laden einer derartigen Datenbank stellt einen komplexen Navigationsprozeß dar.

Unabhängig von der Struktur der Datenbank müssen beim erstmaligen Laden (INITIAL LOAD) zunächst die übergeordneten Records in die Datenbank eingespeichert werden. Bei einer hierarchischen Datenbankstruktur ist dieser Prozeß einfacher zu realisieren, da für jeden untergeordneten Record genau ein direkt übergeordneter existiert. Bei Netzwerkstrukturen kann das Laden aufwendig und kompliziert werden, da für einen untergeordneten Record mehrere übergeordnete existieren können.

In Abb. NETZ 17 sind die Records schematisch in der Folge dargestellt, in der sie zu laden sind. Die Records der obersten Stufe sind zuerst einzuspeichern, die der untersten zuletzt. Stehen mehrere Records auf gleicher Stufe, so sind sie gleichrangig.

Ausgehend von diesen Überlegungen kann das Laden der Datenbank in drei Schritten vorgenommen werden. Zunächst muß die jeweilige Datenbank initialisiert werden, anschließend werden die Einsprungstellen abgespeichert. Erst danach können die eigentlichen Datensätze in die Datenbank abgespeichert werden. Der OWNER-Record der jeweiligen Kette muß aufgesucht werden, da ein Ankerpunkt für die Einspeicherung beim LOCATION MODE IS VIA SET vorhanden und bekannt sein muß. Die jeweiligen Datensätze müssen vorsortiert werden oder bereits vorsortiert vorliegen. Das Einketten der MITARBEITER-Records in den SET ABT-MIAB ist bei der Datenbank PERSONAL z. B. recht umständlich, da die zugehörigen ABTEILUNG-Records nur über die EIN-1-KOST-Kette und dann weiter über die KOST-ABT-Ketten aufgefunden werden können.

Aus Platzgründen soll hinsichtlich des Update-Verhaltens nur das Update der MITARBEITER-Records gezeigt werden, zumal bei diesem Satztyp die Komplexität der Navigation zu diesen Sätzen gut beschrieben werden kann.

Die MITARBEITER-Records sind Mitglieder in vier Ketten und außerdem sortiert. Die folgenden Gleichungen verdeutlichen den Aufwand. Für das Einfügen eines MITARBEITER-Records gilt:

$$\begin{aligned}\text{INSERT-Zeit} = {} & \frac{k+1}{2} \cdot Z_K + \frac{\frac{a}{k}+1}{2} \cdot Z_A + \frac{\frac{m}{a}+1}{2} \cdot Z_M \\ & + \frac{t+1}{2} \cdot Z_T + \frac{\frac{m}{t}+1}{2} \cdot Z_M \\ & + \frac{g+1}{2} \cdot Z_G + \frac{\frac{m}{g}+1}{2} \cdot Z_M \\ & + \frac{m+1}{2} \cdot Z_M \\ & + C_M + E_M + 4K + 4Z_{EIN}\end{aligned}$$

mit:

a	Anzahl der ABTEILUNG-Records
g	Anzahl der GEHALTGRUPPE-Records
k	Anzahl der KOSTENSTELLE-Records
m	Anzahl der MITARBEITER-Records
t	Anzahl der TAETIGKEIT-Records
Z_A	Zugriffszeit/ABTEILUNG-Record

Z_G Zugriffszeit/GEHALTSGRUPPE-Record
Z_K Zugriffszeit/KOSTENSTELLE-Record
Z_M Zugriffszeit/MITARBEITER-Record
Z_T Zugriffszeit/TAETIGKEIT-Record
Z_{EIN} Zugriffszeit/EIN-Record
C_M Zeit für die Adreßrechnung des MITARBEITER-Records
E_M Einspeicherzeit/MITARBEITER-Record
K Kettungszeit/Record

Die Gleichung basiert auf verschiedenen Annahmen: Einmal wird angenommen, daß die Anzahl der MEMBER-Records gleichmäßig über die einzelnen Ketten des Sets verteilt ist, zum andern, daß der Erwartungswert der notwendigen Zugriffe, um einen bestimmten Record in einer Kette zu finden, von Interesse ist.

Das Modifizieren der MITARBEITER-Records kann einfach vorgenommen werden, wenn kein OWNER-Record geändert wird.

Werden dagegen OWNER-Records verändert, so ist der Vorgang bedeutend komplizierter. Der MITARBEITER-Record muß aus der betreffenden Kette ausgekettet und in die neue Kette eingefügt werden. Dieser Vorgang kann maximal dreimal vorkommen, wobei natürlich auch Zugriffszeiten auf die neuen OWNER-Records auftauchen. Weiterhin muß beachtet werden, daß eine Neuberechnung der Datenbankadresse notwendig wird, wenn der Name des MITARBEITER-Records geändert wird. Eine mathematische Darstellung des Aufwandes dieser Operationen wäre möglich, würde aber wahrscheinlich eher verwirren, als erklären.

Mit den vorstehenden Ausführungen sollte geklärt werden, daß eine Navigation in Netzen sehr aufwendig werden kann. Man darf allerdings nicht vergessen, daß die Navigation auf unterster physischer Speicherungsebene bei relationalen Datenbanken auch notwendig und wahrscheinlich nicht minder aufwendig ist.

Beim Entwurf von Netzwerkstrukturen sollen einige Empfehlungen beachtet werden, um Performancenachteile zu vermeiden (vgl. [Nie], [Här]:

- Wenn möglich, verwende man keine sortierten Sets.
  Bei sortierten Sets soll die ORDER IS NEXT-Klausel verwendet werden mit Vorsortierung der Eingabedaten.
- Evtl. kann man anstelle einer Set-Beziehung Sätze mit variabler Länge verwenden.

- Die Angabe DUPLICATES ARE ALLOWED ist wegen der entfallenden Prüfungen zeitgünstiger als die Angabe DUPLICATES ARE NOT ALLOWED.
- Es ist ungünstig, mit unterschiedlichen Pagegrößen zu arbeiten. Viele Datenbanksysteme gestatten dies auch nicht mehr.
- CALC-Records sollten vor dem Laden nach dem Database-Key vorsortiert werden, um Zugriffe zu optimieren.
- Ein Record sollte möglichst nicht in mehr als zwei Sets Member sein.
- Falls CALC-Records und VIA SET-Records gemischt in einer Datenbankarea stehen, sollten zuerst die CALC-Records und dann die VIA SET-Records geladen werden (two pass load). Solchermaßen werden die Überlaufkonflikte des Hash-Codes verringert.
- Kurze Ketten sind bei der Strukturierung langen vorzuziehen.
- OWNER-Zeiger sind nur mit guter Begründung zulässig.

Selbstverständlich sind diese u. ä. Empfehlungen nur für den DBA gedacht - keinesfalls für den Anwender, da sie diesen völlig überfordern und verwirren würden.

5.4 Anwendbarkeit des Netzwerkdatenbankmodells

Das Netzwerkdatenbankmodell ist für viele betriebliche Anwendungen gut geeignet, bei manchen - z. B. bei Stücklistenspeicherung - „läuft es zu voller Größe auf". Bei anderen Anwendungen - z. B. solchen, die einen MEMBER-Satztyp vielen OWNER-Satztypen unterordnen müssen - ist es nicht flexibel genug. Letztere Anwendungen sind eigentlich rechercheorientiert und verlangen ein deskriptororientiertes Invertierungssystem.

Wir wählen zur Veranschaulichung das bereits in Kapitel HIER 4.4 gewählte Beispiel der Stücklisten und wollen zu dem bereits veranschaulichten Beispiel der Stücklistenauflösung den Teileverwendungsnachweis ergänzen. Hierzu wird zwischen den bereits als notwendig erkannten Satztypen TSS (OWNER) und ESS (MEMBER) eine zweite dem Verwendungsnachweis dienende SET-Beziehung eingeführt, wie dies Abb. NETZ 18 zeigt.

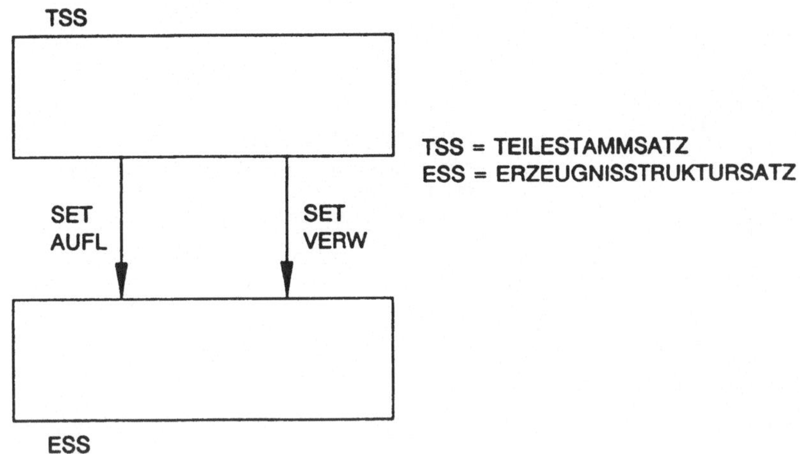

Abb. NETZ 18: CODASYL-Struktur einer Stückliste für Auflösung und Verwendungsnachweis

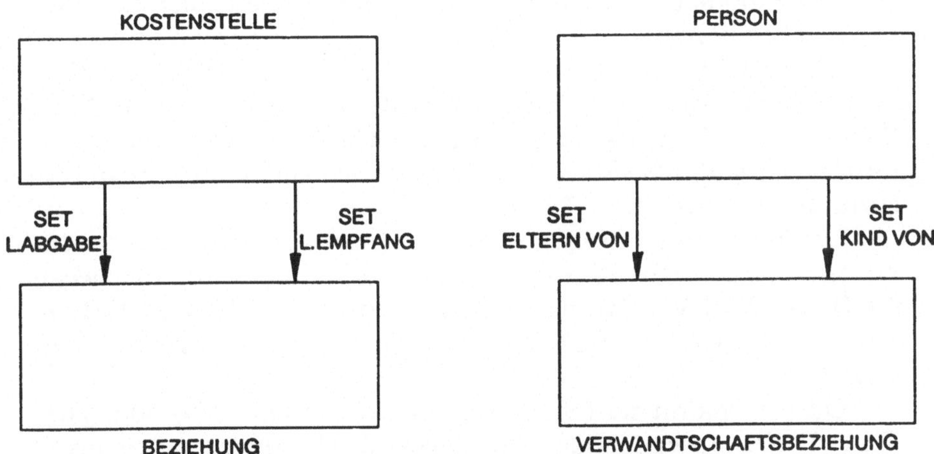

Abb. NETZ 19: Weitere Beispiele doppelter SET-Beziehungen

Diese Struktur war bereits in Abb. NETZ 4 als eine erlaubte Form aufgeführt worden. Spezialisten von Netzwerkdatenbanksystemen erkennen auch in komplexen Stenogrammen der Art von Abb. NETZ 5 sofort die Struktur mit doppelter SET-Verbindung, die immer auf Probleme mit Stücklisten, Rezepturen, Kostenstellenverrechnung etc. verweisen. Abb. NETZ 19 zeigt zwei weitere Bei-

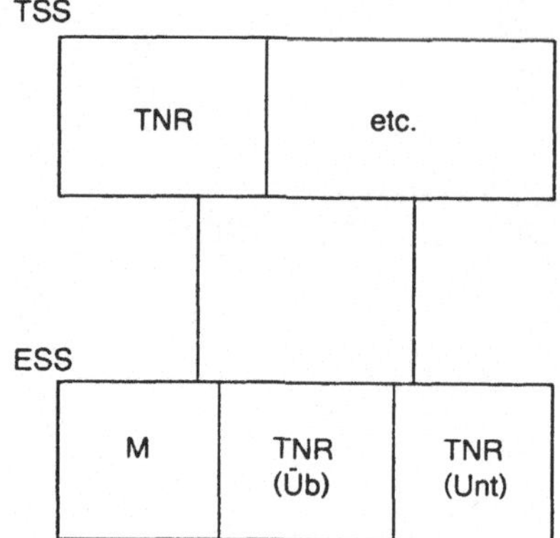

TSS = TEILESTAMMSATZ
ESS = ERZEUGNISSTRUKTURSEGEMENT
M = MENGE
TNR = TEILESTAMMSEGMENT

Abb. NETZ 20: Logische IMS-Datenbank

spiele mit doppelder SET-Beziehung, eines der Kostenrechnung, wo Kostenstellen Leistungen angeben und empfangen, und eines zu Familienstammbäumen, wo Personen vielfältig miteinander in Beziehung stehen können.

Als weitere Veranschaulichung soll erörtert werden, wie IMS mittels seiner logischen Datenbanken das o. a. Stücklistenproblem lösen würde: Eine zweite physische Datenbank wird der ersten überlagert, wodurch eine logische IMS-Datenbank mit der Segmentstruktur nach Abb. NETZ 20 entsteht.

Die Realisation erfolgt mittels einer Erweiterung der Zeigertechnik nach Abb. HIER 14: Für die Teileverwendung wird eine zweite CHILD-TWIN Verkettung aufgebaut mittels LOGICAL CHILD- UND LOGICAL TWIN-Zeigern. Dies veranschaulicht Abb. NETZ 21.

Die Navigation des DL/1-Programmes zur Teileverwendung des Teiles D sieht (pseudocodemäßig abgekürzt) folgendermaßen aus:

a) Suche TSS mit Schlüssel D nach Maßgabe der Methode HDAM oder HIDAM.
b) Suche im TSS-Segment die relative Addresse des LC zu dem Segmenttyp ESS.
c) Addressiere den ESS, auf den der LC-Zeiger verweist. Verwende dort den PP-Zeiger, um den übergeordneten TSS zu erreichen.
d) Verwende den LT-Zeiger, um einen weiteren ESS zu erreichen, und führe dies fort, bis der LT-Zeiger nicht mehr besetzt ist.

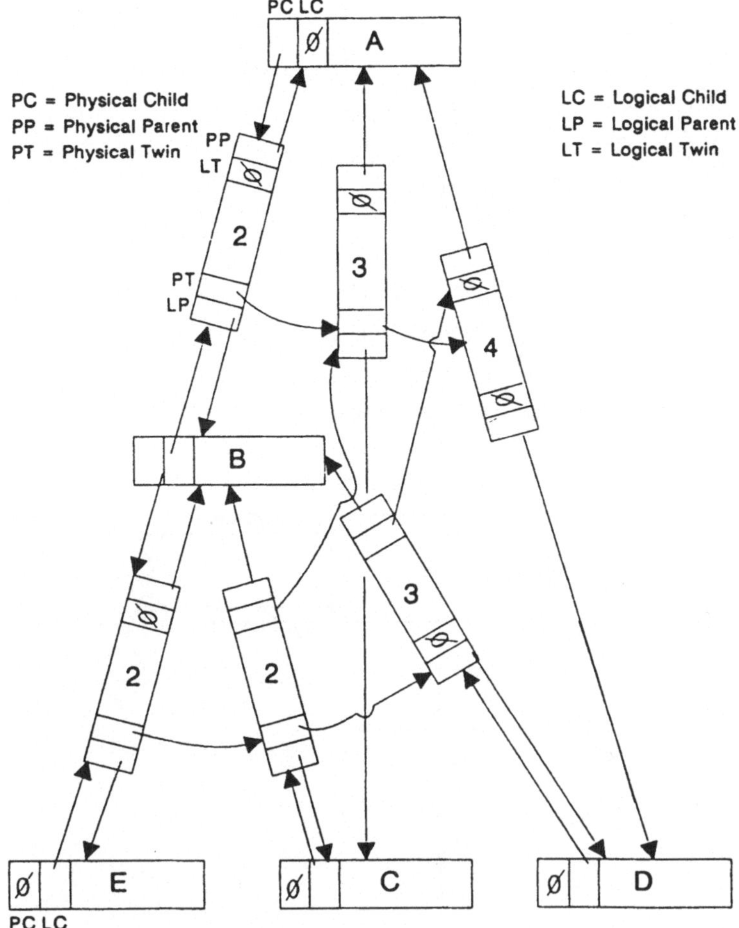

Abb. NETZ 21: Logische IMS-Datenbank

An den gezeigten Beispielen können wir lernen, daß immer dann, wenn die Navigationspfade genau vorherbestimmt werden können und sie sich in der Zukunft auch nicht ändern werden, hierarchische und netzwerkartige Datenbanksysteme mit ihrer Verweistechnik bei den Daten selbst gut strukturiert und eingesetzt werden können. Dies gilt seit Aufkommen der PPS-Systeme insbesondere für Stücklistenprobleme.

Auch wenn Netzwerkdatenbanksysteme bisweilen nur eine zweistufige Hierarchie der Satztypen zulassen (OWNER und MEMBER),

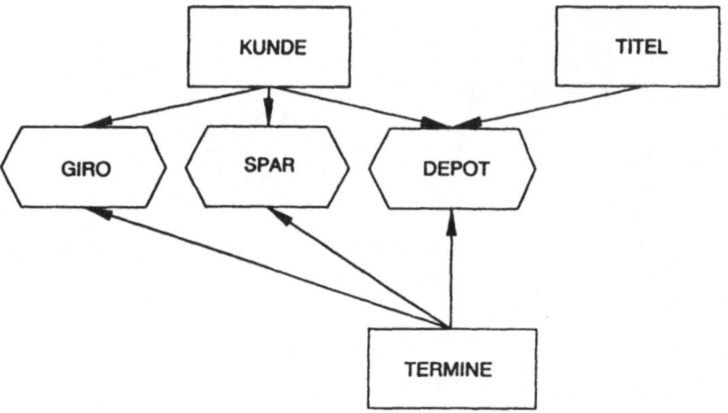

Abb. NETZ 22: Struktur einer TOTAL-Datenbank

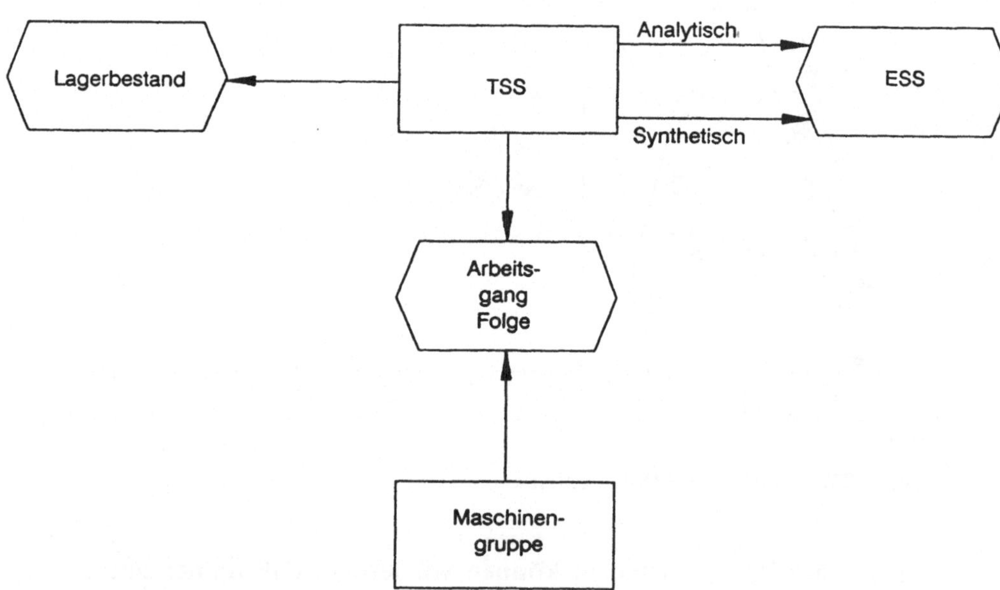

Abb. NETZ 23: Kern einer PPS-Datenbankstruktur

können sie das übliche betriebliche Anwendungsspektrum beachtlich flexibel bearbeiten. Mit TOTAL könnte z. B. der Kern eines Datenbanksystems für Bankenanwendungen wie in Abb. NETZ 22 gezeigt strukturiert werden (vgl. [Cin]).

Es gibt drei OWNER-Satztypen KUNDE, TITEL und TERMIN sowie drei MEMBER-Satztypen GIRO, SPAR und DEPOT. Die OWNER-Sätze werden immer über einen Hash-Code erreicht, die MEMBER-Sätze dann mit Sohn-Bruder-Zeigertechnik drangekettet.

Der Kern eines PPS-Systems könnte wie in Abb. NETZ 23 dargestellt strukturiert sein.

Zum Abschluß soll festgehalten werden, daß Netzwerkdatenbanksysteme gute Dienste leisten und es wohl noch lange dauern wird, bis sie auf operativer Ebene von relationalen Datenbanksystemen wie DB2 abgelöst werden. Die Sättigungsphase ihres Lebenszyklus haben sie allerdings erreicht.

5.5 Literatur

[Cin] Cincom: TOTAL Data Base Administration Reference Manual, P02-1324, Cincinatti 1978

[COD] CODASYL Data Base Task Group Report April 1971

[GE] General Electric: GE-600 Line Integrated Data Storage Reference Manual, CPB-1565A, Rev. April 1970

[Här] Härder, T.: Realisierung von operationalen Schnittstellen, in: Datenbank-Handbuch, Hrsg.: Lockemann, P. C., Schmidt, J. W., Berlin, 1987, S. 163–335

[Kro] Kroenke, D. M.; Dolan, K. A.: Database Processing, Chicago u. a., 1990

[Nie] Niedereichholz, J.: Performancetests mit einem CODASYL-Datenbanksystem, in: Angewandte Informatik 11/79, S. 471–479

[Sie] UDS-Taschenbuch, U 934-J2-Z55-7, München, 1985

6 Endbenutzer von Datenbanksystemen (END)

6.1 Endbenutzerkonzept und Datenbanksystemeinsatz

Endbenutzer von DV sind Mitarbeiter von Führungs-, Stabs- und Fachabteilungen mit fachlich motiviertem Bedarf an DV-Leistung, deren Arbeitsschwerpunkt jedoch nicht in der Programmierung und Implementierung von DV-Verfahren liegt (EDV-Laien).

Hinsichtlich der Einbindung in die DV-Entwicklung unterscheidet man [Sch]:

- Benutzer, die vorgefertigte Tabellen und Graphiken etc. auswählen und auswerten;
- Benutzer, die über Queries eigenständige Datenauswertungen vornehmen;
- Benutzer, die eingenständige algorithmische Auswertungen vornehmen wollen (Planungsmodelle, Statistik, OR-Verfahren).

Das *Endbenutzerkonzept* [Mar], [BKN] beruht auf der Idee, die genannten Arbeiten zunehmend in die Fachabteilungen zu verlagern:

1) Endbenutzer sollen, wann immer möglich, Anwendungen mittels geeigneter Produkte selbst entwickeln.

2) Ist dies bei komplexen Anwendungen nicht möglich, sollen Endbenutzer im Rahmen des Prototypings durch Beurteilung von Software-Prototypen vielfältig an der Programmentwicklung beteiligt werden.
3) Anwendungen mit übergreifender Bedeutung und hohen Leistungsanforderungen (z. B. Buchungssysteme, Auftragsabwicklungssysteme) werden zentral entwickelt.

Von diesem Konzept erwartet man eine Verringerung des Anwendungsstaus in der DV-Abteilung, eine Verbesserung der Informationssituation der Endbenutzer und nicht zuletzt eine Akzeptanzsteigerung der DV-Verfahren bei Endbenutzern.

Weitgehend synonyme Begriffe zum ersten Merkmal des Endbenutzerkonzeptes sind:

- Individuelle Datenverarbeitung (IDV) [Dah]
- Dezentrale DV [Kin], eine von der hard- und softwaretechnischen Dezentralisierung ausgehende Betrachtung, welche inhaltlich gleiche Ziele hat.

Grundpfeiler des Endbenutzerkonzepts sind die DV-technische Realisierung, insbesondere durch Endbenutzersprachen und -werkzeuge (s. u.) und die organisatorische Unterstützung.

Um die Bedeutung von Datenbanksystemen einzuordnen, zeigt Abb. END 1 verschiedene Realisierungsformen von Endbenutzer-DV, welche natürlich verschiedene Intensität besitzen.

Die Erläuterung der technischen Realisierung z. B. des File Transfers würde den Rahmen eines Datenbankbuches sprengen; wichtig ist zu erkennen, daß die vier Formen unterschiedliche organisatorische Grade der Endbenutzerbeteiligung implizieren.

Die organisatorische Unterstützung der vier Möglichkeiten wird somit unterschiedlich aussehen (Stichworte: Benutzerservice, Information Center, funktionale Trennung EDV-/Fachabteilung, neue Kommunikationswege).

Die Gesamtbedeutung von Datenbanksystemen für das Endbenutzerkonzept liegt in [Dah]:

- Sicherstellung der Datenintegrität für alle Benutzer.
- Unabhängigkeit zwischen Datenbanken und IDV-Anwendungen.
- Redundanz- und Zugriffsprotokolle.

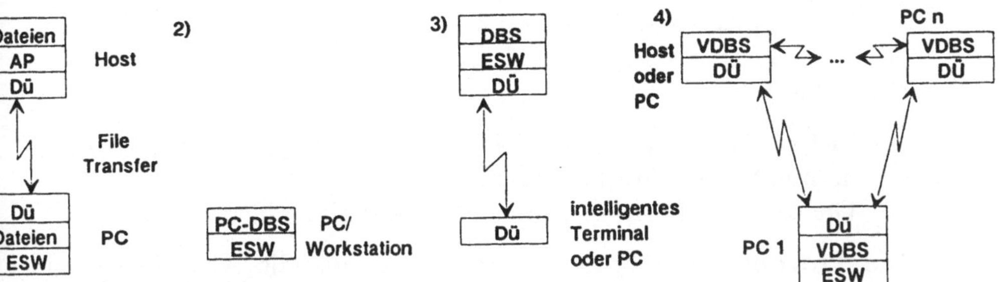

egende: AP = Anwendungsprogramm
Dü = Datenübertragungssoftware
ESW = Endbenutzersprachen und Werkzeuge
VDBS = verteiltes DBS

1) PC-Host-Kopplung
2) Autonome, dezentrale DV mit PC-DBS (vgl. Kap. END 6.4)
3) Teilnehmerbetrieb an zentralem DBMS
4) Verteiltes Datenbanksystem (vgl. Kap. VDBS)

Abb. END 1: DV-technische Realisierungsmöglichkeiten des Endbenutzerkonzeptes

- Hohe Transparenz der verfügbaren Daten, damit der Endbenutzer sich möglichst ohne Hilfe zurechfindet. Die Bedeutung eines Data Dictionary (vgl. Kap. DBA) ist hier hervorzuheben.

6.2 4.-Generation-Sprachen und weitere Endbenutzerwerkzeuge

Das Produktspektrum, welches sich unter die Begriffe 4.-Generation-Sprachen (Fourth Generation Languages, 4GL) oder Endbenutzersprachen einordnen läßt, ist kaum zu überblicken. Der Begriff „Endbenutzersprachen" betont die Zielgruppe; „4.-Generation-Sprache" hingegen die neue Funktionalität der Sprache, die nicht nur für Endbenutzer einsetzbar ist. In der Praxis verschwimmen die Bezeichnungen ineinander. Eine Einführung liefert z. B. Martin [Mar 2].

Im weitesten Sinne könnte man alle Software zur Manipulation von Daten, die sich ein EDV-Laie in kurzer Zeit aneignen kann, als Endbenutzersprache bezeichnen; neben den DBS-orientierten Produkten also auch Tabellen-Kalkulationsprogramme u. a. m.

Im spezifischeren Sinne sind 4.-Generation-Sprachen durch eine Abgrenzung zu Sprachen der 3. Generation (COBOL, RPG, PL/1 usw.) charakterisierbar:

- Ziel von 4.-Generation-Sprachen ist eine möglichst nahe Annäherung an die natürliche Sprache.
- Die 4.-Generation-Sprache ist im Idealfall nicht-prozedural.

Der Programmierer braucht sich weniger um die Ablauflogik zu kümmern, da die Sprachen mengenorientiert Daten selektieren. Die meisten Sprachen enthalten jedoch auch prozedurale Elemente, da nicht alle Probleme mit vordefinierten Prozeduren als Umsetzungen mengenorientierter Beschreibungen gelöst werden können. Zudem erbringen prozedurale Elemente eine bessere Performance.

Im umfassenden Sinne (so auch in der Produktselbstdarstellung vieler Anbieter) wird neben dem Sprachaspekt die Umgebung der Sprache betont. Dies resultiert dann in Begriffen wie

- 4.-Generation-System,
- 4.-Generation-Entwicklungsumgebung, u. s. w.

Weitere Merkmale von 4.-Generation-Systemen sind in diesem Fall:

- Integrierte Datenbanksysteme und Data Dictionary-Systeme mit zukünftig meist relationaler Benutzeroberfläche.
- Tools für Masken- und Reportgenerierung u. s. w.
- Interaktive Entwicklungsumgebung mit Editor, Compiler, Debugger, u. s. w.
- Spezialpakete für besondere Aufgaben (Finanzbuchhaltung, Lagerverwaltung u. s. w.).

Allgemein wird die Eignung von 4.-Generation-Systemen für das Endbenutzer-Prototyping hervorgehoben [Kre], eine wesentliche Forderung des Endbenutzer-Konzeptes.

Einen Überblick zum Thema 4.-Generation-Sprachen/Systeme erhält der Leser z. B. in [HMD].

Die Vielfalt an weiteren Produktbezeichnungen soll in Anlehnung an Martin [Mar] klassifiziert werden.

Query-Sprachen (vgl. Kap. REL)

Diese Sprachen, die aus der Datenbanksystementwicklung heraus entstanden, gestatten es dem Benutzer mit wenigen Befehlen Auswertungen der in der DB gespeicherten Daten zu generieren.

Query-Sprachen sind weitgehend deskriptiv und unterscheiden sich hierin von Sprachen, die auch für die umfassende Anwendungsprogrammierung einsetzbar sind.

Report-Generatoren

Sie ermöglichen dem Benutzer das Extrahieren von Daten aus Dateien oder Datenbanken und deren formatierte Ausgabe in Berichten. Auch hier sind Nicht-Programmierer die Zielgruppe.

Graphik-Sprachen

Die Abfrage kann mittels graphischer Hilfsmittel wie Lichtstift generiert werden. Zulässige Daten und Operationen übermittelt die graphische Schnittstelle.

Anwendungsgeneratoren

Diese enthalten Module zur Spezifizierung der Eingabe, Eingabeüberprüfung, Aktionen und Ausgabe. Allerdings sind derartige Generatoren meist nur für Standard-Anwendungen geeignet. Die Generierung erfolgt interaktiv.

Very High Level Languages

Dieser Begriff korrespondiert inhaltlich am ehesten mit den oben skizzierten Anforderungen an 4.-Genration-Systeme. Dieser Sprachtyp ist sowohl für Informationsabfragen als auch Anwendungsprogrammierung geeignet.

Zusammenfassend bieten 4.-Generation-Systeme nachstehende Vorteile:

- Einbindung in den Datenbank-Ansatz.
- Verringerung des Anwendungsstaus.
- Bessere Wartbarkeit von Programmen.
- Aktualität bei dezentraler Nutzung.
- Verbesserung der Qualität von Programmen.

4.-Generation-Systeme können damit in Konkurrenz zu allgemeinen SW-Entwicklungsumgebungen treten, z. B. ADPS, DELTA, DOMINO, MAESTRO. Letztere liefern umfangreiche Spezifikationshilfen im Sinne eines „Computer Aided Software Engineering (CASE)“ als Vorgaben für die Programmierung in 3.-Generation-Sprachen. Es wäre denkbar, daß diese Software-Entwicklungsumgebungen zu

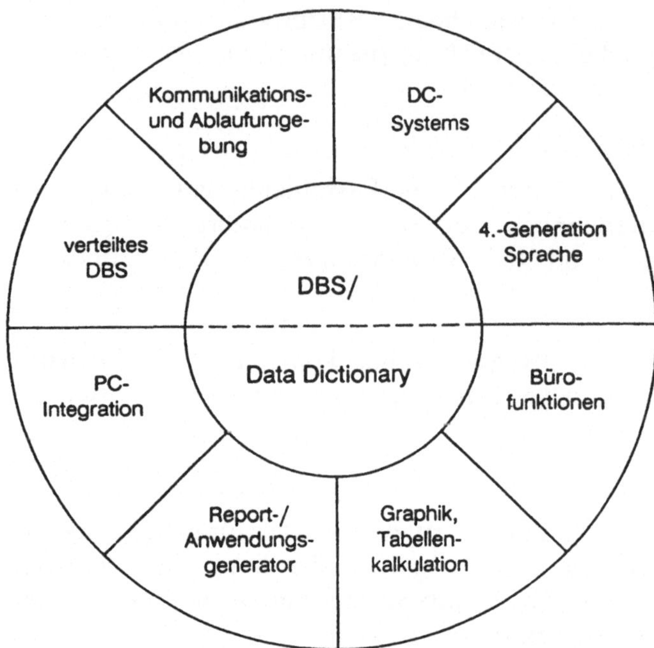

Abb. END 2: Komponenten von 4.-Generation-Systemen

Daten- und Funktionsarchitekturplanungs- und -verwaltungskomponenten abgemagert werden und dann auf 4.-Generation-Sprachen aufsetzen [Gri].

Abbildung END 2 zeigt, welche Komponenten ein umfassendes 4.-Generation-System für Endbenutzer und Anwendungsentwickler enthalten sollte. Das Datenbank- und das Data Dictionary-System bilden dabei den integrierenden Kern. Zu den Anwender-Tools gesellen sich die Schnittstellen-Komponenten für Rechnernetze, PC-Einbindung u. s. w.

Eine *Produktliste* (Abbildung END 3) für 4.-Generation-Sprachen (als Komponenten der skizzierten Umgebung) aufzustellen, erweist sich eingedenk der geschilderten Begriffsverwirrung als schwierig, jedoch wird dies durch eine Schwerpunkteinteilung versucht [Bau]:

4.-Generation-Sprachen:

- Hauptsächlich für die (professionelle) Entwicklung von DV-Anwendungen (A) geeignet.

Produkt	Anbieter	Einordnung
ADS/ Online	Computer Associates	A
AS	IBM	B
CSP	IBM	A
Focus	Information Builders	B
IC/1	IBM	B
Mantis	Cincom	B
Mapper	Unisys	A+B
Natural	Software AG	A+B
Ramis II	Online Software GmbH	B
SESAM/ DRIVE	Siemens	A+B
SIROS	Ton Beller	B

Abb. END 3: Wichtige Sprachen der 4. Generation

- Hauptsächlich für Informationssysteme und individuelle DV (B) geeignet.
- Für beide Gebiete geeignet (A + B).

Hinsichtlich der Entwicklungsumgebungen unterscheiden sich die Sprachen durch die Art der vorhandenen Komponenten, die vom gleichen Anbieter bzw. anderen Anbietern stammen können sowie die Kompatibilität bezüglich Datenbanksystem, DC-Komponente, Betriebssystem u. s. w. Bei derartigen Aufstellungen ist mit schnellen Änderungen zu rechnen.

Aus Systemsicht könnte man die Summe der Sprachkomponenten von ORACLE (vgl. Kap. REL) und INGRES ebenfalls zu Sprachen der 4. Generation rechnen.

Die Zusammenstellung der weiteren Komponenten eines 4.-Generation-Systems, die je nach Schwerpunkt A oder B unterschiedlich ausfällt, soll am Beispiel NATURAL gezeigt werden. Diese Übersicht soll dem Leser einen Eindruck geben, welche Komponenten sinnvoll sein können, um einen erfolgreichen Endbenutzerzugang zu DBS zu erreichen.

Die 4.-Generation-Sprache *NATURAL* (bzw. NATURAL 2 seit 1987; im folgenden jedoch ebenfalls NATURAL genannt) der Software AG [Lei], [SAG 2] eignet sich sowohl für professionelle Anwendungsprogrammierung als auch für individuelle DV. Je nach Schwerpunkt sind andere Komponenten der Abb. END 4 nötig.

Als Entwicklungssystem kennzeichnen NATURAL folgende Merkmale:

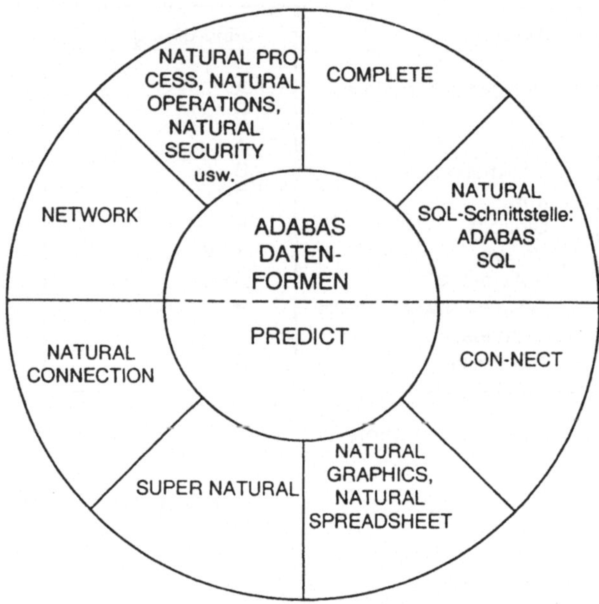

Abb. END 4: 4.-Generation-Entwicklungsumgebung für NATURAL (Komponentenbeschreibungen: [SAG])

- Aktives Helpsystem.
- Aktives Data Dictionary PREDICT.
- Masken, Daten- und Programmeditor.
- Unterstützung verschiedener Datenorganisationsformen, Betriebssysteme und DC-Systeme.
- Schnittstellen zu den 3.-Generationssprachen COBOL, PL/1, Fortran sowie SQL.
- Der Sprachvorrat mit deskriptiven und prozeduralen Elementen unterstützt strukturierte Programmierung (Abb. END 5).

Die Schwerpunktsetzung erfolgt bei einer 4.-Generation-Sprache in Richtung professionelle Anwendungsentwicklung oder individuelle DV. Einige Grundkomponenten sind in beiden Fällen nötig. Abbildung END 6 zeigt (basierend auf Abb. END 2 und END 4) die wesentlichen Produkte anhand einer reinen Software AG-Lösung. Sie können teilweise durch Produkte anderer Anbieter ersetzt werden, zu denen die Software AG Schnittstellen anbietet. Ähnliche Überlegungen wie in Abbildung END 6 stehen im Vorfeld der Entscheidung für 4.-Generation-Systeme anderer Anbieter.

```
* Function block for order line processing
*
DEFINE SUBROUTINE ORDER-LINE
FOR LINE-INDEX 1 TO 15
  FIND UNIQUE ORDER-ART WITH ART-NO = SCREEN.ART-NO (&)
    IF NO RECORD                        /* Article does not exist
      MOVE 'INVALID ART-NUMBER(IGNORED)' TO SCREEN.ART-DESCR (&)
      ESCAPE TOP
    ENDNO
    MOVE CORRESPONDING ORDER-ART TO ORDER-LINES (&)
    IF STOCK-QTY LT ART-QTY (&) /* Quantity available ?
      MOVE 'NA' TO AVAILIBILITY (&)
      ESCAPE TOP
    ELSE
      ASSIGN ART-AMOUNT (&) =
        ART-QTY (&)* ORDER-ART.ART-PRICE
      WRITE (INVOICE)                   /* Write invoice line to spool
                 ORDER-ART.ART-NO       ORDER-ART.ART-DESCR
                 ORDER-ART.ART-PRICE    SCREEN.ART-AMOUNT (&)
      ASSIGN STOCK-QTY = STOCK-QTY - SCREEN.ART-QTY (&)
      UPDATE SAME                       /* Update article stock record
      ADD ART-AMOUNT (&) TO ORD-AMOUNT
      MOVE CUST INVOICE.INVOICE-NO TO CUST-INVOICE-LINE.INVOICE-NO
      MOVE ORDER-ART.ART-NO TO CUST-INVOICE-LINE.ORD-NO
      MOVE ORDER-ART.ART-PRICE TO CUST-INVOICE-LINE.ART-PRICE
      MOVE SCREEN.ART-QTY TO CUST-INVOICE-LINE.ART.QTY
      STORE CUST-INVOICE-LINE
    ENDIF
  ENDFIND
ENDFOR
ASSIGN ATTRIBUTE ART-ATTR = '0'
ASSIGN NEW-ITEMS = FALSE
END
```

Abb. END 5: NATURAL-Programmbeispiel mit deskriptiven (FIND) und prozeduralen Elementen (Quelle: [SAG2])

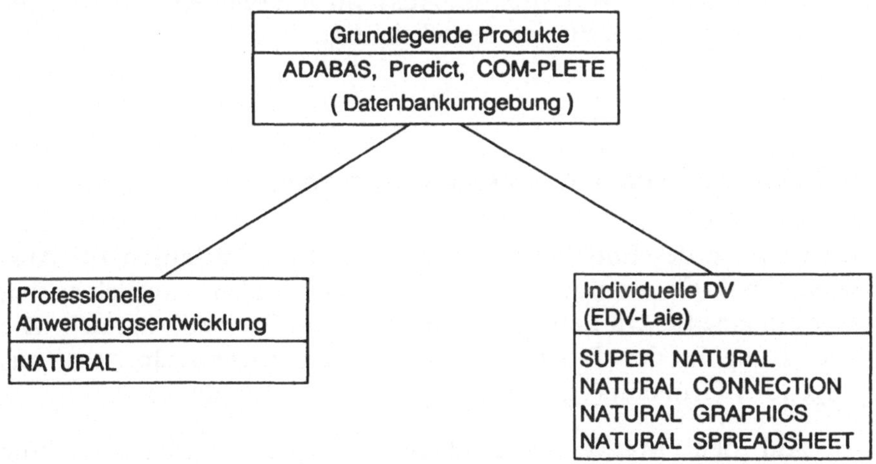

Abb. END 6: Differenzierung von 4.-Generation-Produkten nach Einsatzbereichen

Besonderheiten wie Produkte zur Ablaufoptimierung, zur Einbindung anderer Hersteller u. s. w. wurden weggelassen.

Zu den Werkzeugen für die *individuelle DV* sind einige Anmerkungen erforderlich:

- SUPER NATURAL läßt den Anwender menügesteuert Datenfelder und Verknüpfungen über Datenfelder (Joins) auswählen. Arithmetische Funktionen sind möglich. Die Ausgabe kann noch aufbereitet werden.
- Mit NATURAL CONNECTION werden die über SUPER NATURAL selektierten Daten dem PC zur Ausgabe oder Weiterverarbeitung zur Verfügung gestellt.
- NATURAL GRAPHICS und NATURAL SPREADSHEET sind Werkzeuge zur graphischen Aufbereitung bzw. Tabellenkalkulation selektierter Daten.

Als weitere Möglichkeit kann mit NATURAL auch auf dem PC gearbeitet werden. Hierfür kommen qualifiziertere Endbenutzer in Frage. Ihre Arbeit wird meist weitgehend aus Informationsabfragen mit deskriptiven Befehlen oder „Schnellschuß"-Programmen mit geringer Komplexität bestehen, d. h., sie ersetzen die professionelle Anwendungsprogrammierung nicht.

Der Einsatz von 4.-Generation-Sprachen im Rahmen eines Endbenutzer-Konzeptes muß, wie geschildert, viele Details der DV-Umgebung sowie des Benutzerumfeldes beachten. Der folgende Abschnitt stellt ein Verfahren zur Auswahl von Endbenutzersprachen vor, welches diese Kriterien berücksichtigt.

6.3 Auswahl von 4.-Generation-Sprachen

Im Rahmen des Endbenutzer-Kapitels soll ein Verfahren zur Auswahl von 4.-Generation-Sprachen erläutert werden, obgleich es sich hier um eine für ein Lehrbuch recht spezielle Thematik handelt. Die Bedeutung in der Praxis ist jedoch hoch anzusiedeln, u. a. aus folgenden Gründen (vgl. auch Kapitel END 6.1 und 6.2):

- Auf dem Markt für Endbenutzersoftware findet man eine Vielzahl von Produkten. Mit Marktbereinigungen ist zu rechnen.

- Die einzelnen Produktkategorien sind nicht sauber getrennt, was zur Begriffsverwirrung beim Anwender führt.
- 4.-Generation-Sprachen bieten dem Anwender Vorteile und lassen das Endbenutzerkonzept als einen Erfolgsfaktor der betrieblichen Informationsverarbeitung erscheinen.
- Es wurden produktspezifische Einführungs- und Akzetanzprobleme beobachtet [Gra], [Sum], in einzelnen:
  - Hoher Verbrauch an Maschinenleistung.
  - Performanceverlust.
  - Fehlende Integration mit Mainframe-DBS.
  - Fehlende Integration zwischen 4.-Generation-Produkten.
  - Ablehnung durch Programmierer oder Endbenutzer.
  - Lernprobleme beim Umstieg von einer 3.-Generation-Sprache.

Das nun beschriebene Auswahlverfahren berücksichtigt diese Punkte [KNZ].

Grundsätzliche Entscheidungen

Vor der Entscheidung für eine 4.-Generation-Sprache sollten im Rahmen einer Istanalyse folgende Gebiete untersucht werden:

- EDV-Organisation (organisatorische Eingliederung, Projektmanagement u. s. w.),
- Personalumgebung in den Entwicklungs- und Fachabteilungen,
- Systemumgebung (Hardware, Software, Daten),
- Anwendungsbedarf in den Entwicklungs- und Fachabteilungen.

Als Ergebnis dieser Analyse können sich verschiedene Haupteinsatzgebiete von 4.-Generation-Sprachen herausschälen. Bauer nennt die Anwendungsfälle Auswertung operativer Daten, Auswertung von Informationsdatenbanken, Analyse, Planung, Modellrechnung, Individuelle Datenverarbeitung, Entwicklung von EDV-Anwendungen und Management-Information [Bau 2].

Diese Einsatzgebiete ziehen unterschiedliche Anforderungen an 4.-Generation-Sprachen nach sich.

Für eine erste Unterscheidung von 4.-Generation-Sprachen können die folgenden Merkmale herangezogen werden:

a) Funktionsumfang

Nach diesem Kriterium kann man ein Produktsprektrum unterscheiden, welches vom einfachen Report-Generator bis zur „Very High Level Language“ reicht. Das Unternehmen muß sich also vor dem eigentlichen Evaluationsprozeß im klaren darüber sein, welche Anwendungsprobleme es mit einer 4.-Generation-Sprache lösen will.

b) Architektur

Hier kann man auch bei 4.-Generation-Sprachen zwischen prozedural und nicht-prozedural orientierten Sprachkonzepten unterscheiden, obwohl diese gerade als nicht-prozedural bezeichnet werden. Bei diesem Merkmal spielen auch subjektive Einstellungen eine Rolle (man denke etwa an einen erfahreren COBOL-Programmierer, der nur prozedurales Denken gewohnt ist). Daneben spielt die Batch- oder Online-Orientierung eine Rolle.

c) Benutzergruppen

Dieses Merkmal steht im Zusammenhang mit den beiden vorhergehenden Punkten. Im allgemeinen gilt, daß für ein Unternehmen eine Sprache sinnvoll ist, mit der sowohl Fachabteilungen als auch die EDV-Abteilung arbeiten können. Der Markt bietet allerdings auch Produkte an, welche nur für eine der beiden Gruppen geeignet sind.

Die Entscheidung hinsichtlich der Benutzergruppen ist auch für den weiteren Auswahlprozeß von Bedeutung, da nur eine Zusammenarbeit mit den späteren Anwendern eine erfolgreiche Einführung der 4.-Generation-Sprache gewährleisten kann.

Ergebnis der Vorentscheidung kann ein Pflichtenheft sein, welches dann auch für Ausschreibungszwecke verwendet wird.

Überblicksartig läßt sich das Verfahren folgendermaßen schildern:

Istanalyse

- EDV-Organisation
- Systemumgebung (Hardware, Software, Datenbestand)
- Personalumgebung und Anwendungsbedarf in Entwicklungs- und Fachabteilungen

Ergebnis: Haupteinsatzgebiete von 4.-Generation-Sprachen

Angebotseingrenzung anhand von KO-Kriterien

- Grundsätzliche Entscheidungen (vgl. oben)
- Systemorientierte KO-Kriterien
  - Betriebssystem
  - Datenorganisation/Datenbanksystem
  - DC-System/TP-Monitor
  - PC-Integration u. s. w.

Ergebnis: Pflichtenheft für Ausschreibungen und weiteres Vorgehen

Nutzwertanalyse der verbliebenen Sprachen

1. Gewichtung der Ziele von 4.-Generation-Sprachen
2. Gewichtung der Anforderungsbereiche an 4.-Generation-Sprachen
3. Ermittlung der Punktwerte der Anforderungen
4. Ermittlung des Nutzwertes bzw. Kosten-/Nutzwert-Verhältnisses

Die erweiterte Nutzwertanalyse wurde als Verfahren gewählt, da sie

- mehrere Ziele/Kriterien berücksichtigt,
- auch qualitative Merkmale bewerten kann,
- mehrere Entscheider integriert werden können,
- die Ergebnisse objektiv nachprüfbar sind und
- an Unternehmensgegebenheiten anpaßbar ist.

Im Gegensatz hierzu sind an technischen Merkmalen ansetzende Verfahren wie Benchmarktests mehr für die Auswahl zentraler DBS-Produkte geeignet (vgl. Kap. ORG).

Gewichtung der Ziele von 4.-Generation-Sprachen

In der Istanalyse schält sich i. d. R. ein Einsatzspektrum heraus, welches mehrere Gebiete und Benutzergruppen umfaßt.

Obwohl die Endbenutzer teilweise nur geringen Einfluß auf die Zieldefinition haben, sollte ihre Meinung erfragt werden, da sich auf diese Weise sinnvolle Anregungen ergeben können und die spätere Akzeptanz gesteigert wird.

Folgende wichtige Ziele könnten sich bei einer Befragung ergeben:

- Verringerung des Wartungsaufwandes für Software,
- Erhöhung der Produktivität der Programmierer,

Ziel	Anw. 1 RF	Anw. 1 ROW	Anw. 2 RF	Anw. 2 ROW	Anw. 3 RF	Anw. 3 ROW	Σ ROW	End. RF
1. Produktivitätssteigerung	3	6	1	8	1	8	22	1
2. Bessere Entscheidungsqualität	1	8	8	1	2	7	16	2
3. Geringerer Wartungsaufwand	8	1	2	7	7	2	10	6
4. Bewährte Sprache	5	4	6	3	6	3	10	7
5. Leichte Erlernbarkeit und Anwendbarkeit	2	7	5	4	4	5	16	3
6. Integration in bestehende DV-Umgebung	6	3	3	6	3	6	15	4
7. Bessere Kommunikation zwischen DV- und Fachabteilung	4	5	7	2	5	4	11	5
8. Freiheitsgrade für zukünftige Entwicklungen	7	2	4	5	8	1	8	8

Anmerkungen:

Anw. 1: Anwender 1 (hier z.B. ein Endbenutzer, der die Sprache zur Gewinnung von Management-Information nutzen will).
Anw. 2: Anwender 2 (hier z.B. ein Systementwickler, der mit der Sprache Produktionssysteme erstellen und warten soll).
Anw. 3: Anwender 3 (hier z.B. ein Endbenutzer, welcher operative Daten aus der Kostenrechnung selektieren und mit einem Spreadsheet-Programm weiterverarbeiten möchte).

RF : Rangfolge des Ziels bei einem Anwender
ROW : Rangordnungswert des Ziels
End.RF: Endgültige Rangfolge des Zieles nach Befragung aller Anwender

Abb. END 7: Gewichtung der Ziele von 4.-Generation-Sprachen

- Verbesserung der Entscheidungsunterstützung in den Fachabteilungen,
- Verringerung des Anwendungsstaus durch Verlagerung von Programmieraufgaben in die Fachabteilungen.

Die zukünftigen Anwender werden aufgefordert, eine Präferenzreihenfolge der Ziele anzugeben. Diese werden je nach Benutzergruppe verschieden ausfallen, wie man schon aus den Beispielen ermessen kann. Je nach Rangwert des Ziels bekommt dieses einen Punktwert zugeordnet. Die summierten Punktwerte ergeben den Rangordnungswert der Ziele, welche wiederum für die Gewichtung der Anforderungen benötigt werden (Abb. END 7).

Ermittlung und Gewichtung der Anforderungsbereiche an 4.-Generation-Sprachen

Da die Ziele nicht unmittelbar über eine Software-Evaluation überprüft werden können, müssen detaillierte Kriterien – sogenannte

Anforderungsbereiche und Anforderungen – definiert werden. Diese Definition beginnt mit eingehenden Befragungen der zukünftigen Anwender. Anfangs präferiert man die Form des freien Interviews, um die Anwender nicht zu sehr einzuengen. Die Ergebnisse sollten überprüft und systematisiert werden. Die folgende Liste ist ein Versuch der Systematisierung von Anforderungsbereichen, die weiter unten in einzelne Anforderungen gegliedert werden:

1) DV-Umgebung

Anforderungen, die aufgrund zukünftiger Entwicklungen in der Systemumgebung des Unternehmens erfüllt werden sollen.

2) Installationen

Diese Anforderungen stellen Ersatzkriterien für die Bewährtheit des Systems dar. Fragen beziehen sich insbesondere auf die Installationszahl in vergleichbaren Einsatzumgebungen.

3) Leistungen

Zu diesem Anforderungsbereich zählen Preise für das System und einzelne Module, aber auch Wartungsverträge und andere Konditionen.

4) Endbenutzer

Für die Endbenutzer zählen besonders Anforderungen an die Benutzeroberfläche der Sprache.

5) Professionelle Benutzer

Anforderungen des EDV-Fachpersonals. Die Entwicklungsumgebung der 4.-Generation-Sprache und ihre Tools werden untersucht.

Die Ergebnisse der Systematisierung wird man noch einmal mit den Benutzern durchgehen, um eine Revisionsmöglichkeit zu geben. Endergebnis der Befragung ist ein detaillierter Anforderungskatalog zur Überprüfung der zur Auswahl verbliebenen 4.-Generation-Sprachen. Die Unterteilung in Anforderungsbereiche bleibt dabei unangetastet.

Die zweite Stufe der Nutzwertanalyse (nach der Zielgewichtung) besteht nun in der Ermittlung des Beitrags der Anforderungsbereiche zu den Zielen (Abb. END 8), ebenfalls durch Befragung der Anwender, da diese Beiträge großenteils subjektiv gesehen werden.

Ziele → / Anforderungsbereiche ↓	1.	2.	3.	4.	5.	6.	7.	8.	Produkt-summe	Gewicht
1. DV-Umgebung	3	1	2	1	5	3	1	2	264	0,20
2. Installationen	1	0	1	5	4	1	0	0	161	0,13
3. Leistungen	3	0	3	2	1	0	1	0	143	0,11
4. Endbenutzer	3	4	3	3	3	3	4	4	359	0,28
5. Professionelle Benutzer	4	1	4	2	5	4	3	3	361	0,28
Rangordnungswert der Ziele	22	16	10	10	16	15	11	8	1288	1,00

Abb. END 8: Gewichtung der Anforderungsbereiche an 4.-Generation-Sprachen

Die von den Anwendern vorgegebenen Punktwerte (5 = hoher Beitrag zur Zielerreichung; 0 = kein Beitrag zur Zielerreichung) werden über alle Benutzer addiert und arithmetisch gemittelt.

Zwei Beispiele zu Abb. END 8:

- Hohe Anforderungserfüllungen im Anforderungsbereich „Installationen" tragen viel zur Erreichung des Ziels „Bewährtheit" bei, da man eine starke Korrelation zwischen Installationszahl und Bewährtheit der 4.-Generation-Sprache annehmen kann (5 Punkte).
- Hohe Anforderungserfüllungen in den Bereichen „Installationen" oder „Leistungen" haben keinen unmittelbaren Einfluß auf die Entscheidungsqualität, die mit einer 4.-Generation-Sprache erreicht werden kann (jeweils 0 Punkte).

Um auf das endgültige Gewicht eines Anforderungsbereiches zu kommen, multipliziert man die Beiträge des Anforderungsbereichs zu den Zielen mit dem jeweiligen Rangordnungswert und addiert diese Produkte. Das Verhältnis dieser Produktsumme zur Produktsumme aller Anforderungsbereiche ergibt das Gewicht eines Anforderungsbereichs (noch Abb. END 8).

Ermittlung der Nutzwerte

Mittels Abbildungsvorschriften wählt man für jede untersuchte Sprache einen Punktwert zu jeder Anforderung, welcher den Grad der Erfüllung dieser Anforderung ausdrückt. Die Punktwerte, multipliziert mit dem Gewicht des zugeordneten Anforderungsbereiches ergeben summiert den Gesamtnutzwert (Abb. END 9).

Bereich	Gewicht		Alternative 1 Punkt-wert	Alternative 1 Bereichs-nutzwert	Alternative 2 Punkt-wert	Alternative 2 Bereichs-nutzwert
DV-Umgebung	0,20	Anforderung 1	5		3	
		Anforderung 2	4		1	
		Anforderung 3	5		5	
		Anforderung 4	3		4	
		Summe	17	3,40	13	2,60
Installationen	0,13	Anforderung 1	3		5	
		...				
		...				
				5,62		4,88
Gesamtnutzwert				38,20		35,70
Kosten				420800,-		547580,-
Nutzwert/Kosten				11,016		15,338

Alternative 1 wird ausgewählt.

Abb. END 9: Ermittlung der Nutzwerte und Integration der Kosten

Für die Abbildungsvorschrift bietet sich wiederum eine Skala mit den Werten 0 (Anforderung nicht erfüllt) bis 5 (Anforderung optimal erfüllt) an. Die Bewertungsskalen werden in die Projektdokumentation aufgenommen, um die Evaluation eindeutig nachvollziehen zu können.

Als Ermittlungswege für die Bewertungsskalen der einzelnen Anforderungen bieten sich an:

- Ergebnisse der vorhergehenden Anwenderbefragungen,
- Prospektmaterial der Hersteller (Manuals, Dokumentationen, usw.),
- Ergebnisse von Antworten auf Ausschreibungen (Pflichtenheft),
- persönliche Gespräche mit den Herstellern,
- Erfahrungsberichte.

In den fünf Anforderungsbereichen erläutert der Text jetzt einige Anforderungen. An den Beispielen erkennt man, daß auch die Eigenschaften des zentralen Datenbanksystems eine Rolle spielen.

Es wird pro Anforderungsbereich ein Beispiel einer Bewertungsskala gegeben, um eine detaillierte Vorstellung der „Feinarbeit“ zu vermitteln.

Anforderungsbereich „DV-Umgebung“

Unter welchen Datenbanksystemen arbeitet die 4.-Generation-Sprache?

Hier favorisiert der Anwender viele Freiheitsgrade; insbesondere wenn ein DBS erst eingeführt werden soll und z. Zt. z. B. nur VSAM-Dateien verarbeitet werden.

Datenbanksystem DB2:	KO-Kriterium
auch ADABAS:	2 Punktc
auch ORACLE:	3 Punkte
weitere DBS:	4–5 Punkte

Hat die 4.-Generation-Sprache ein integriertes Data Dictionary?

Ein Data Dictionary erhöht den Benutzerkomfort in der Programmierung und ermöglicht die Überwachung von Zugriffsberechtigungen.

kein Data Dictionary:	0 Punkte
nur DB-Beschreibung:	2 Punkte
weitere Metadaten:	3–4 Punkte
aktives Data Dictionary:	+ 1 Punkt

Anforderungsbereich „Installationen“

Diese Anforderungen überprüfen neben der „Bewährtheit“ der 4.-Generation-Sprache auch die Sicherheit der Weiterentwicklung und Wartung.

Wie oft wurde die Sprache installiert?

weniger als 50 Installationen:	1 Punkt
zwischen 50 und 100 Installationen:	2 Punkte
zwischen 101 und 200 Installationen:	3 Punkte
zwischen 201 und 400 Installationen:	4 Punkte
mehr als 400 Installationen:	5 Punkte

Anforderungsbereich „Leistungen"

Was wird an Dokumentation mitgeliefert?

nur technisches Handbuch: 1 Punkt
auch Benutzerhandbuch: 2 Punkte
auch Referenzkarte: 3 Punkte
Je nach Zahl der Exemplare sind weitere Punkte möglich.

Anforderungsbereich „Endbenutzer"

Kann der Benutzer eigene Dateien erstellen?

Für den Anwender kann es interessant sein, Abfrageergebnisse in eigene Dateien zu speichern, um sie anschließend weiterzuverarbeiten.

keine eigenen Dateien: 0 Punkte
Eigene Dateien: 3 Punkte
auch Sperren usw.
der eigenen Dateien: 5 Punkte

Welche relationalen Operatoren und sonstigen Funktionen bietet die Sprache?

Ein Beispiel für einen wünschenswerten, nicht immer vorhandenen Operator ist die JOIN-Funktion, die eine Verknüpfung mehrerer Dateien erlaubt.

Die Bewertung ist von den geplanten Anwendungen abhängig.

Anforderungsbereich „Professionelle Benutzer"

Besteht die Möglichkeit des Updates von Dateien?
Einige 4.-Generation-Sprachen ermöglichen nur lesenden Zugriff bzw. können nur Dateien der eigenen Datenorganisationsform behandeln. Sie sind für Online-Produktionssysteme weniger geeignet.

Kann man Auskünfte aus einem Data Dictionary abrufen?

In komplexen EDV-Umgebungen erhält der Entwickler auf diese Weise wertvolle Informationen.

Keine Auskünfte: 0 Punkte
Auskünfte durch Ausdruck: 1 Punkt
Online-Auskünfte: 3 Punkte
Je nach weiterem Umfang: 4–5 Punkte

Abschließende Evaluation: Integration der Kosten

Nach Berechnung der Nutzwerte können diese mit den Kosten der 4.-Generation-Sprache in ein Verhältnis gesetzt werden (Abb. END 9, unten). Das Produkt mit dem günstigsten Kosten/Nutzwert-Verhältnis wird ausgewählt. Legen die Entscheider jedoch hauptsächlich Wert auf die Qualität der Sprache, mag das Kosten-/Nutzen-Verhältnis irreführend sein.

6.4 Datenbanksysteme auf PCs und Workstations

Die heutige Leistungsfähigkeit von PCs, Workstations und Mini-Rechnern ermöglicht den dortigen DBS-Einsatz auf vielfältige Weise. DBS können stand-alone, mit Host-Verbindung oder im Rahmen verteilter DBS genutzt werden (vgl. Abb. END 1). Dieses Kapitel schildert Charakteristika von PC-DBS sowie Unterschiede zu Großrechner-DBS und leitet daraus Einsatzbereiche ab.

Als Mindest-Leistungsdaten für die kommerziele PC-Umgebung gelten Anfang der 90er-Jahre:

- 32 Bit-Architektur.
- >= 1 MB Hauptspeicher.
- >= 40 MB Festplatte.
- Betriebssystem i. d. R. MS/DOS, OS/2 oder UNIX.
- Einbindung des PC in lokale Netzwerke. (LAN) und/oder Host-Kopplung sowie graphische Oberfläche (z. B. WINDOWS) sind möglich.

Als wesentliche *Unterschiede zu Großrechner-DBS und Eigenschaften von PC-DBS* lassen sich notieren:

- Bis auf Ausnahmen (z. B. MDBS III, ein netzwerkartiges PC-DBS) sind PC-DBS relational orientiert. Dies ist insofern folgerichtig, als eine einfache und komfortable Benutzerschnittstelle Hauptvoraussetzung für den Einsatz bei EDV-Laien ist. Allerdings kann die relationale Vollständigkeit stark eingeschränkt sein.
- Geringere maximale Satzlänge, Feldlänge, Satzzahl pro Datei, Feldzahl pro Satz. Die Grenzen des Betriebssystems oder Speichers übersteuern oft die Kapazitätsgrenzen des DBS.

- I. d. R. keine Funktionen für Restart und Recovery sowie geringer Zugriffsschutz. Letzterer ist meist auf die Bedürfnisse des Einbenutzer-Betriebes abgestellt. In diesem Fall muß die Software nicht reentrant geschrieben sein.
- Wird ein PC-DBS im Rahmen eines LAN von mehreren Anwendern gemeinsam genutzt, so bewegen sich Zugriffskontrolle und Sperren von Dateneinheiten auf Dateiebene, nicht auf Satz- oder Feldebene oder gar Feldinhaltsebene.
- Tools wie Maskengenerator, Anwendungsgenerator usw. sind vorhanden und ermöglichen erst die einfache Nutzung des DBS. Die Data Dictionary-Funktion ist allerdings recht eingeschränkt.
- Zur Programmierung ist eine eigenständige Programmiersprache vorhanden, die im Interpreter- und/oder Compiler-Modus arbeitet.
- DBS, welche nicht SQL als relationale Sprache besitzen, basieren auf der Relationenalgebra als Grundlage der Query-Language. Diese manipuliert im Gegensatz zum Relationenkalkül (als Basis von SQL) pro Befehl nur eine oder zwei Relationen, das Relationenkalkül auch mehr. Relationenalgebra wird im allgemeinen als einfacher angesehen.

Aus diesen Eigenschaften, Möglichkeiten und Grenzen resultieren folgende *Einsatzgebiete:*

- Endbenutzer-Anwendungen, für die eine vollständige DBS-Funktionalität benötigt wird, die jedoch eingeschränkte Mengen- und Geschwindigkeitsanforderungen bewältigen müssen. Es handelt sich um informationsorientierte Anwendungen, seltener um transaktionsorientierte.
- Lokale Datenbankanwendungen (etwa auf Basis von Standardsoftware), die für den Endbenutzer parameterisiert werden, z. B. Adressverwaltung, Statistiken.
- DBS-Anwendungen für Kleinbetriebe, die über keinen Großrechner verfügen. In diesem Fall nutzen auch transaktionsorientierte Programme für Buchhaltung, Kostenrechnung, Lagerhaltung usw. das DBS.
- Im Rahmen von PC-Mainframe-Verbindungen die Übertragung von Teildatenmengen und Weiterverarbeitung mit dem PC-DBS. Eventuelle Konversionsprobleme muß die Schnittstellensoftware lösen [Kni].

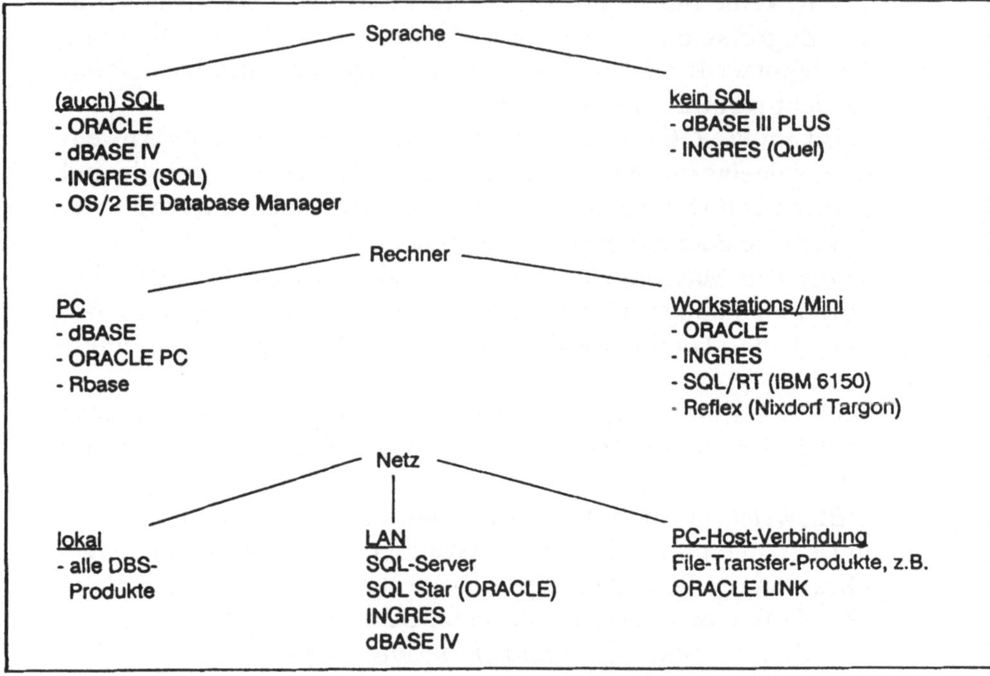

Abb. END 10: Typisierung von PC-DBS mit Produktbeispielen

- Datenbankanwendungen in einem lokalen Netzwerk. Sie dienen auf Abteilungs-oder Spartenebene zur wirtschaftlichen Ressourcennutzung. Es dürften keine allzu hohen Sicherheitsanforderungen auftauchen.

Zur Konkretisierung der bisher genannten Eigenschaften von PC-DBS sollen angebotene Produkte eingeordnet werden. Am Produkt dBASE III PLUS erläutern wir wesentliche Merkmale eines PC-DBS.

Eine Typisierung der PC-DBS ist auf drei Arten sinnvoll (Abb. END 10). Die Schnelligkeit der Szenerie muß beachtet werden.

Sprache

Die Sprache SQL dürfte sich als Standard durchsetzen, da sie eine Portabilität auch über Rechnerebenen schafft. Fortgeschritten in dieser Beziehung ist z. B. ORACLE, dessen Versionen auf allen Rechnergrößen laufen. Die ORACLE-Umgebung und SQL-Aussagen wurden daher bereits in Kapitel REL behandelt. Produkte ursprünglich ohne SQL wurden um diese Sprache ergänzt (z. B. dBASE IV, INGRES-SQL). Auf die eingeschränkte Eignung von SQL für echte Endbenutzer-Programmierung aufgrund ihrer Komplexität wurde bereits hingewiesen.

Rechner

Die Trennung von DBS für PCs, Workstations und Minis erweist sich als schwierig, da die Leistungen dieser Rechnergrößen sich überlappen. Als Besonderheit bei Workstations und Minis verdienen jedoch Erwähnung:

- Die Bedeutung von Unix und darauf aufsetzende DBS.
- Die Bedeutung von Datenbanksystemen für technisch-wissenschaftliche Anwendungen.

Abbildung END 11 zeigt ausgewählte DBS für PCs, Minis und Großrechner, um dem Leser die Einordnung besprochener Merkmale in den Gesamtkomplex „Datenbanksysteme" zu erleichtern.

Netz

Bei Nutzung eines PC-DBS in einem PC-Netz entstehen zusätzliche Anforderungen an die Software, die anhand einiger Eigenschaften des SQL-Servers von Ashton Tate/Microsoft gezeigt werden:

- Alle Aufgaben der Datenintegrität werden auf der Ebene des SQL-Servers gelöst und nicht auf den angeschlossenen Rechnern.
- Der Server nutzt die Eigenschaften, Geschwindigkeit und LAN-Schnittstelle des Server-Rechners, der meist leistungsfähiger als die angeschlossenen PCs ist.
- Die Server-Lösung vereinfacht die Ausgestaltung offener Schnittstellen, da diese nur auf einem Rechner zu handhaben sind.

Für PC-Netze verfügbar sind ebenfalls verteilte Datenbanksysteme wie SQL Star von Oracle und Distributed INGRES. Hier sind die Daten auf mehreren Rechnern verteilt (vgl. Kap. VDBS). Diese Lösung benötigt mehr DV-Leistung.

Übersicht über dBASE III PLUS

dBASE III PLUS von Ashton Tate ist ein Datenbanksystem für Personal Computer mit dem Betriebssystem MS/DOS bzw. OS/2. Es soll als verbreitetes System exemplarisch für ein Nicht-SQL-Daten-

Produkt	Datenmenge	maximale Satzlänge	maximale Feldlänge	Sätze pro Datei (Tabelle)	Felder pro Satz (Zeile)
Großrechner					
DB2	64 GB/Tabelle beliebig viele Tab.	4056 Byte 32714 Byte	4056 Byte 32714 Byte	64 GB je Tabelle	300
Adabas	unbegrenzt	abh. von pyhsischer Blocklänge	255 Byte	2^{31}-1	924
UDS	4000 GB	2020 Byte je Datenbank	255 Byte	253 Satzarten 16 Mio Sätze pro Art	2020
Oracle	unbegrenzt	128 KB	64 KB	unbegrenzt	-
Minicomputer					
Ingres	unbegrenzt*	2 KB	2 KB	unbegrenzt*	127
Informix	unbegrenzt*	32 KB	32 KB	unbegrenzt*	32000
Oracle	unbegrenzt*	128 KB	64 KB	unbegrenzt*	-
* abhängig vom Betriebssystem oder der Rechnerkapazität					
Personal Computer					
dBase III+	-	4000 Byte	254	1 Mrd.	128
PC Oracle	unbegrenzt	64 KB	32 KB	unbegrenzt	-
Rbase	nur begrenzt durch max. Dateigröße	4096 Byte	4096 Byte	800 je Tabelle	800

Abb. END 11: Kapazitätsmerkmale einiger DBS (Auszug aus [Kni])

banksystem stehen. Leistungsmerkmale entnimmt man Abb. END 12.

Die Daten werden in einer relationalen Struktur beschrieben. Bis zu 14 Dateien aller Typen können gleichzeitig geöffnet werden. Schlüssel und Integritätsregeln werden nicht unterstützt.

Abbildung END 13 zeigt eine Datenbankstruktur. dBASE verwaltet die Feldtypen Zeichen, Numerisch, Logisch (Wert 0 oder 1), Datum und Memo (unformatierter Text).

Zur Datenpflege und -manipulation hält dBASE eine Reihe von Befehlen bereit. Einige wichtige lauten:

dBase II dBase III dBase III Plus dBase IV	1981 1984 1985 1988	Ursprungsversion mehr Funktionen, erweiterte Kapazität erweiterte Benutzerführung mit SQL als relationale Sprache und zusätzlichen Werkzeugen

Abb. END 12: Entwicklungsgeschichte von dBASE

Datenbankstruktur - A:personal.dbf
Anzahl der Datensätze - 9
Letztes Änderungsdatum - 23.10.89

Feld	Feldname	Typ	Länge	Dez
1	NACHNAME	Zeichen	15	
2	VORNAME	Zeichen	15	
3	ALTER	Numerisch	3	
4	GEHALT	Numerisch	7	2
5	DATUM	Datum	8	
6	STADT	Zeichen	20	
** Gesamt **			69	

Abb. END 13: Datenbankstruktur in dBASE

append	fügt neue Sätze am Dateiende ein
delete	löscht Sätze nach Satznummer oder Inhaltskriterien
replace	ändert Sätze nach Inhaltskriterien
edit/browse	Datenpflege direkt am Bildschirm
list/display	Selektieren von Daten nach Argumenten

Sonderfunktionen:

sum	Summieren numerischer Felder
average	Durchschnitt numerischer Felder
count	Anzahl Sätze, die ein Kriterium erfüllen

Die meisten Bedingungen können mit logischen Funktion verknüpft werden.

Nach den Regeln der Relationenalgebra bildet dBASE die Grundfunktionen wie folgt ab:

- Selektion:
  list for Kunde = „Universität“
- Projektion:
  list fields Kunde, Menge
- Join/Union:
  Hier müssen zunächst zwei Relationen in Beziehung gesetzt werden (set relation to ⟨gemeinsamer Feldname⟩ into ⟨Zieldatei⟩). Das Kriterium logischer Datenunabhängigkeit ist nicht erfüllt.

Die *Tools von dBASE* können gut anhand einiger der verschiedenen dBASE-Dateitypen erläutert werden [dBA]:

- Catalog-Dateien enthalten Gruppen zusammengehöriger Dateitypen (z. B. Datenbank, Indizes und Eingabemaske) und könnten als ein „Mini-Dictionary“ gelten.
- Index-Dateien sortieren die Datenbank in einer logischen Reihenfolge (anstelle Eingabereihenfolge).
- Format-Dateien ermöglichen individuelle Bildschirm-Eingabe- bzw. Drucker-Ausgabeformate.
- Query-Dateien speichern Suchbedingungen für die Auswahl aus der Datenbank und werden für Standardabfragen einfach aufgerufen.
- Report-Format-Dateien generieren aufgrund einfacher Angaben Standard-Berichte aus der Datenbank. Diese sollte sinnvollerweise vorher sortiert sein (Abb. END 14).
- Programm-Dateien enthalten Folgen von dBASE III PLUS-Befehlen. Sie dienen zur Erledigung wiederkehrender Aufgaben. Die Syntax ist am ehesten mit der Sprache Pascal vergleichbar und erlaubt strukturiertes Programmieren.

Wichtige Kontrollstrukturen in dBASE-Programmen sind die Folgenden:

do while ... enddo	Schleife
if ... else ... endif	Verzweigung
do case ... case 1 ... enddo	Fallunterscheidung
do ⟨Programme⟩	Unterprogrammaufruf
skip	bei prozeduralen Befehlen Erhöhung des Satzzeigers in der Datei
exit	Verlassen einer Schleife

```
06.02.90
                    Gehaltsverteilung  nach Geschlecht

Name                Gehalt Jahresgehalt


** Geschlecht m
 Ehlbeck            2575.00      30900.00
 Gramlich           2785.90      33430.80
 Hesterbrink        2300.50      27606.00
 Kolarsch           3100.50      37206.00
 Morell             2675.60      32107.20
 Warnke             3450.50      41406.00
** Gruppensumme **
                   16888.00     202656.00

** Geschlecht w
 Franz              2840.50      34086.00
 Lechner            3120.20      37442.40
 Wegmann            2910.20      34922.40
** Gruppensumme **
                    8870.90     106450.80
***  Gesamt  ***
                   25758.90     309106.80
```

Abb. END 14: Beispiel eines Reports in dBASE III PLUS

Als Zusatzmodule insbesondere für den kommerziellen Bereich verdienen Erwähnung:

- Clipper-Compiler.
- Run Time + (Compiler).
- dBASE-ADMINISTRATOR (LAN-Version).

6.5 Online-Datenbankdienste

Online-Datenbanken halten auf elektronischen Speichermedien Wissen über verschiedene Fachgebiete bereit, das über Datenendgeräte (Terminals, PCs, Btx-Geräte) nach vorheriger Datenübertragung vom Speicherort (meist ein entfernter Großrechner) abrufbar und auswertbar ist. Die Begriffe „externe Datenbanken“ und „Informations-Datenbanken“ finden gleichermaßen Verwendung.

Die Diskussion über Online-Datenbanken erfolgt im Kapitel „Endbenutzer“, da deren Zielgruppe Fachinteressierte sind, die entweder keine EDV selbst nutzen oder EDV-Endbenutzer sind.

Weitere Aspekte von Online-Datenbanken, welche andere Facetten des Datenbankeinsatzes betreffen, sind:

- Information Retrieval (IR)-Systeme.
  Dies ist die Bezeichnung für DBS, welche aus einer Menge von Dokumenten mit strukturierten oder unstrukturierten Daten über Beschreibungswörter (Deskriptoren) Dokumente auffinden. IR-Systeme sind meist Grundlage der Speicherung von Online-Datenbanken.
- Online-Datenbanken zur Befriedigung des betrieblichen Informationsbedarfs. Sie sollen im Rahmen des Informationsmanagements berücksichtigt werden (vgl. Kap. IM).

Online-Datenbankdienste ermöglichen den Zugriff auf Online-Datenbanken und sind Teil des Fachinformationsmarktes. Sie stehen in Konkurrenz mit:

- Fachbüchern, Fachzeitschriften.
- Aus- und Fortbildungsveranstaltungen, Konferenzen.
- Offline-Datenbankdiensten.
- Anderen elektronischen Kommunikations- und Speichermedien (z. B. Bildschirmtext, CD-ROM).

Allgemeine *Vorteile* von Online-Datenbankdiensten sind:

1. Schnelle und aktuelle Information.
2. Ein hohes Datenvolumen ist verfügbar.
3. Entfernungen spielen keine Rolle, bzw. nur gebührenmäßig.
4. Die Informationsbeschaffung kann kostengünstiger als über andere Wege des Fachinformationsmarktes sein.
5. Flexible Anpassung der Suche im Dialog.

Die Bedeutung von Online-Datenbankdiensten ist unterschiedlich. Einflußfaktoren sind die Wissensgebiete, die Art der Datenbank sowie das Land. Auch die Betriebsgröße spielt eine Rolle bei der Nutzungshäufigkeit. Einsatzbeispiele finden sich in [Cla].

Eine erste Unterscheidung läßt sich nach der Art der Online-Datenbank treffen (Abb. END 15).

Bibliographische Datenbanken (auch Literatur-Datenbanken genannt) enthalten neben der Quellenangabe u. U. auch kurze Inhaltsangaben einer Publikation mit dem Angebot, den Volltext bei Bedarf zu liefern. Über die Aufnahme und die Art der Verdichtung eines

Arten von Online-Datenbanken	Beispiele	
Referenz-Datenbank	bibliographische Datenbanken (Hinweise auf Veröffentlichungen)	Referenz-Datenbank (Hinweise auf Firmen, Experten, ...)
Source-Datenbank	Volltext-Datenbanken (Speicherung des gesamten Textes einer Veröffentlichung)	Fakten-Datenbanken (Speicherung von Daten, Statistiken, ...)

Abb. END 15: Arten und Beispiele von Online-Datenbanken [Kind]

Titels entscheiden Fachleute. Ähnliches gilt für andere *Referenz-Datenbanken* (z. B. Bilanzen, Bonität oder Arbeitsgebiete von Firmen).

Volltext-Datenbanken enthalten keinerlei Vorauswertung, jedoch eine Liste von Deskriptoren. Die Aktualität ist hoch. Die unüberlegte Abspeicherung kann das Informationsvolumen aufblähen oder die Abgrenzung eines Fachgebietes ist durch die Dokumentenauswahl ungenügend berücksichtigt. Der Trend zum computergestützten Publizieren ermöglicht zukünftig die Texterfassung.

Faktendatenbanken enthalten aufbereitetes Wissen in numerischer (Zeitreihen) oder alphanumerischer Form. Sie bedürfen noch einer weiteren Verarbeitung, um Informationen zu bieten, beispielweise durch die Verknüpfung mit einer internen Datenbank oder die Bearbeitung mit einem Tabellenkalkulationsprogramm.

Weltweit bestehen je nach Schätzung 3000–3500 Online-Datenbankdienste, davon allein 70% in den USA und ca. 200 in der BRD. Einen Überblick gibt z. B. [AFI]. Einzelne Wissensgebiete sollen bereits bis zu einem Drittel elektronisch erfaßt sein.

Nach Themengebieten geordnet ergeben sich weltweit ca. 50% Wirtschafts- und Finanzdatenbanken, 30% Naturwissenschaften, Medizin und Technik und 20% sonstige. Es ist zu konstatieren, daß in den USA Wirtschafts- und Finanzdatenbanken eine überproportionale Nutzung erfahren, während in Europa und speziell in Deutschland Naturwissenschaft und Technik eine weit größere Bedeutung als andere Gebiete haben. Dies relativiert häufig anzutreffende Aussagen über den Rückstand der BRD auf dem Gebiet der Nutzung von

Online-Datenbankdiensten, da die Themenschwerpunkte gewissermaßen auch die Wirtschatsinteressen widerspiegeln:

- Wirtschaftsdatenbanken zeigen die Konzentration von Börsengeschäften und Finanztransaktionen in den USA.
- Die stärkere Nutzung naturwissenschaftlicher und technischer Datenbanken entspricht der Bedeutung der Branchen Chemie, Maschinenbau u. a. in Deutschland.

Dennoch ist in der BRD eine stärkere Marktdurchdringung denkbar und wünschenswert. Hinderungsgründe für den Einsatz von Online-Datenbanken sind sicher noch die hohen Grundkosten (vgl. unten) sowie Probleme in der Nutzung aufgrund verschiedener Retrievalsprachen. Eine zu beobachtende Konzentration bei den Anbietern und das Bemühen um Vereinheitlichung der Sprachen entschärfen das Retrieval-Problem. Bisher genießen größere Betriebe einen Erfahrungsvorsprung. Auf der Seite der Anbieter arbeiten nur wenige Online-Datenbankdienste mit ausreichendem Gewinn (z. B. Finanzinformationsdienste).

Verschiedene *Nutzungsformen von Online-Datenbankdiensten* ermöglichen es vor diesem Hintergrund dem Anwender nach individuellem Bedarf auf die Datenbank zuzugreifen (Abb. END 16).

Der *Direktzugriff* auf eine Online-Datenbank setzt eine bestimmte EDV-Ausstattung voraus. Sie soll detaillierter erläutert werden, weiterhin das nötige Nutzungswissen sowie die Konstenkomponenten dieser Vorgehensweise.

Abbildung END 17 zeigt eine technische Infrastruktur zur Direktnutzung von Online-Datenbankdiensten.

Die Komponenten im einzelnen:

Datenendgeräte

Sollen mit den vom Host gelieferten Daten nur Hardcopy-Ausgaben erzeugt werden, so benötigt man

- ein Terminal mit einem Drucker (ggf. mit Bildschirm),
- eine V.24 Schnittstelle und
- einen Akkustikkoppler oder ein Modem.

Über Akkustikkoppler sind auch Außendienst-Abfragen mit einem portablen Endgerät über Telefongeräte möglich. Bei vorhandener DV-Infrastruktur ist die Benutzung von Großrechner-Datensichtstationen möglich (IBM 327X u. a.).

Zugriffsart / erium	Direktzugriff (online)	Auftrag an Datenbank (offline)	Abfrage via Mailbox (online)	Auftrag an Berater (offline)
ıussetzungen	Datex-P-Kennung Modem DFÜ-fähiger PC o. ä.	Keine technischen Voraussetzungen	Datex-P-Kennung Modem DFÜ-fähiger PC o. ä.	Keine technischen Voraussetzungen
gehensweise	User-Identity-Number wird von der jeweiligen Datenbank erteilt; Erlernen der Abfragelogik	Schriftlicher Abfrageauftrag an den Datenbankbetreiber	Abfrage einer der Mailbox angeschlossenen Datenbank	Schriftlicher Abfrageauftrag an den Berater, der die betreffende Datenbank abfragt
ıten	Gebühren der TELEKOM, des Datenbankbetreibers sowie der Endeinrichtungen	Recherche-Gebühren	Mailbox-Nutzungsgebühren sowie Gebühren der TELEKOM	Recherche-Gebühren
tzen	Abfrage kann direkt, individuell und zeitnah gestaltet werden	Genaue Formulierung der Problematik wichtig; sehr bequem	Erspart Arbeit wegen Wegfall der eigenen User-Identity	Informationen werden geordnet und den individuellen Bedürfnissen angepaßt

Abb. END 16: Verschiedene Zugriffsarten auf Online-Datenbanken [Leo]

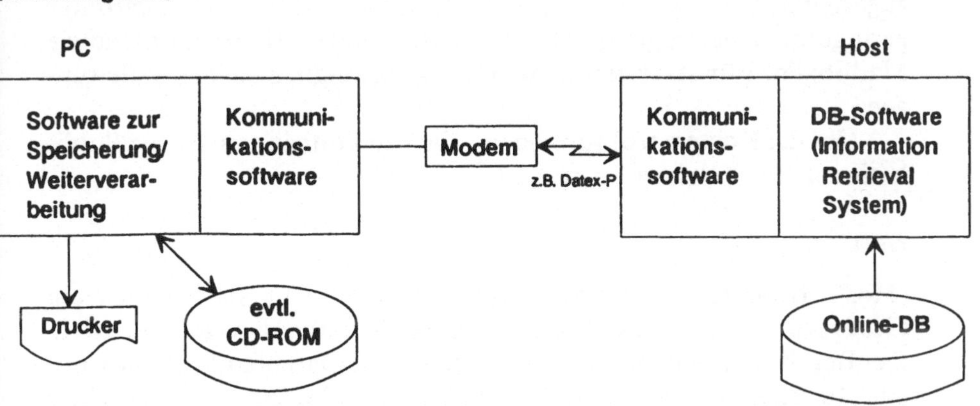

Abb. END 17: Mögliche Infrastruktur für den Direktzugriff auf Online-Datenbanken

Für die Weiterverarbeitung von Daten sind erforderlich:

- Ein PC.
- V.24-Schnittstelle, Akkustikkoppler oder Modem.
- Kommunikationssoftware für den Dialog mit dem Hostcomputer, Datenbanksoftware oder Textverarbeitungssoftware zur Speicherung alphanumerischer Daten, Tabellenkalkulations- und Graphiksoftware zur Weiterverarbeitung numerischer Daten.

Alternativ zum entfernten Zugriff sind *Online-Datenbanken auf CD-ROM* (Compact Disc - Read Only Memory) eine verstärkt forcierte Alternative (siehe auch Abb. END 17). Diesbezügliche Anbieter kommen meist aus dem Verlagsbercich, aber auch statistische und andere Vergangenheitsdaten können so sinnvoll genutzt werden. Trotz anfallender Laufwerk- und CD-Kosten kann sich diese Vorgehensweise bei häufigen Abfragen lohnen (eingesparte Telekommunikationskosten).

Telekommunikationsnetz

Als Netzdienste stehen bei der Telekom das IDN (Integriertes Fernschreib- und Datennetz) und ISDN (Integrated Services Digital Network) zur Verfügung. Die am häufigsten genutzte Form ist das Datex-P-Netz, über das alle bedeutenden internationalen Hosts zugänglich sind. Weitere Anschlußformen sind Btx mit allerdings geringerer Übertragungsrate und schlechterer Bildqualität sowie Mailboxen. Für stark frequentierte Dienste eignen sich Standleitungen.

Um die Kostenstrukturen beurteilen zu können, sei auf die Publikationen der Telekom verwiesen

Host

„Host" bedeutet in diesem Zusammenhang mehr als lediglich ein Großrechner, auf welchem die Online-Datenbank verwaltet wird. Der Begriff schließt Datenbankbetreiber und Datenbanksoftware mit ein. In einigen Fällen sind Datenbankproduzent und -betreiber identisch (z. B. GENIOS).

Bei der Hardware handelt es sich meist um einen oder mehrere gekoppelte Rechner der größten Kategorie kommerzieller Rechner (z. B. IBM 3090). Netzwerkanschlüsse werden über Front-End-

Host/ Anbieter	Ort	Datenbankgebiete
international		
B R S DATA STAR Dialog Information Services S D C	U.S.A. Schweiz U.S.A. U.S.A.	alle Gebiete alle Gebiete alle Gebiete Naturwissenschaft
national		
DIMIDI GENIOS STN / INKA JURIS sowie diverse Fach - informationszentren	Köln Düsseldorf Karlsruhe Saarbrücken	Medizin Wirtschaft Technik, Naturwissenschaft Jura

Abb. END 18: Wichtige Hosts bzw. Datenbankbetreiber

Prozessoren realisiert. Der Datenbestand beträgt einige 100 Gigabytes.

Das DBS ist ein Information Retrieval System. Bekannte Systeme sind STAIRS (IBM) [IBM] und GOLEM (Siemens) [Sie].

Für die Nutzung ist zu unterscheiden nach

- Systemen, die eine Suche nach Schlagworten und deren Verknüpfungen vornehmen (z. B. GOLEM). Die Schlagworte werden in einem Thesaurus (= Wörterbuch) verwaltet.
- Systemen, die eine Freitextsuche ermöglichen (z. B. STAIRS/MIKE). Es erfolgt eine automatische Deskribierung, wobei nicht sinnvolle Wörter in Stoppwortlisten ausgeschlossen werden.

Bedeutende Hosts listet Abb. END 18 auf. Weitere Informationen liefert [HMD 2].

Neben der Bereitstellung der Infrastruktur braucht der Anwender ein umfangreiches *Nutzungswissen* für den effizienten Ressourceneinsatz:

Befehl	Wirkung
SEARCH	Suchen nach invertierten Stichwörtern (mit diversen Operatoren)
SELECT	Suche nach Inhalten formatierter Felder
RANK	Suchen und Gewichten mittels Algorithmen (Häufigkeit)
BROWSE	Anzeige der gefundenen Dokumente
DISPLAY	Anzeige der Profiltabelle (bisherige Fragestellungen)
SAVE	Speichern von Suchprofilen
EXEC	Aufruf von gespeicherten Suchprofilen
SORT	Sortieren von Dokumenten (nach formatiertem Feld)
MAIL	Ausdruck eines Abfrageergebnisses
CHANGE	Datenbankwechsel
OFF	Beenden des Dialogs

Abb. END 19: Wichtige Befehle der Abfragesprache AQUARIUS von STAIRS

- Kenntnis des eigenen Informationsbedarfes.
- Überblick über das nationale und internationale Informationsangebot für das Wissensgebiet. Hierzu existieren Datenbankführer, z. B. EURONET DIANE GUIDE, DATABASE GUIDE (STN International).
- Wissen über die Qualität der Datenbanken, Schreibweise der Begriffe (z. B. Colour oder Color), Stoppwortlisten u. a.
- Erfahrung in der Anwendung von Suchstrategien.
- Kenntnis der Retrievalsprachen. Die verbreitetesten sind CCL, GOLEM, GRIPS/DIRS, STAIRS. Eine vorhandene Menüsteuerung erübrigt diese Kenntnisse.
- Kenntnis über Anschlußprozeduren für die Telekommunikationsnetze und Hosts.
- Beherrschung des Datenendgerätes inclusive Software.

Abbildung END 19 zeigt einige wichtige Befehle von STAIRS/VS (Storage And Information Retrieval System/Virtual Storage) [IBM].

STAIRS/VS läuft als Online-Subsystem unter einem IMS-Steuerbereich. Die Datenabfragesprache trägt die Bezeichnung AQUARIUS.

Am Beispiel *GENIOS* [Hen] sollen einige der behandelten Punkte noch einmal verdeutlicht werden.

GENIOS Wirtschaftsdatenbanken der Verlagsgruppe Handelsblatt in Düsseldorf vermittelt neben selbsterstellten Datenbanken auch solche anderer Anbieter. Es stehen zur Verfügung:

- Zeitschrift „Handelsblatt“ in Volltext seit Juni 1984.
- Zeitschrift „Wirtschaftswoche“ in Volltext seit August 1984.
- Faktendatenbank Creditreform mit Unternehmensprofilen.
- Datenbank Business zur Vermittlung vn Geschäftsverbindungen.
- Datenbank Fairbase mit Messe- und Kongressankündigungen.
- Online-Version des Einkaufsführers der deutschen Industrie.
- Betriebswirtschaftliches Literatur-Such-System (BLISS) mit Literaturstellen und teilweisen Zusammenfassungen.

GENIOS ist auf einem IBM-Großrechner in Hamburg installiert mit dem IR-System STAIRS/MIKE. Der Zugang ist möglich über Telefon, Datex-P, Datex-L und Btx. Die Benutzerführung ist je nach Terminal etwas unterschiedlich; bei Bildschirmen Menü- und Maskengeführt. Der Befehlsvorrat von STAIRS kann auch direkt eingesetzt werden. Der Benutzer kann Suchstrategien speichern. GENIOS kann ebenfals offline über Rechercheaufträge genutzt werden.

Die *Kosten* addieren sich aus folgenden Komponenten:

- Kommunikationskosten (Telekom, z. B. Datex-P)
  - monatliche Grundgebühr (Modem)
  - Übertragungsgebühren (zeitabhängig)
- Recherchekosten (GENIOS)
  - Allgemeine Anschaltkosten (zeitabhängig)
  - Anschaltkosten je Datenbank (zeitabhängig; Mengenrabatte)
  - Anzeigekosten pro Dokument

6.6 Literatur

[AFI] Arbeitsgemeinschaft Fachinformation und Messe Frankfurt (Hrsg.): Who is who – das Jahrbuch der Online-Szene, erscheint jährlich seit 1987

[Bau1] Bauer, M.: Erfahrungen mit Sprachen der 4. Generation, in: Online 3/87, S. 48–51

[Bau2] Bauer, M.: Einsatzspektrum von Endbenutzersystemen, in: Online 6/87, S. 36–38

[BKN] Brezski, E.; Kaucky, G.; Niedereichholz, J.: Ein anwenderorientiertes Auswahlverfahren für Endbenutzersprachen, in: Information Management 1/87, S. 28–34

[ChM] Chang, P. Y.; Myre, W. W.: OS/2 EE Database Manager overview and technical highlights, in: IBM Systems Journal, Vol. 27, No. 2, 1988, S. 105–118

[Cla] Claasen, W. u. a.: Fachwissen Datenbanken. Die Information als Produktionsfaktor. Essen, 1986

[Dah] Dahnke, K.: IS-Management und IDV, in: IBM-Nachrichten, 35. Jg., Heft 275, 1985, S. 27–32

[dBA] Ashton-Tate (Hrsg.): Handbücher zum Datenbanksystem dBASE III PLUS

[Gra] Grant, J. F.: The Downside of 4GLs, in: Datamation, Vol. 31, July 15, 1985, S. 99–104

[Gri] Griese, J.: 4.-Generation-Sprachen und Softwareentwicklungssysteme, in: Österle, H. (Hrsg.), Anleitung zu einer praxisorientierten Software-Entwicklungsumgebung, Bd. 1, Hallbergmoos, 1988, S. 53–58

[Hen] Hennemann-Böckels, B.: GENIOS-Wirtschaftsdatenbanken, in: IBM-Nachrichten, 36. Jg., Heft 282, 1986, S. 37–41

[HMD] Handbuch der modernen Datenverarbeitung, 24. Jg., Heft 137, 1987, „4. Software-Generation"

[HMD2] Handbuch der modernen Datenverarbeitung, 25. Jg., Heft 141, 1988, „Online-Datenbanken"

[IBM] IBM (Hrsg.): STAIRS/VS Allgemeine Übersicht IBM-Form-Nr. H12-1310, 1983

[Kin] King, J. L., Centralized versus Decentralized Computing: Organizational Considerations and Management Options, in: acm computing surveys, Vol. 15, No. 4, Dec. 1983, S. 319–349

[Kind] Kind, J.: Besseres Informationsmanagement durch externe Datenbanken, in: Office Management 5/1986, S. 490–492

[Kni] Knittel, M.: Zukunftsmusik IDV, in: Online 7/88, S. 20–40

[KNZ] Kaucky, G.; Niedereichholz, J.: Evaluation von 4.-Generation-Sprachen, in: Österle, H. (Hrsg.), Anleitung zu einer praxisorientierten Software-Entwicklungsumgebung, Bd. 1, Hallbergmoos, 1988, S. 59–70

[Kre] Kreplin, K-D.: Prototyping mit Werkzeugen der vierten Generation, in: [HMD], S. 29–40

[Lei] Leinweber, G.: Die 4.-Generation-Sprache NATURAL der Software AG, in: Österle, H. (Hrsg.), Anleitung zu einer praxisorientierten Software-Entwicklungsumgebung, Bd. 2, Hallbergmoos, 1988, S. 243–260

[Leo] Leonhard, U.: Externe Datenbanken – ein Mittel zur effizienten Informationsbeschaffung, in: Office Management 5/1986, S. 494–499

[Mar] Martin, J.: Application Development without Programmers, Englewood Cliffs, 1982

[Mar2] Martin, J.: Fourth-Generation Languages, Vol. 1, Englewood Cliffs, 1985

[SAG] Materialien der Fa. Software AG, Darmstadt

[SAG2] Software AG (Hrsg.): NATURAL Version 2, Concepts and Facilities, Order-Nr. NAT-210-006, Darmstadt, 1985

[Sch] Schild, H. G.: Kosten und Nutzen der Endnutzerdatenverarbeitung, in: Elektronische Rechenanlagen, 26. Jg., Heft 5, 1984, S. 247–253

[Sie] Siemens (Hrsg.): Informationsverarbeitung mit GOLEM – Beispiele aus der Praxis, Schriftenreihe data praxis, Best.-Nr. U171-J-Z53-1., o. J.

[Sum] Sumner, M. R.: How Should Applications Be Developed?, in: Data Base, Vol. 17, No. 1, Fall 1985, S. 25–34

7 Verteilte Datenbanksysteme (VDBS)

7.1 Begriff, Architektur und Ziele verteilter Datenbanksysteme

Grundlage eines verteilten Datenbanksystems (VDBS) ist ein *verteiltes DV-System,* d. h. zwei oder mehr unterschiedlich lokalisierte Rechner, die über Verbindungen miteinander kommunizieren können. Diese Verbindungsstruktur besteht i. d. R. innerhalb einer organisatorischen Einheit. In den meisten Fällen wird sie über ein herstellerspezifisches Rechnernetz (Wide Area Network, z. B. SNA, Decnet) in Verbindung mit öffentlichen Netzen (Datex-P, Datex-L u. a.) hergestellt. Kleinere VDBS-Lösungen gibt es auch für lokale Netzwerke.

Ein *verteiltes Datenbanksystem* läßt sich ähnlich wie lokale DBS in eine

- verteilte Datenbank
  und ein
- verteiltes Datenbankverwaltungssystem unterscheiden [Her].

Eine *verteilte Datenbank* ist das Ergebnis der physischen Speicherung logisch integrierter Daten an unterschiedlichen geographischen Orten

(Knoten) innerhalb eines verteilten DV-Systems. Von jedem Knoten kann auf den kompletten Datenbestand zugegriffen werden.

Ein *verteiltes Datenbankverwaltungssystem* (VDBVS) enthält Software zur Bewältigung aller zusätzlichen Funktionen, damit gilt: Ein Benutzer erhält eine für seine Zwecke zentrale, integrierte Sicht auf eine verteilte Datenbank. Der Terminus Datenunabhängigkeit wird erweitert auf Unabhängigkeit vom Speicherungsort. Die zusätzlich entstehenden Verwaltungsprobleme behandelt Kapitel VDBS 7.3.

Die Software des verteilten Datenbankverwaltungssystems kann ihrerseits zentral oder dezentral vorliegen.

VDBS können in homogene und heterogene Systeme aufgeteilt werden. Ein VDBS ist homogen, wenn alle Knoten identische Datenmodelle unterstützen und mit dem gleichen Datenbankverwaltungssystem ausgestattet sind. Dieser Normalfall (aus heutiger Produktsicht von VDBS) liegt den Ausführungen zugrunde. Entwicklungen zur Integration verschiedenartiger DBS, die mit dem Konzept heterogener VDBS eng gekoppelt sind, führen den Begriff „Hyperdatenbanksysteme".

Eine Sonderform der Verteilung ist das *Datenbank-Sharing* [Här], wobei im Unterschied zu VDBS alle verbundenen Rechner auf eine gemeinsame Datenbank zugreifen.

Verteilte Dateien kann man als eine Teilmenge verteilter Datenbanken ansehen, wobei keine Beziehungen zwischen Dateien bestehen. Es gibt Produkte von Herstellern, welche verteilte Dateien, nicht aber verteilte Datenbanken verwalten. Weitere Verarbeitungsformen mit noch geringerem Verteilungsgrad sind Dateitransfer, Ausführung von Anfragen an einem entferten Knoten, Zugriff einer Anfrage auf eine entfernte Datei und verteilte Transaktionsverarbeitung [Bau], [Dem]. In den Kapiteln VDBS 7.4 und 7.5 werden die Verteilungsformen anhand von Produktbeispielen erläutert.

Architektur eines VDBS

Abbildung VDBS 1 zeigt schematisch die Struktur eines VDBS. Die Summe der Softwarekomponenten stellt das VDBVS dar. Alle Zugriffe (Anfragen und Anwendungsprogramme) laufen über das globale Schema bzw. globale DBVS. Dieses entscheidet über die Arbeitsverteilung an die lokalen Knoten. Dezentrale Lösungen sind

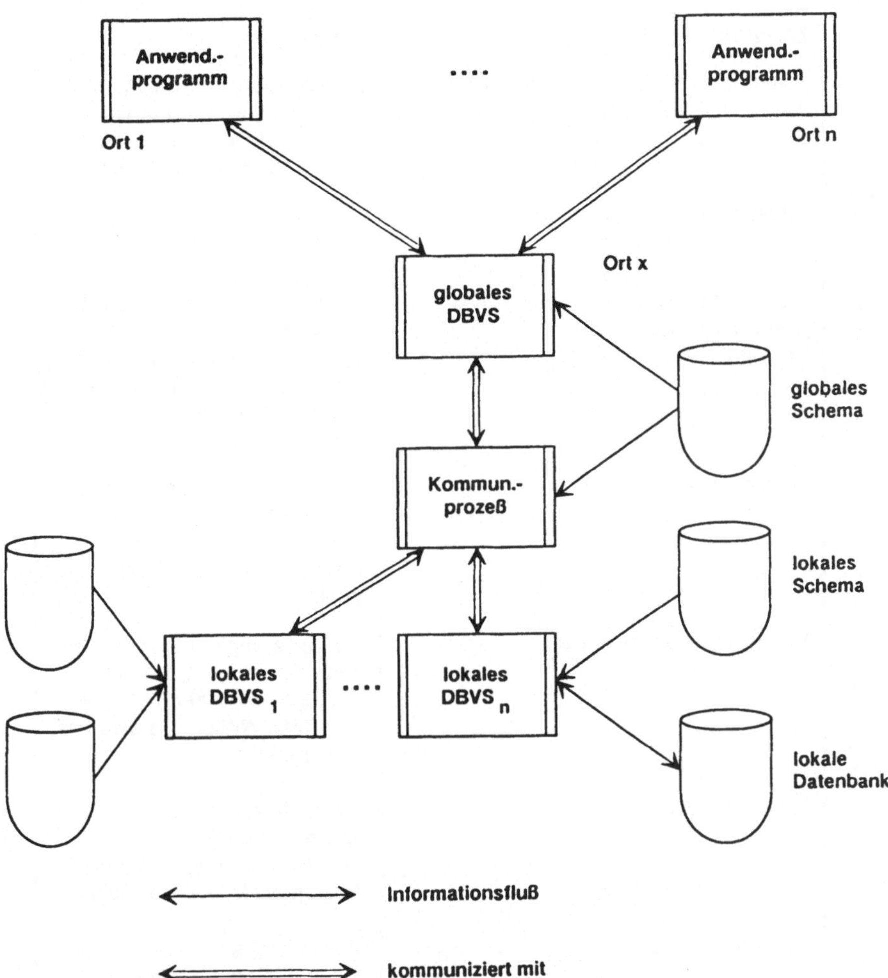

Abb. VDBS 1: Architektur eines VDBS mit zentralisiertem Zugriff (in Anlehnung an [Fin])

alternativ realisierbar. Die Adressierung und Zuordnung systemweit eindeutiger Namen wird i. d. R. indirekt über Data Dictionary-Einträge erfolgen. Diese erhalten eine besonders wichtige Rolle in VDBS.

Ziele/Vorteile	Begründung
Senkung der Kommunikationskosten (i. d. R. lokale Zugriffe, vgl. Kap. VDBS 7.2)	Die zusätzlichen Kosten durch erhöhten Hardwarebedarf sind geringer als die Kostenersparnis bei der Kommunikation.
Senkung der Antwortzeiten	Im wesentlichen lokale Zugriffe ermöglichen Parallelarbeit.
Ausfallsicherheit, Datensicherheit, Fehlertoleranz	Vorteile bei replizierter Speicherung der Daten. Bei Ausfall eines Knotens kann der Rest des Netzes weiter genutzt werden. Die Anforderungen an den Datenschutz wachsen.
Höhere Datenkapazität	Die Summe der Daten auf den Knoten kann größer als die mit einem zentralen Datenbanksystem verwaltbare Datenmenge sein.
Erweiterbarkeit/Flexibilität	Die Verteilung der Daten ist an Nutzungsvolumen, Datenvolumen und Lokalität der Anfragen anpaßbar. Weitere Hardware ist anschließbar.
Lokale Autonomie	Lokale Abfragen sind unabhängig von anderen Knoten. Bei der Strukturierung sind lokale Belange evtl. berücksichtigbar.
Ortstransparenz	Anwendungsprogramme sind ortsunabhängig (Datenfeldnamen usw.)
Organisatorische Anpassung	Die Verteilung spiegelt organisatorische Gegebenheiten wieder.

Abb. VDBS 2: Ziele und Vorteile von VDBS

Ziele von VDBS

Die Idee eines VDBS – die Verteilung logisch zusammengehöriger Daten – klingt zunächst paradox, entsteht doch zusätzlicher Verwaltungsaufwand.

VDBS tragen jedoch zu einer Reihe von Zielen bei [Bay], [Dat], [Her], aus den betriebliche Vorteile resultieren (Abb. VDBS 2). Grob können wir die Ziele klassifizieren in:

- Kostensenkung,
- Sicherheitserhöhung,
- Bessere Abbildung der Organisationstruktur auf die DV-Struktur.

Anwendungen

VDBS eignen sich für Anwendungen mit dezentraler Datenerfassung und -nutzung, die auch zentrale Konsequenzen haben, z. B. Filialdaten, die zental verbucht werden. Weiterhin zählen Anwendungen mit zwangsläufigem Kommunikationsaufwand und verteilter Bearbeitung eines DV-Problems zu den Kandidaten für VDBS. Diese Merkmale treffen auf folgende Liste zu [Qui]:

- Technische Informationssysteme.
- Büro-Informationssysteme.
- Software-Entwicklungssysteme.
- Expertensysteme.

Nach Verteilungsgrad und gleichzeitigem Verbindungsgrad steigende organisatorische Flexibilität entsteht in VDBS durch [Kau]:

- Deckungsgleichere Abbildung von Organisationsstruktur und Informationstechnologie-Struktur.
- Freiheitsgrade in der Verteilung von Entscheidungsbefugnissen.
- Möglichkeit der organisatorischen Kapazitätsänderung.
- Aufbau hierarchischer Planungssysteme. Planung auf Grobebene findet zentral statt, Planung auf Feinebene für Teildatenmengen dezentral.

7.2 Verteilungsarten

Die Verteilung eines Datenbanksystems betrifft die Ebene der Daten und die der Software.

Verteilung der Daten

Hauptziel der *Verteilung der Daten (Datenallokation)* ist ein gutes Lokalitätsverhalten: Die Mehrzahl der Zugriffe sollte auf die lokale Datenbank erfolgen, um einen effizienten DBS-Einsatz zu gewährleisten.

Sofern die Datenverteilung nicht organisatorisch vorgegeben ist (z. B. Filialbezogene Daten), empfielt sich eine zweistufige Vorgehensweise:

1) Fragmentierung der Datenbank.
2) Zuordnung der Fragmente zu Knoten.

Die Verteilung der Datenbank ist am einfachsten für das relationale Datenmodell zu demonstrieren; auch für den praktischen Einsatz bietet sich dieses Datenmodell an. Dies liegt an der inhärenten physischen Datenunabhängigkeit des Modells. Zwischen den Relationen existieren keine physischen Konstrukte, wie sie z. B. in Kapitel HIER veranschaulicht werden. Daher kann die Forderung nach Verteilungsunabhängigkeit leicht erhoben werden (vgl. Kap. REL). Relationale Systeme erfordern wegen ihrer mengenbezogenen Manipulationssprache zudem wenige (evtl. entfernte) Übertragungsschritte pro Transaktion. Allerdings ist eine Optimierung von Anfragen bei mehreren Möglichkeiten von dem Problem der Datenverteilung abhängig.

Vorschläge zur Datenverteilung gliedern sich meistens wie folgt [Fah], [Bay]:

Replikation: Identische Kopien aller Daten (volle Replikation) oder von Teildatenmengen werden an mehreren (allen) Knoten gehalten. Diese gezielte Redundanz bietet die Vorteile schneller Antwortzeiten und hoher Verfügbarkeit des Systems auch bei Ausfall von Knoten. Konkurrierend wirken höhere Speicher- und Updatekosten. Es müssen geeignete Synchronisationsverfahren bereitgestellt werden.

Horizontale Partitionierung: Dies ist eine Zerlegung von Relationen in disjunkte Tupelmengen auf verschiedenen Knoten. Es handelt sich um eine realistische Verteilungsform, da oft Teilmengen von Tupeln für lokale Anwendungen relevant sind. Beispiele können die Kunden oder Konten einer Filiale, das Lieferprogramm eines Lagers usw. sein. Abfragen auf diese Teilmengen laufen somit sicherlich effizient; man kann sie mit dem lokalen DBMS optimieren. Zusätzlicher Datenschutz betreffend lokale Zugriffe von Anwendungen ist leicht realisierbar. Nachteilig (ebenso wie bei der vertikalen Partitionierung) sind die eingeschränkte Verfügbarkeit bei Ausfall und die aufwendigen Zugriffe bei knotenübergreifenden Anfragen.

Vertikale Partitionierung: Die vertikale Partitionierung zerlegt Relationen attributweise. Die Operation „Join" fügt diese Projektionen wieder zusammen. Hier ist zusätzlich ein gleicher identifizierender Primärschlüssel in allen Projektionen mitzuführen. Eine Relation könnte z. B. entsprechend funktionaler Zuständigkeiten von Organisationsmitgliedern vertikal zerlegt sein.

Abbildung VDBS 3 zeigt Beispiele zur Partitionierung.

Mischformen von Partitionierung und Replikation sind konstruierbar.

Verteilung der Software

VDBS-Software übernimmt die Aufgabe, aufgrund einer Datenbankanfrage die erforderlichen Datenbankzugriffe an den richtigen Knoten vorzunehmen. Sie kann mehr oder weniger zentralisiert sein. Die Lokalisierung der Daten geschieht über systemweit eindeutige Attribut- und Relationennamen (intern) oder indirekt über ein Data Dictionary. Aus der *Verteilung des Datenkatalogs* (Data Dictionary) [Bay], [Dat] ergeben sich verschiedene Konsequenzen:

- Zentralisierter Katalog: Hoher Kommunikationsaufwand; geringere Autonomie der Knoten versus einfaches Update.
- Replizierter Katalog: Schneller Zugriff versus Synchronisationsproblematik.
- Partitionierter Katalog (nur sinnvoll gemäß der Partitionierung der Daten): Schneller Zugriff bei lokalen Anfragen. Anfragen

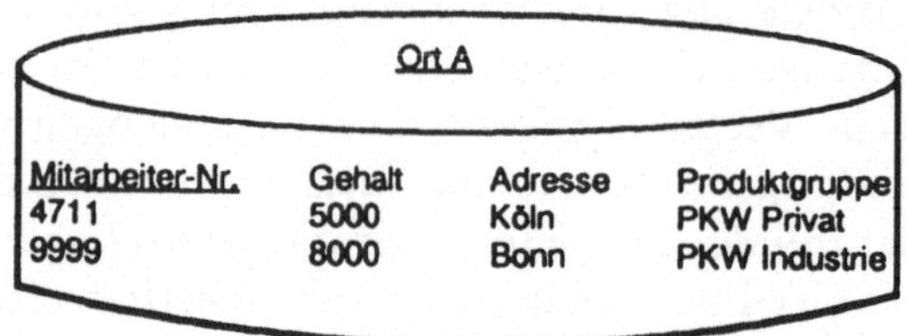

Ort B

Mitarbeiter-Nr.	Gehalt	Adresse	Produktgruppe
1234	2000	Hamburg	LKW Privat
7777	7777	Bremen	LKW Industrie
0007	5000	Köln	LKW Industrie

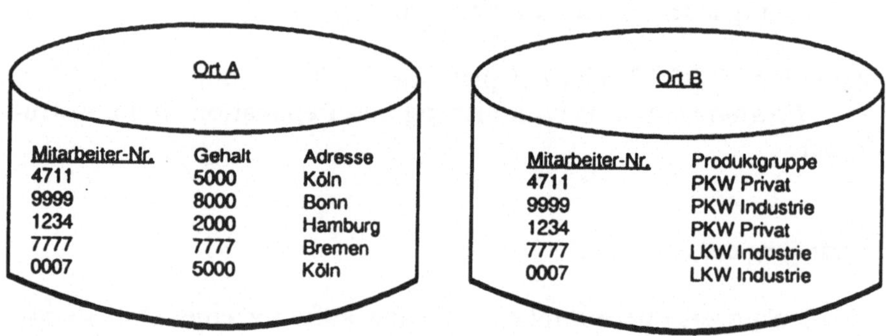

Abb. VDBS 3: Horizontale (oben) und vertikale (unten) Partitionierung

über mehrere Knoten werden aufwendig, es sein denn, man hält noch zusätzlich einen aktuellen globalen Katalog.

Die geschilderten Verteilungsmöglichkeiten von Daten und Datenkatalogen sind teilweise idealtypisch und werden von VDBS-Produkten unterschiedlich stark bzw. nicht unterstützt oder durch andere Konzepte gelöst (z. B. Primärkopien). Zuordnungen enthält Kapitel VDBS 7.4.

7.3 Probleme des Einsatzes verteilter Datenbanksysteme

Der Zugriff auf Daten in VDBS kann lokal und/oder entfernt erfolgen, einen oder mehrere Knoten betreffen. Aus dieser Tatsache ergeben sich folgende wesentlichen Problemkreise während des Betriebes (die Daten- und Softwareverteilung sei zu diesem Zeitpunkt gelöst) (vgl. [Bay], [Dat], [Her]):

1. Ausführung und Optimierung von Datenbankabfragen.
2. Synchronisation.
3. Recovery (Fehlerbehandung bei DB-Ausfall).

Ausführung und Optimierung von Datenbankanfragen

Eine Anfrage an die Datenbank kann in einem VDBS auf mehrere Weisen gelöst werden. Dies liegt an der Tatsache, daß die Anfrage verschiedenartig in mehrere Teilanfragen zerlegbar ist, die auf den einzelnen Knoten ausgeführt werden. Insbesondere bei teilweiser Replikation existieren mehrere Möglichkeiten der Abarbeitung. Abbildung VDBS 4 zeigt zwei Abarbeitungsstrategien einer Anfrage. Hinzu kommt bspw. bei der Sprache SQL der Faktor, daß unterschiedliche Anfrage-Formulierungen zum gleichen Ziel führen können (vgl. Kap. REL).

Ziel einer *Optimierung* von Anfragen wird es sein, unter Ausnutzung von Parallelarbeit der Teilanfragen Gesamtantwortzeit und -kosten zu minimieren. Die Kommunikationskosten im Netz werden zu einem wesentlichen Faktor. In einem Beispiel liegen die Kommunikationskosten bei 6 Ausführungsstrategien einer Anfrage zwischen einer Sekunde und 2,3 Tagen [RoG].

Im Beispiel (Strategie B), Teilanfrage 4) gelten folgende Annahmen:

Satzlänge aller Relationen: 100 Byte
Anzahl Produkte der Produktgruppe Daimler-Benz: 10
Anzahl Aufträge über 100000,–DM: 1000
Übertragungsrate: 10000 Byte/sec

Teilanfrage 4 an Ort B: Übertragung von 10 Sätzen der Relation P:
Ü-Zeit = (10 * 100 Byte)/10000 Byte/sec = 0,1 sec

Ort A

Relation P (Produkt)
(P-Nr., P-Name, P-Gruppe)

Ort B

Relation A (Auftrag)
(V-Nr., P-Nr., P-Gruppe, A-Nr., Wert)

Relation V (Vertreter)
(V-Nr., V-Name, Region)

Anfrage: Wie heißen die Vertreter, die in der Produktgruppe "Daimler-Benz" Einzelaufträge von über 100000.- DM erreichten?

Strategie 1	Zwischenrelation	Ort
1) Selektion von P mit P-Gruppe = "Daimler-Benz"	P1	A
2) Join von P1und A über P-Gruppe	A1	B
3) Selektion von A1 mit Wert > 100000	A2	B
4) Join von A2 mit V über V-Nr.	A3	B
5) Projektion von A3 mit V-Name		B

Strategie 2		
1) Selektion von A mit Wert > 100000	A1	B
2) Join von A1 und V über V-Nr.	A2	B
3) Selektion von P mit P-Gruppe = "Daimler-Benz"	P1	A
4) Join von A2 und P1 über P-Gruppe	P2	A/B
5) Projektion von P2 mit V-Name		A/B

Abb. VDBS 4: Zwei Ausführungsstrategien einer Anfrage in einem verteilten DBS

Teilanfrage 4 an Ort A: Übertragung von 1000 Sätzen der Relation A2 (etwa doppelte Satzlänge wegen Join in Teilanfrage 2). Ü-Zeit = (1000 * 200 Byte)/10000 Byte/sec = 20 sec

Synchronisation

Synchronisationsprobleme sind bei zentralen DBS aufgrund des Mehrbenutzerbetriebs bekannt (vgl. Kap. SICH). In VDBS entsteht das zusätzliche Problem der Synchronisation von Aktionen auf entfernten Knoten in folgenden Ausprägungen:

1) Korrekte Updates

Bei replizierter Datenbankteilen müssen Updates auf alle Kopien erfolgen. Um die Antwortzeiten (Bestätigung der Updates) zu senken, kann eine Kopie zur Primärkopie erklärt werden, nach deren Update die Bestätigung erfolgt. Die Update-Weitergabe kann danach erfolgen, allerdings muß das VDBS zwischenzeitliche Inkonsistenzen verhindern (vgl. [Dat]).

2) Concurrency-Problem

Dieses Problem entsteht, wenn mehrere Transaktionen auf eine Dateneinheit zugreifen. Die Zugriffe müssen synchronisiert werden. Eine Möglichkeit ist das Sperren (z. B. mit 2-Phasen-Commit-Protokoll [Reu]) aller Daten, die von den Teilanfragen betroffen sind, gleichgültig, welche Strategie gewählt wird. Dies bedingt unter Umständen lange Antwortzeiten.

Das Zeitmarken-Konzept (timestamps) vergibt für jede Transaktion und daraus abgeleitete Untertransaktionen (Teilanfragen) Nummern in der Reihenfolge der Initialisierung. Treffen mehrere Transaktionen an einem Knoten ein, werden sie in der Reihenfolge der Nummern berarbeitet. Durch ungleiche Transanktionsdauer und -wege können Einzeltransaktionen in der falschen numerischen Reihenfolge eintreffen. Zu früh ausgeführte Transaktionen werden nun anulliert oder Transaktionen bleiben so lange zwischengespeichert, bis keine Transaktionen mit niedriger Nummer mehr zu erwarten sind.

3) Globaler Deadlock

Beim Sperren von Dateneinheiten (nicht hingegen bei der Vergabe von Zeitmarken) kann ein wechselseitiges Sperren von Transaktionsteilen auf verschiedenen Knoten vorliegen. Im Gegensatz zu zentralen Datenbanksystemen müssen Informationen über die Deadlocksituation zwischen den Knoten erfolgen, was teuer wird. Abbildung VDBS 5 zeigt eine globale Deadlocksituation.

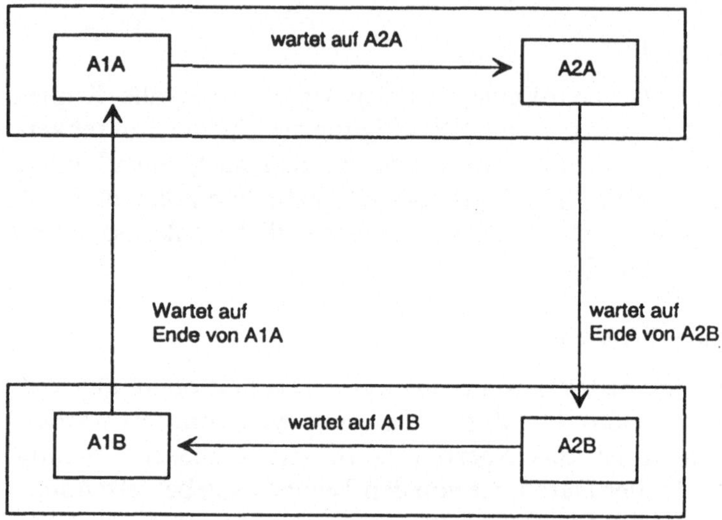

Legende:
Anfrage 1 besteht aus A1A an Ort A und A1B an Ort B
Anfrage 2 besteht aus A2A an Ort A und A2B an Ort B
A1A und A2A konkurrieren um bestimmte Daten
A1B und A2B konkurrieren um bestimmte Daten

Abb. VDBS 5: Globaler Deadlock in einem VDBS [Dat]

Recovery (Fehlerbehandlung bei Ausfall)

Eine Fehlerbehandlung muß stattfinden bei

- einer nicht beendeten Update-Transaktion,
- Ausfall eines Knotens,
- Aufteilung des Rechnernetzes in mehrere noch funktionsfähige Teilnetze.

Hier kann auf die Verfahren des 2-Phasen-Commit-Protokolls, auf Log-Files und Checkpoints verwiesen (vgl. Kap. SICH), die je nach Art der Datenverteilung erweitert werden. Prinzipiell setzt die globale Fehlerbehandlung auf möglichst viel lokaler Fehlerbehandlung auf.

7.4 Produktüberblick

Vor der Produktanalyse steht die betriebliche Einsatzanalyse (Kommunikations-, Datenmengen-, Organisationsanalyse). Es ist die Frage zu beantworten, für welche Anwendungen verteilte Datenbanksysteme benötigt werden, bzw. ob eine schwächere Verteilungsform wie Dateitransfer, verteilte Dateien oder verteilte Transaktionsverarbeitung ausreicht. Beispielweise ist für die periodische Weitergabe zentraler Datenänderungen (Produktmerkmale, Preislisten usw.) an dezentrale Kopien kein umfassendes VDBS nötig.

VDBS-Angebote unterscheiden sich in allgemeinen Leistungskriterien und in der Art der Lösung der im vorigen Abschnitt geschilderten Probleme. Letzteres beeinflußt wiederum die Leistungsfähigkeit des VDBS.

Abbildung VDBS 6 gibt einen Überblick. Aus den Ausprägungen könnte man einen Anforderungskatalog an VDBS ableiten.

Kriterien	Ausprägungen
Verteilungsarten	Replikation, Partitionierung, Mischformen
Updates bei Replikation	synchron, Primärkopie-Konzept kein automatisches Update
Transparenz-Typ	Transparenz bzgl. Zugriff, Update, Schema-Lokalisation, Performance, Integrität, Werkzeugen
Datenkatalog	ja/nein; zentral, dezentral, Primärkopie-Konzept, repliziert
Schnittstellen	unterliegende Betriebssystem- und Netzwerkstandards
Datenmengen/ Antwortzeiten	schwierig vorherzusagen
Anfragen-Optimierung	ja/nein, prarallele Teilanfragen
Concurrency/Deadlock	Sperren, Zeitmarken (Timestamps)
Recovery	2-Phasen-Commit, 4-Pasen-Commit

Abb. VDBS 6: Leistungskriterien verteilter DBS

Produkt	Anbieter	Bemerkung
Ada-Net	Software AG	Auch Partitionierung möglich.
IDMS-DDS	Computer Associates (ehemals Cullinet)	
InfoReach (zu DATACOM)	Computer Associates	Auch Partionierung möglich.
Ingres-Star	Relational Technology	
Non-Stop-SQL	Tandem	Auf der Basis des Mehrrechnerkonzeptes von Tandem.
R*	IBM	Prototyp, verteilter Fähigkeiten für DB2 ab Version 2, Rel. 2
SDD-1	Computer Corp. of America	Prototyp
SESAM-DCN	Siemens	
SQL-Star	Oracle	
UDS-D	Siemens	

Abb. VDBS 7: Einige VDBS-Produkte

Produktentwicklung

Bei VDBS handelt es sich um einen evolutionären Entwicklungsweg – ähnlich wie bei einigen relationalen DBS als Erweiterung vormals nicht-relationaler Produkte – wobei anfangs nur wenige Merkmale echt verteilter DBS erfüllt werden. I. d. R ist zunächst die Vielfalt der Verteilungsformen und die Verteilungsunabhängigkeit eingeschränkt; weiterhin die Anzahl möglicher Schnittstellen. Abbildung VDBS 7 listet einige Systeme mit VDBS-Merkmalen auf.

Beispiel IBM: System R/verteilte Version von DB2*

Die Aktivitäten der IBM im Bereich verteilter Datenbanksysteme haben ihren Ursprung in dem Prototyp R*. Dieser erforschte bereits einige wichtige Funktionen von VDBS, wie die Partitionierung des Data Dictionary-Systems mit zentraler Version (lokale Autonomie der Teilsysteme), die Zerlegung von Anfragen in Teilschritte und Ansätze der Anfrageoptimierung [Wil]. Die Forschungsergebnisse fanden Eingang in die Entwicklung einer verteilten Version von DB2.

Die Bedeutung dieser verteilten Version ist am Ziel zukünftig einheitlicher Schnittstellen zwischen heterogenen Rechnern und kooperativer Verarbeitung zu messen. Dies wird unter der Sammelbezeichnung SAA (Systems Application Architecture) für die Rechnergruppen ESA/370, AS/400 und PS/2 angestrebt. Es wird deutlich, daß solche Zielrichtungen dem Einsatz von VDBS einen enormen Schub geben werden.

Im Rahmen der Produktbeurteilung von VDBS ist neben den aktuellen und erwarteten Leistungsmerkmalen die *Softwareumgebung* ein noch wichtigerer Punkt als bei zentralen DBS. Funktionen der Rechnernetzumgebung kommen als weiterer wichtiger Bestandteil hinzu. Diese Funktionen werden von einzelnen Systemsoftwareteilen arbeitsteilig ausgeführt, die man im Rahmen des Schichtenaufbaus einordnen kann. So wird die verteilte Version von DB2 von den Trägersystemen TSO, IMS/DC und CICS/MVS unterstützt.

Weitere wichtige Komponenten für die verteilte Version von DB2 sind [Rei]:

Die *Sprache SQL* ist Standard im Rahmen des „Common Programming Interface“ von SAA (vgl. Kap. REL), d. h. die Sprachsyntax gleicht sich auf jedweder Hardware.

Das Produkt *„ECF (Enhanced Connectivity Facility)“* ermöglicht entfernte Abfragen vermittels der Bestandteile VSQL (Virtual SQL) Requestor und VSQL Server. Dies sind sozusagen SQL-Umsetzer von rechnerspezifischem in neutralen Code und zurück.

Advanced Program-to-Program Communication (APPC) und die VTAM-Programmierunterstützung für die *Logical Unit 6.2* sind u. a. im Netzbetrieb für die gegenseitigen Nachrichten von Programmen und (systemmäßig betrachtet) die Nachrichtenübermittlung zwischen Betriebsystem und DBS verantwortlich (Session-Ebene). Sie leisten einem VDBS Hilfestellung für die Aufgaben der Synchronisation und Fehlerbehandlung/Recovery.

Produkte von IBM mit geringerem Verteilungsgrad, die ebenfalls in das SAA-Konzept gehören, sind:

- Das Standard-Dateiaustauschformat DDM (Distributed Data Management), welches Dateitransfer und entfernten Dateizugriff auf unterschiedlichen Rechnern des SAA-Konzeptes erlaubt.
- Die AIX – Distributed Services für den RT PC, ein verteiltes Dateisystem auf Betriebssystemebene (UNIX).

- Die geplante Ergänzung „Remote Services“ für den OS/2 EE Database Manager des Personal Computer PS/2. Es sollen einige VDBS-Funktionen in einem lokalen Netzwerk realisiert werden.
- Produkte für die verteilte Transaktionsverarbeitung (vgl. Kapitel VDBS 7.5).

Ähnliche Analysen,wie sie hier für IBM-Software vorgenommen wurden, sind für das Softwarespektrum anderer Anbieter möglich. Der VDBS-Interessent sollte sie in jedem Falle zur Abschätzung der Zukunftsentwicklungen berücksichtigen.

7.5 Verteilte Datenbanksysteme versus verteilte Transanktionsverarbeitung

Die beachtlichen Probleme des Einsatzes von VDBS führten zu einer anderen Form verteilter DV, der verteilten Transaktionsverarbeitung. Verteilungsobjekt sind nicht die Daten bzw. Datenbanken sondern die auf den Daten operierenden Programme. Diese Art Verteilung gestaltet sich einfacher und ist auch weitgehend gelöst und durch Produkte unterstützt.

Verteilte Transaktionsverarbeitung (VTV) arbeitet nach folgenden Regeln [Koc]:

- Die entfernten Anwendungsprogramme arbeiten über ihre TP-Monitore zusammen.
- Verarbeitungsaufträge und -ergebnisse werden über Datenfernübertragung versandt; Datenzugriffe erfolgen lokal.
- Aus der Sicht der Anwenders läuft eine verteilte Transaktion wie eine lokale Transaktion ab.

Abbildung VDBS 8 zeigt die Prinzipien VDBS und VTV in einer Gegenüberstellung.

Verteilte Transaktionsverarbeitung legt im Gegensatz zu verteilten DBS mehr Wissen über die Verteilung in die Verantwortung der Anwendungsprogramme, was als ein Nachteil gewertet werden kann:

- Auf dem entfernten Rechner muß ein geeignetes Anwendungsprogramm verfügbar sein.

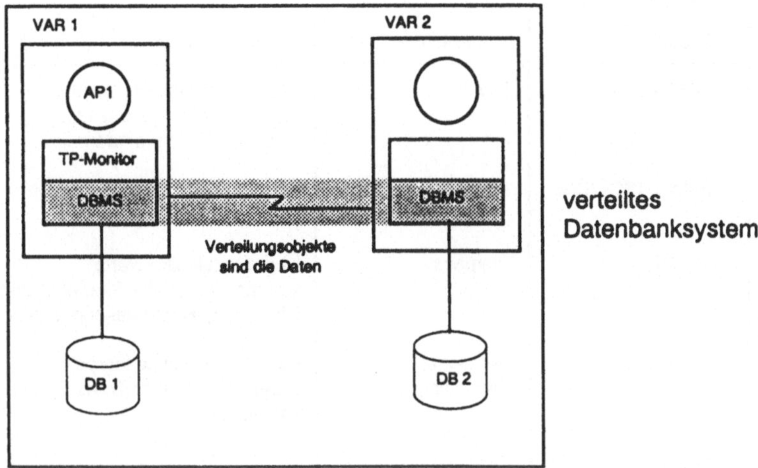

Prinzip: Transport der Daten zum Ort der Verarbeitungsleistung unter Steuerung der beteiligten DBMS.

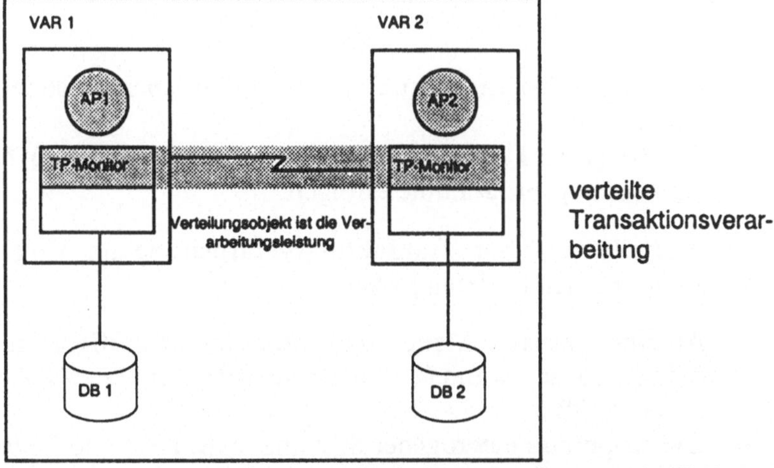

Prinzip: Transport der Verarbeitungsleistung zum Ort der Daten unter Steuerung der TP-Monitore.

Legende:
AP = Anwendungsprogramm
VAR = Verarbeitungsrechner

Abb. VDBS 8: Arbeitsweise verteilter DBS und verteilter Transaktionsverarbeitung in der Gegenüberstellung [Koc]

Produkt	Anbieter	Bemerkungen
CISC / ISC	IBM	ISC = InterSystems Communications facility, kann z.B. IMS und DB2 verbinden.
RRAS (SQL/DS)	IBM	Zugriffe einer Anwendung auf mehrere SQL-Datenbanken.
UTM-D	Siemens	Über Protokollkonverter können Transdata (Siemens) und SNA (IBM)-Netze gekoppelt werden.
Ingres/Net	Relational Technology	Verbindet verteilte Ingres-Datenbanken über Transaktionskopplung.
Net-Work	Software AG	
SQL*Net	Oracle	

Abb. VDBS 9: Produkte für die verteilte Transaktionsverarbeitung

- Das lokale Programm muß wissen, auf welchem Rechner welche Daten sind.
- Die Pflege der Daten bei redundanter Speicherung muß durch die Anwendungsprogramme erfolgen.

Als Vorteile verteilter Transaktionsverarbeitung im Vergleich zu VDBS lassen sich notieren [Koc]:

- Ab einer gewissen Menge entfernter Datenzugriffe ist der Kommunikationsaufwand (und die Antwortzeiten) bei VTV geringer als bei VDBS.
- Die Kopplung heterogener Systeme (z. B. IBM und Siemens) ist einfacher als bei VDBS zu realisieren. Dies liegt daran, daß bei VTV im wesentlichen nur die Transportfunktionen und die Sessionebene eines Rechnernetzes zur Kopplung benötigt werden. Diese sind heute schon weiter vorangetrieben als die Ebene des Datenaustausches. VDBS auf heterogenen Rechnerumgebungen sind praktisch noch nicht realisiert.

Die Zuordnung von *Produkten* zu den Produktklassen VDBS, VTV und anderen Formen der Verteilung von DV-Leistung ist nicht immer ganz eindeutig. Die meisten Produkte setzen auf lokalen DBS oder TP-Monitoren auf. Abbildung VDBS 9 versucht wesentliche Produkte für die verteilte Transaktionsverarbeitung aufzulisten.

7.6 Literatur

[Bau] Bauer, M.: Stand der Entwicklung bei verteilten Datenbanken, in: Online 1/89, S. 48–52

[Bay] Bayer, R. u. a.: Verteilte Datenbanksysteme. Eine Übersicht über den heutigen Entwicklungsstand. in: Informatik-Spektrum Band 7, Heft 1, Februar 1984, S. 1–19

[Dat] Date, C. J.: An Introduction To Database Systems, 4.A., Reading (Mass) 1986 (Kapitel 24)

[Dem] Demers, R. A.: Distributed files for SAA, in: IBM Systems Journal, Vol. 27, No. 3, 1988, S. 348–361

[FaH] Mc Fadden, F. R.; Hoffer, J. A.: Data Base Management, 2.A., Menlo Park 1988 (Kapitel 16)

[Fin] Fink, T.: Was ist eine verteilte Datenbank? in. Elektronische Rechenanlagen, 24. Jg., Heft 3, 1982, S. 125–129

[Här] Härder, T.; Rahm, E.: Hochleistungs-Datenbanksysteme – Vergleich und Bewertung aktueller Architekturen und ihrer Implementierung, in: Informationstechnik it, 29. Jg., Heft 3/87, S. 127–140

[Her] Hergenhahn, M.: Verteilung von Datenverarbeitungs-Ressourcen in rechnergestützten Informationssystemen, Frankfurt 1985

[Kau] Kaucky, G.: Informationstechnologie und organisatorische Änderungen, Wiesbaden 1988

[Koc] Koch, H. v.: Verteilte Transaktionsverarbeitung und verteilte Datenbanken – Konzepte und Produkte, in: Organisation und Betrieb der verteilten Datenverarbeitung, Peischl, F. (Hrsg.), Berlin u. a. 1987, S. 40–50

[Mye] Myers, E. D.: Distributed DBMSs: In Search of Wonder Glue, in: Datamation, Vol. 33, 1. Februar 1987, S. 41–48

[Qui] Quiel, G.: Verteilte Datenhaltung für neue Anwendungen, in: Online 3/88, S. 48–50

[Rei] Reinsch, R.: Distributed database for SAA, in: IBM Systems Journal, Vol. 27, No. 3, 1988, S. 362–369

[Reu] Reuter, A.: Verteilte Datenbanksysteme, in: Computer Magazin 11/88, S. 41–44

[RoG] Rothnie, J. B.; Goodman, N.: A Survey of Research and Development in Distributed Database Management, in: Proc. 3rd Int. Conference on Very Lage Data Bases, 1977

[Wil] Williams, R. et al.: R*: An overview of the architecture, in: Scheuermann, P. (Ed.): Improving Usability and Responsiveness (Proc. 2nd Int. Conference on Databases), New York 1982, S. 1–27

8 Sicherheit von Datenbanksystemen (SICH)

8.1 Sicherheitsebenen

Das Thema „Sicherheit von Datenbanksystemen" ist weitgespannt und umfaßt viele Aspekte, von denen in diesem Kapitel nur die wichtigsten behandelt werden sollen. Abbildung SICH 1 zeigt eine Strukturierungsmöglichkeit des Sicherheitskomplexes in Form eines Schichtenmodells.

Die **juristische Ebene des Datenschutzes und der gesellschaftlichen Auswirkungen** bezieht sich nicht nur auf die Speicherung von Daten mit Hilfe von Datenbanksystemen, sondern allgemein auf jegliche Art der Speicherung von (personenbezogenen) Daten. Der juristische Aspekt ist in verschiedenen Datenschutzgesetzen seit den 70er Jahren stark ausgearbeitet worden und stellt eine ziemlich eigenständige Materie dar, auf die in diesem Werk nicht weiter eingegangen werden soll. Es erscheint wichtig, an dieser Stelle darauf hinzuweisen, daß alle Bestimmungen dieser juristischen Ebene letztlich durch Maßnahmen der darunter liegenden Ebene realisiert werden müssen. Hierbei kann es zu einer Vielfalt unterschiedlicher Lösungsformen, Mißverständnissen und Auseinandersetzungen kommen. Als Beispiel sei an die

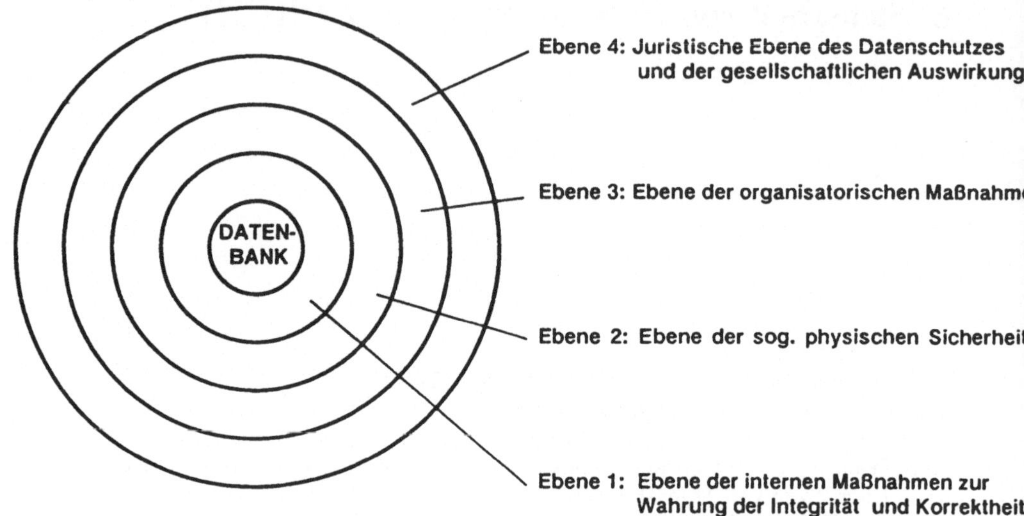

Abb. SICH 1: Schichtenstruktur der Sicherheit von Datenbanksystemen

Diskussion in den 70er Jahren erinnert, ob Daten, die gemäß Gesetz als „zu löschend" bezeichnet werden, physisch oder nur logisch gelöscht werden müssen. Den Juristen war zu dieser Zeit nicht klar, daß für den für die Maßnahmenrealisierung verantwortlichen DV-Spezialisten Daten auch als gelöscht galten, wenn sie nur mit einer Löschmarkierung versehen wurden.

Die **Ebene der organisatorischen Maßnahmen** bezieht sich auf die organisatorischen Abläufe in einem Rechenzentrum/DV-Zentrum. Sie ist eng mit dem Systementwurf bei Datenbankanwendungen verbunden, man könnte eher sagen: verzahnt. In Abb. SICH 1 sollte man sich alle Ebenen mit zumindest den Nachbarebenen verzahnt dargestellt vorstellen, um zu veranschaulichen, daß die Funktionen der Ebenen nicht streng zu trennen sind, im Prinzip jedoch eine Detaillierung der Maßnahmen von außen nach innen vorliegt. Zu der Ebene der organisatorischen Sicherstellung, daß ein hoher Sicherheitsstandard gewahrt wird, kann man z. B. die folgenden Maßnahmen zählen:

- Kontrollen gegen das mißbräuchliche Benutzen des Systems, die auf den darunter liegenden Ebenen realisiert werden müssen.
- Einführen von Qualitäts- und Sicherheitsstandards für die Entwicklung von Programmen.

- Einführung eines abgestuften Systems zur Zutrittsberechtigung des Rechenzentrumsaals, das auf der nächsten Ebene der physischen Sicherung in entsprechenden Zutrittskarten- und Öffnungs-Systemen seinen Niederschlag findet.

Die **Ebene der physischen Sicherheit** realisiert Maßnahmen technischer Art, die generell und nicht nur datenbankbezogen sichernd wirken. Hierzu kann man z. B. zählen:

- Sicherung der Rechner gegen Feuer und Wasser (generell läßt sich dies auf den ganzen Komplex der Sicherheitstechnik im Rechenzentrum ausweiten),
- Schleusenmechanismen,
- Tresorsysteme für Archivdaten etc.

Die Liste ließe sich beliebig forsetzen, zumal dieses Gebiet auch schon sehr lange bearbeitet wird, länger als z. B. die Maßnahmen zur Integritätswahrung in Datenbanksystemen, die erst mit dem verstärkten Mehrbenutzerbetrieb bei dem Einsatz von Datenbanksystemen in den 70er Jahren implementiert wurden.

Die **Ebene der Maßnahmen zur Wahrung der Integrität und Korrektheit** der mittels Datenbanksystemen gespeicherten Daten ist diejenige, die in den Folgekapiteln intensiver betrachtet werden soll, da sie die eigentlich datenbankspezifischen Realisationsformen beinhaltet. Man kann sie folgendermaßen strukturieren:

- Aufzeigen der **Fehlermöglichkeiten bei unkoordiniertem Zugriff.** Hierzu zählen im wesentlichen die Nichtwahrung der Summenintegrität und der logischen Integrität.
- Ableiten der Notwendigkeit der **Wahrung der Integrität bei konkurrierenden Zugriffen von Transaktionen** und Erläuterung wesentlicher Realisationsformen.
- Erläuterung der **Rücksetzmaßnahmen**
- **Zugriffskontrolle zur Identifikation und Authentifikation** der Benutzer.

Diese Gliederung wird in den entsprechenden Kapiteln wieder aufgegriffen.

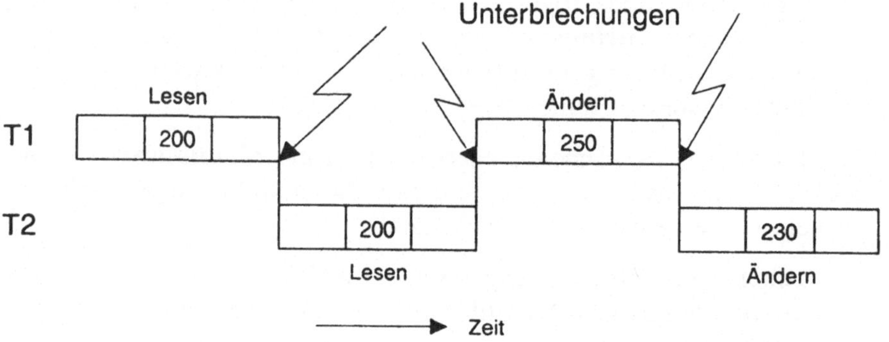

Abb. SICH 2: Problem der Summenintegrität

8.2 Fehlermöglichkeiten bei unkoordiniertem Zugriff

In der Folge sollen einige bekannte fehlerhafte Folgen bei unkoordiniertem Zugriff mehrerer Transaktionen (hier: T1 und T2) veranschaulicht werden.

8.2.1 Nichtwahrung der Summenintegrität

Ein sehr anschauliches Beispiel eines falschen Ergebnisses bei dem konkurrierenden Zugriff mehrerer Transaktionen liegt vor, wenn diese ein Datenelement verändern wollen, ohne daß durch Sperrmechanismen sichergestellt wird, daß nicht die Wirkung einer Änderung verloren gehen kann (sog. lost update).

Wir nehmen an, daß T1 den Wert eines Datenelementes um +50 und T2 ihn um +30 ändern möchte. Der Ausgangswert sei 200. Abbildung SICH 2 veranschaulicht die Änderung im Zeitablauf.

Die von T1 vorgenommene Änderung ist wegen der Unterbrechung durch T2 vor dem Ende von T1 verloren gegangen. Mit einer exklusiven Sperre des Datenelementes kann dieses Problem der Nichtwahrung der Summenintegrität gelöst werden, was Abb. SICH 3 zeigt.

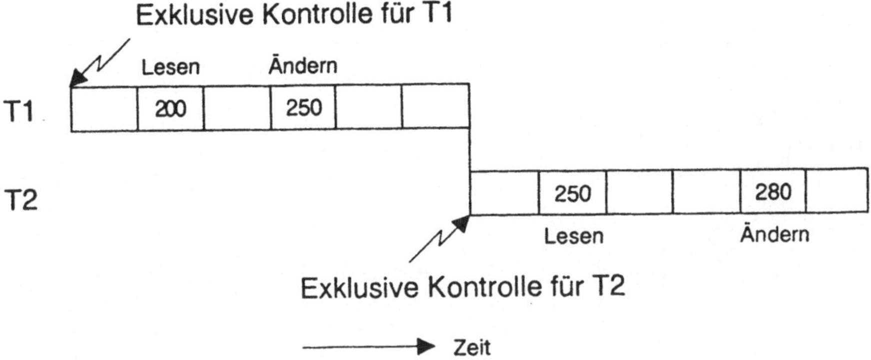

Abb. SICH 3: Lösung durch exklusive Kontrollen

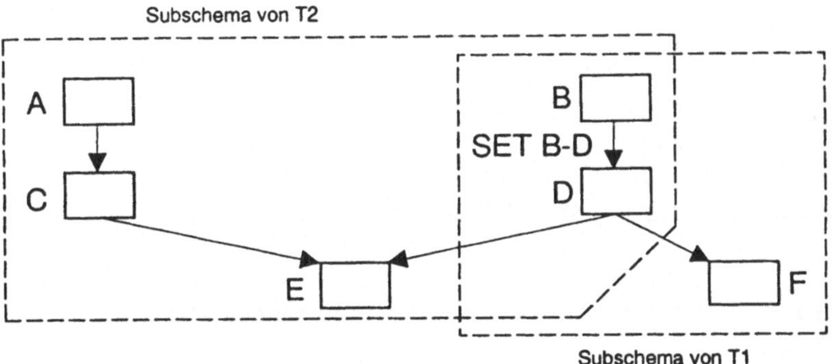

Abb. SICH 4: Überdeckende Subschemata der Transaktionen T1 und T2

8.2.2 Nichtwahrung der logischen Integrität

Die logische Integrität wird verletzt, wenn die logische Zusammengehörigkeit der Daten nicht mehr korrekt aufrecht erhalten wird, was durch vielfältige Effekte bei der Abarbeitung konkurriender Transaktionen hervorgerufen werden kann. Hierzu soll als zugrundeliegendes Beispiel angenommen werden, daß zwei Transaktionen T1 und T2 mit sich überdeckenden Subschemata (vgl. Kap. NETZ) auf gemeinsam erreichbare Daten der Satztypen B und D einwirken, wie dies Abb. SICH 4 zeigt.

Die Set-Realisation sei mit dem Chain-Modus deklariert. Bei der Abarbeitung muß z. B. geklärt werden:

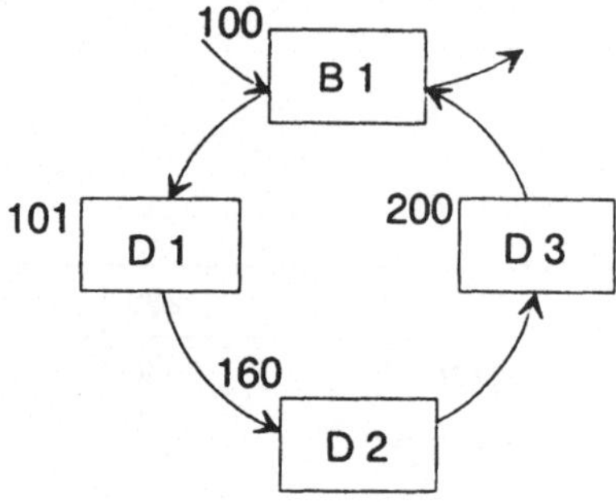

Abb. SICH 5: Record Occurrences des Set B–D

Bezugssatz	Satz-adresse
OWNER	100
PRIOR	100
NEXT	160
CURRENT	101

Abb. SICH 6: Currency Table von T1

1. Führen T1 oder T2 Lösch- oder Update-Operationen an B oder D aus?
2. Modifizieren T1 oder T2 Kontrollinformationen in B oder D?
3. Hängen T1 oder T2 logisch von einem Feldwert in B oder D ab, der von dem jeweiligen anderen Programm geändert wird?

Wir wollen nun annehmen, daß T1 und T2 konkurrierend in der in Abb. SICH 5 gezeigten Set Occurrence von Set B–D mit den Record Occurrences B1, D1, D2 und D3 arbeiten, deren Satzadressen ebenfalls angegeben sind.

Wenn T1 den ersten Member-Satz D1 lokalisiert, sieht die intern gehaltene Currency Table wie in Abb. SICH 6 gezeigt aus.

Wenn nun T2 erlaubt würde, mit denselben Record Occurrences zu arbeiten, würde die Currency Table von T2 beim Lokalisieren von D2 wie in Abb. SICH 7 gezeigt aussehen.

T2 könnte nun einige Update-Funktionen durchführen, die die Folgearbeiten von T1 verfälschen und eine nicht integre Datenbank zurücklassen würden. Die Datenbank wäre in ihrer Logik der

Bezugssatz	Satz-adresse
OWNER	100
PRIOR	101
NEXT	200
CURRENT	160

Abb. SICH 7: Currency Table von T2

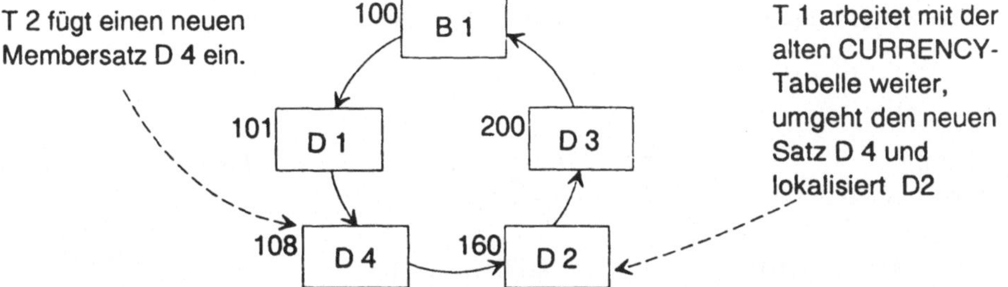

Abb. SICH 8: Insert eines Member-Satzes D4 durch T2 mit ORDER IS BEFORE

Zusammengehörigkeit nicht integer, die Benutzerdaten selbst würden keine Verfälschung erfahren – wie bei dem Beispiel der nicht gewahrten Summenintegrität gezeigt.

Auf der Basis der unkoordinierten Verwendung jeweiliger Currency Tables kann es viele nicht integre Datenbanksituationen geben (sog. currency confusion).

Abbildung SICH 8 veranschaulicht die Folge eines Inserts durch T2 für T1.

Ähnlich gefährlich würde ein Einfügen von D4 mit ORDER IS FIRST wirken oder ein Löschen von D2 durch T2, was in den Abb. SICH 9 und SICH 10 veranschaulicht wird.

Am Rande sei bemerkt, daß es gleichgültig ist, ob die Wirkungsweisen anhand eines unterstellten CODASYL-Systems oder anhand eines relationalen Systems wie DB2 oder anhand von z. B. IMS/VS veranschaulicht werden. Jedes Datenbanksystem muß die hier dargestellten Probleme lösen und die Integrität der Datenbank wahren.

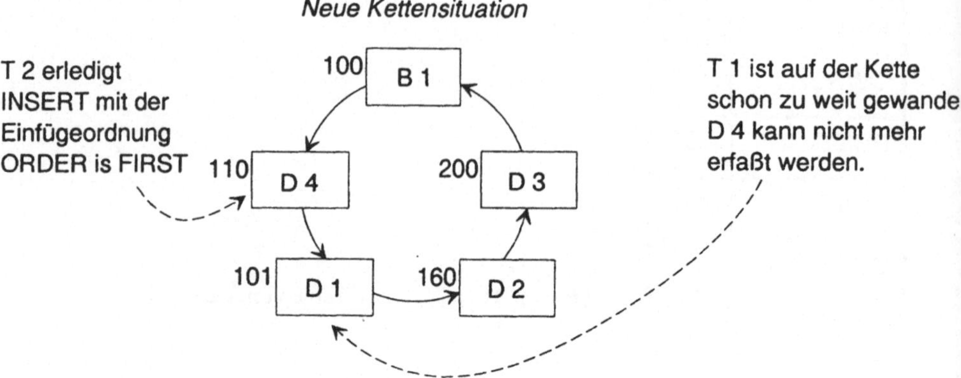

Abb. SICH 9: Insert eines Member-Satzes D4 durch T2 mit … ORDER IS FIRST …

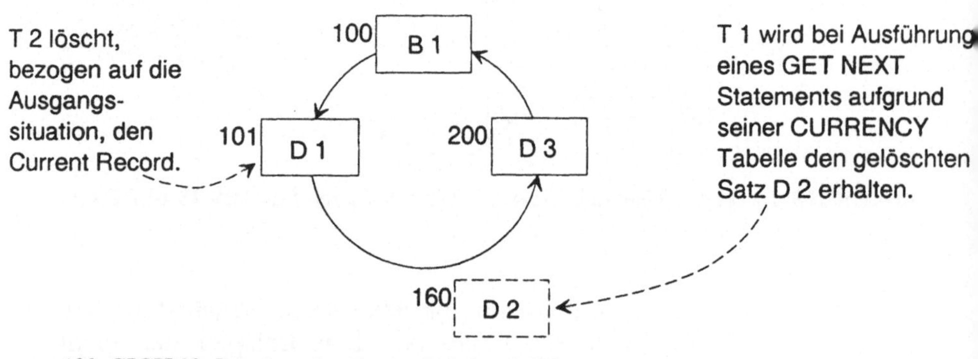

Abb. SICH 10: Löschen des Satzes D2 durch T2

Selbstverständlich kann dies auf unterschiedliche Art und Weise implementiert werden.

In dem Beispiel der Abb. SICH 11 wird angenommen, daß T2 bezogen auf die Ausgangssituation der Abb. SICH 6 und SICH 7 eine Instruktion ausführt, die den Current Record umkettet – und zwar in die Set Occurrence des Owner Records B2. T1 würde bei Ausführung eines GET NEXT-Statements in einer falschen Set Occurrence weiterarbeiten.

Für die folgenden Beispiele soll nun gelten ORDER IS AFTER … auf Set B–D bezogen. T1 und T2 haben beide nacheinander auf den Member-Satz D2 der Abb. SICH 5 zugegriffen, so daß die Currency Tables von T1 und T2 entsprechend Abb. SICH 12 lauten:

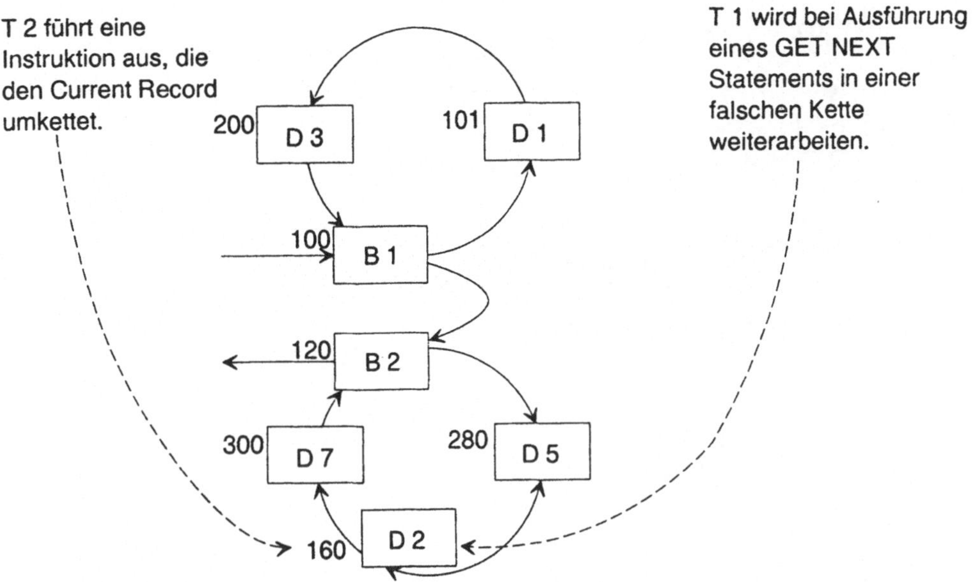

Abb. SICH 11: Weiterarbeit in einer falschen Kette

	T 1	T 2
OWNER	100	100
PRIOR	101	101
NEXT	200	200
CURRENT	160	160

Abb. SICH 12: Currency-Tabellen

Auf die Ausgangssituation der Abb. SICH 12 bezogen, möge nun T1 den Satz D4 einspeichern, wie dies Abb. SICH 13 und SICH 14 zeigen.

Nun erhält T2 die Kontrolle und speichert D5 ein. D4 ist nunmehr nicht mehr erreichbar und existiert in der Datenbank als sog. Phantom-Satz, der abgespeichert ist, aber bei der Suche in einer Set-Beziehung nicht mehr gefunden werden kann; allenfalls, wenn die Sätze vom Satztyp D auch kalkuliert abgespeichert würden, könnte D4 noch gefunden werden. Dies veranschaulichen die Abb. SICH 15 und SICH 16.

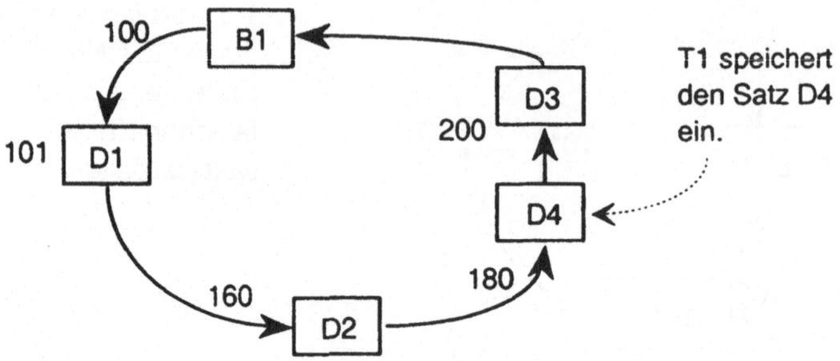

Abb. SICH 13: Neue Kettensituation

	T 1	T 2
OWNER	100	100
PRIOR	160	101
NEXT	200	200
CURRENT	180	160

Abb. SICH 14: Currency Tables

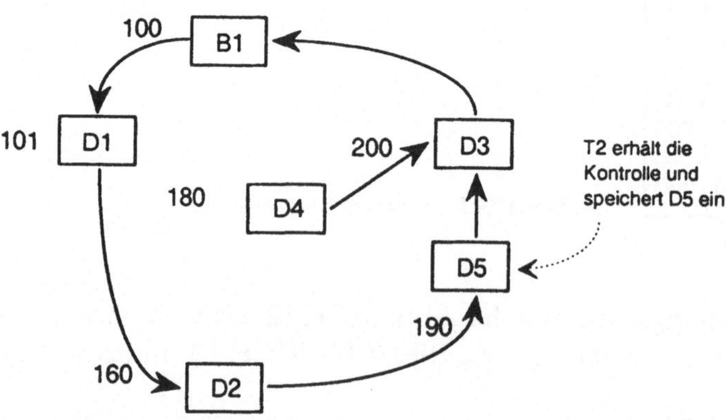

Abb. SICH 15: Auftauchen eines Phantom-Satzes

Bei ordnungsgemäßem Sperren der Datenbank oder ihrer Teile hätte sich die veränderte Situation nach Einwirken der Transaktionen T1 und dann T2 wie in Abb. SICH 17 dargestellt ergeben.

	T 1	T 2
OWNER	100	100
PRIOR	160	160
NEXT	200	200
CURRENT	180	190

Abb. SICH 16: Currency Tables zu Abb. SICH 15

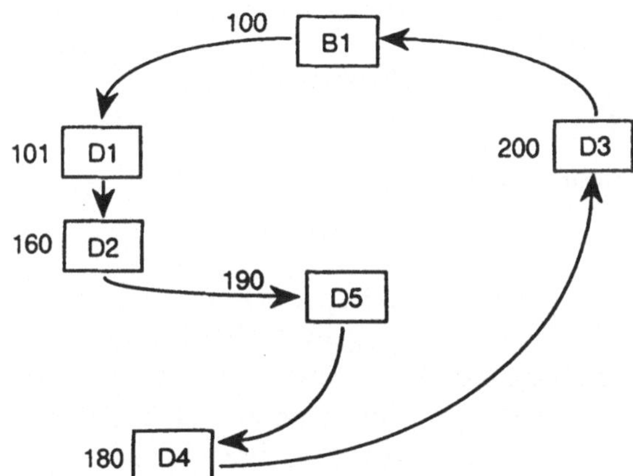

Abb. SICH 17: Integre Endsituation

8.3 Wahrung der Integrität bei konkurrierenden Zugriffen von Transaktionen

Die gezeigten Beispiele haben verdeutlicht, daß Maßnahmen ergriffen werden müssen, um die Integrität der Datenbank bei konkurrierendem Zugriff im Mehrbenutzerbetrieb zu sichern. Eine Transaktion muß eine Datenbank von einem konsistenten Zustand in einen neuen konsistenten Zustand überführen. Hierzu gibt es mehrere Verfahren, wovon die wichtigsten in Abb. SICH 18 angegeben sind und hier erläutert werden sollen.

Bei den sog. pessimistischen Verfahren wird angenommen, daß Konflikte zwischen den beteiligten Transaktionen wahrscheinlich sind und man Vorkehrungen treffen muß, um die Konflikte zu vermeiden oder zu bewältigen.

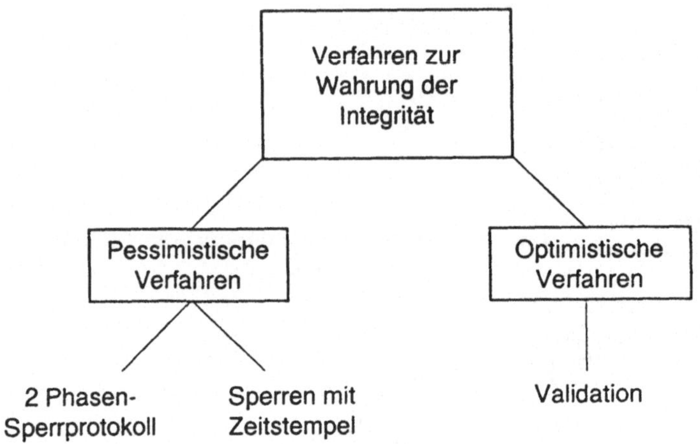

Abb. SICH 18: Verfahren zur Wahrung der Integrität

Sehr bekannt ist das sog. 2 Phasen-Sperrprotokoll (Two phase locking), das auf Eswaran u. a. [Esw] zurückgeht. Es besagt, daß eine Transaktion zwischen Beginn (Begin of Transaction, BOT) und Ende (End of Transaction, EOT) nicht von einer anderen Transaktion unterbrochen werden darf. Das Sperrprotokoll besteht aus zwei Phasen, einer Wachstumsphase (growing phase) und einer Schrumpfungsphase (shrinking phase) und muß die folgenden Bedingungen erfüllen (vgl. [Här]):

- Jedes gewünschte Datenelement muß vor dem Zugriff gesperrt werden.
- Eine Sperre, die bereits erwirkt wurde, darf von der gleichen Transaktion nicht noch einmal angefordert werden.
- Auf die von einer anderen Transaktion gesperrten Datenelemente darf eine Transaktion nicht zugreifen.
- In der Wachstumsphase werden Sperren angefordert, in der darauf folgenden Schrumpfungsphase werden sie wieder freigegeben. In der Schrumpfungsphase dürfen keine neuen Sperren angefordert werden.
- Am Ende einer Transaktion (EOT) müssen alle Sperren wieder freigegeben worden sein.

Grundsätzlich läuft eine Transaktion folgendermaßen ab:

BOT
Sperre X
Sperre Y
Sperre Z
Verarbeitung
Gib Z frei
Gib Y frei
Gib X frei
EOT

was in Abb. SICH 19 veranschaulicht wird.

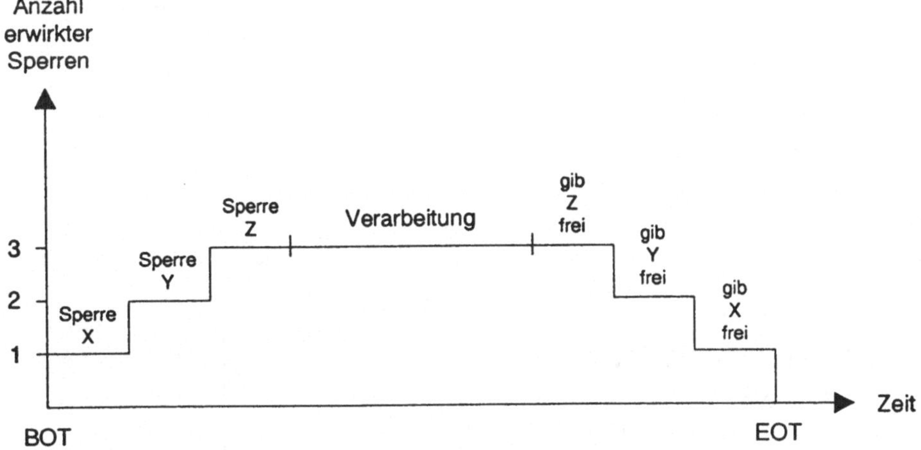

Abb. SICH 19: Ablauf des 2 Phasen-Sperrprotokolls

Natürlich können die Sperren auch alle gleichzeitig erwirkt und aufgehoben werden, so daß sich auch Abläufe entsprechend Abb. SICH 20 a) und b) ergeben können.

Das 2 Phasen-Sperrprotokoll ermöglicht leider Deadlocks, so daß diese erkannt und aufgelöst werden müssen. Hierzu kann man sog. Warte-Graphen verwenden, bei denen die Knoten die anstehenden Transaktionen repräsentieren und die gerichteten Kanten die Transaktionen, die auf eine Freigabe warten. Ein zyklischer Graph zeigt eine Deadlocksituation an, so daß in regelmäßigen Zeitabständen geprüft werden muß, ob ein Zyklus vorliegt. Wird ein solcher entdeckt, dann muß eine der beteiligten Transaktionen zurückgesetzt werden, um später wieder gestartet zu werden.

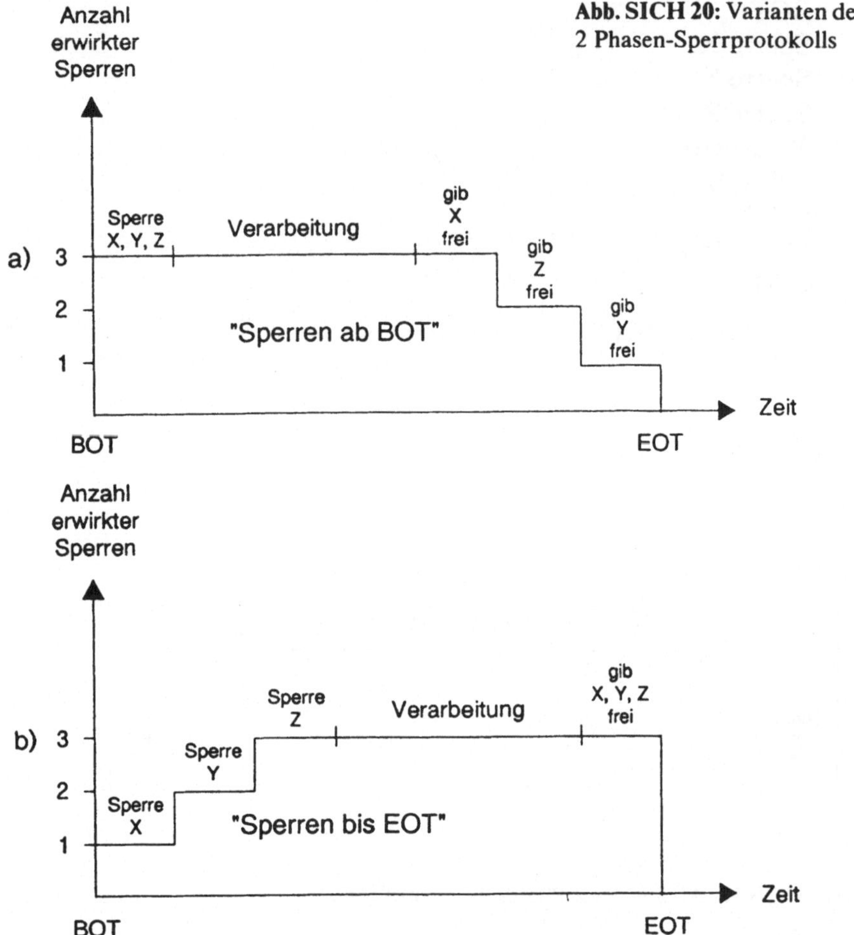

Abb. SICH 20: Varianten des 2 Phasen-Sperrprotokolls

Abbildung SICH 21 veranschaulicht die Deadlocksituation (Verklemmung, Ringschluß) und ist folgendermaßen zu interpretieren: Transaktion T1 hat die Granularität G1 zugeteilt und fordert G2 an, die danach von einer anderen Transaktion – in diesem Fall T2 – benutzt würde. G2 ist andererseits bereits der Transanktion T2 zugeteilt, die gleichzeitig G1 anfordert. G1 würde danach einer anderen Transaktion – und im Falle eines direkten Ringschlusses – T1 zugeteilt. Der gerichtete Graph macht deutlicht, daß eine derartige Einplanung unmöglich ist – d.h. zu endlosen Wartezeiten führen würde. Realiter heißt dies, daß die beteiligten Transaktionen ad infinitum ihr „OPEN“ auf die jeweilige Anforderung absetzen würden

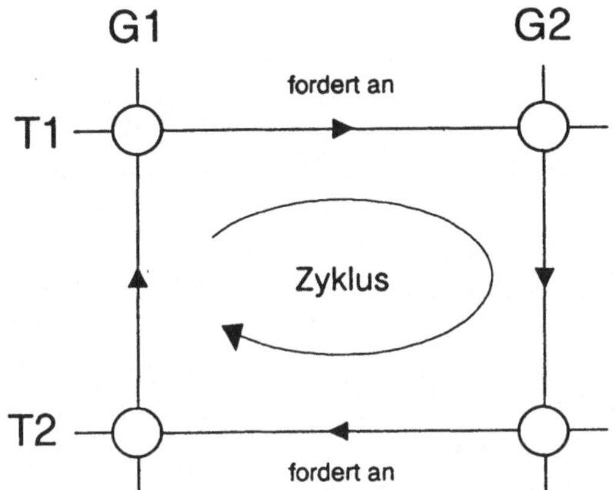

Abb. SICH 21:
Deadlocksituation

und ohne Zykluserkennung keine Instanz diesen Prozeß erkennen und unterbrechen könnte.

Bei einer Datenbank, die nur im lesenden Zugriff benutzt wird, müssen keine Sperrmaßnahmen der Transaktionen ergriffen werden. Erst wenn sich der Zustand der Datenbank durch schreibende Transaktionen ändern kann, ist die Integrität der Datenbank gefährdet, so daß Sperrmechanismen eingeführt werden müssen.

Relativ einfach kann die folgende Strategie realisiert werden:

a) Lesende Transaktionen werden in einer Warteschlange geführt und dürfen schubweise auf die Datenbank zugreifen.
b) Schreibende Transaktionen werden ebenfalls in einer Warteschlange geführt und dürfen nur serialisiert auf die Datenbank zugreifen, wenn alle lesenden Transaktionen eines Schubes zu Ende gekommen sind.

Diese Strategie wurde früher häufig verwendet, kann jedoch lange Wartezeiten verursachen. Offensichtlich kommt es auf die Granularität (Feinheit) der Sperrobjekte an. Bei Betrachtung von Abb. SICH 4 ist es klar, daß T2 im SET A–C schreibend zugreifen dürfte, während T2 im Set B–D lesend oder auch schreibend zugreift: Die Wirkungsbereiche der Transaktionen überdecken oder berühren sich in diesem Fall nicht. Es ist offensichtlich, daß der Verwaltungsaufwand der Sperrmechanismen mit zunehmender Granularität steigt. Als Granularität kann man das Sperren auf

Datenbank-Niveau,
Area-Niveau

oder
Record-Niveau

gewählt werden. In dieser Reihenfolge haben die meisten Datenbanksysteme während ihres Entwicklungszyklus ihre Sperrmechasnismen auch verfeinert.

Es gibt noch eine Vielzahl weiterer Sperrprotokolle, die hier jedoch nicht betrachtet werden sollen. Zur Vertiefung sei auf [Här] oder [Vos] verwiesen.

In Abb. SICH 18 ist bei der Kategorie der pessimistischen Verfahren neben dem „Sperren" auch das Verfahren der Vergabe von Zeitstempeln (time stamps) aufgeführt.

Dieses Verfahren löst die Serialisierung der Zugriffe bei schreibenden Transaktionen nicht erst bei der Anforderung der Sperren durch konkurrierende Transaktionen wie das 2 Phasen-Sperrprotokoll, sondern vorher. Schon bei Eintritt in die Verwaltung durch den Transaktionsmonitor (z. B: CICS bei IMS/VS o. a. TP-Systeme) wird die Transaktion mit einem eindeutigen Zeitstempel der Systemuhr gestempelt. Die Stempelzeiten steuern dann die Reihenfolge der Ausführungen in einem FIFO (First In First Out)-Sinn bei Zugriffskonflikten. Das Verfahren hat den Vorteil, daß es einfach zu implementieren ist (vgl. [Ber]).

Die sog. **optimistischen Verfahren** (vgl. Abb. SICH 18) gehen davon aus, daß die Datenbank überwiegend im lesenden Zugriff steht, was oft der Fall ist. Zugriffskonflikte konkurrierender Schreibe-Transaktionen kommen seltener vor, weshalb man es sich bei dieser Ausgangsbasis leisten kann, den Verwaltungsaufwand und die internen Warteizeiten durch Verfahren der folgenden Art herunterzusetzen. Eine Transaktion läuft z. B. in drei Phasen ab. In der ersten Phase, der Lese-Phase, versorgt sich die Transaktion mit allen notwendigen Daten und hält diese in lokalen Pufferbereichen. Änderungen werden vorerst nur in den Pufferbereichen durchgeführt und nicht in die Datenbank zurückgeschrieben. Bei Cache-Memories würde man sagen: Es erfolgt kein „Store trough", sondern ein verzögertes Update. In einer zweiten Phase, der Validierungs-Phase, wird überprüft, ob die Änderungen in den Pufferbereichen ohne Schaden für die Konsistenz der Datenbank in diese zurückgeschrieben werden können.

Hierzu werden ebenfalls Zeitstempel verwendet, die am Beginn dieser Phase angebracht werden. Wenn diese Prüfungen keine Ver-

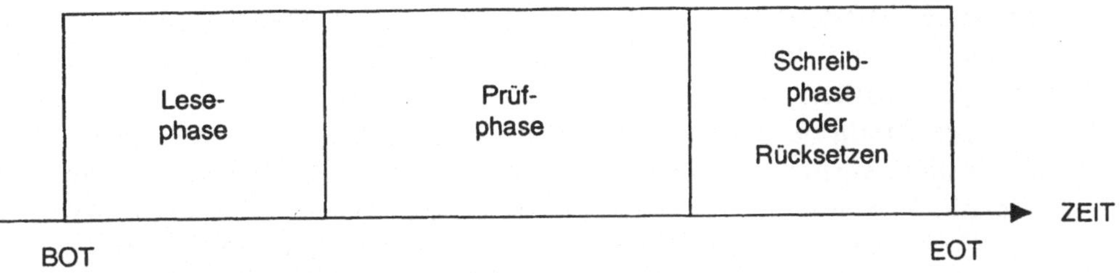

Abb. SICH 22: Optimistisches Verfahren mit drei Phasen

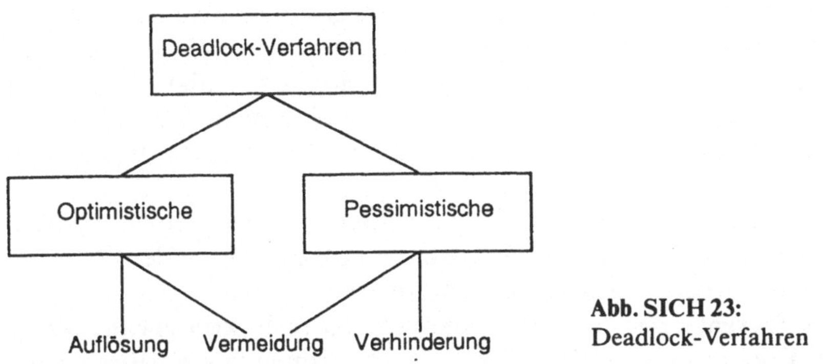

Abb. SICH 23: Deadlock-Verfahren

letzung der Integrität aufzeigen, tritt die Transaktion in ihre dritte Phase, die Schreib-Phase, und schreibt alle Änderungen in die Datenbank zurück. Ansonsten muß sie zurückgesetzt werden. Wenn dies zu häufig vorkommen sollte, tendiert das Verfahren dazu, zeitintensiv zu werden. Abb. SICH 22 veranschaulicht die Vorgehensweise.

Die Verfahren zur Behandlung des Deadlock-Problems lassen sich wie in Abb. SICH 23 gezeigt, ebenfalls in optimistische und pessimistische einteilen. Letztere gehen davon aus, daß eine hohe Wahrscheinlichkeit für ein häufiges Auftreten von Deadlocks vorliegt und daß man diese auf jeden Fall verhindern muß. Die Voraussetzungen sind sehr restriktiv: Alle Transaktionen müssen vor Beginn ihrer Arbeit ihren Bedarf anmelden, damit entsprechende Vorbelegungen vorgenommen werden können. Die Belegungsphasen tendieren dadurch dazu, sehr lange zu sein; außerdem können wertabhängige Zugriffsanforderungen nicht zugelassen werden. Üblicherweise kann das Verhindern von Deadlock-Situationen bei stark belasteten, transaktionsorientierten Datenbanksystemen nicht erreicht werden, da die Methoden - etwa das Sperren der ganzen Datenbank, auch wenn nur auf kleinste Granulate zugegriffen werden soll - zu restriktiv wirken (vgl. [Hab]).

Die Methode der Deadlock-Auflösung erkennt an, daß Deadlocks nicht verhindert werden können und läßt sie prinzipiell zu. Ein Deadlock muß erkannt werden können, weshalb geeignete Methoden zur Deadlock-Analyse zur Verfügung gestellt werden müssen. Nach dem Erkennen muß der Deadlock beseitigt werden. Entsprechende Zähler können etwa die Anzahl der abgesetzten OPEN-Statements zählen. Wenn ein bestimmtes Limit - z. B. 500 - überschritten wird und dies für mehrere Transaktionen vorliegt, untersucht ein Analyse-Algorithmus diese Transaktionen näher, da sie sehr wahrscheinlich in einen Deadlock verwickelt sind. Die Beseitigung erfolgt dann durch das Rücksetzen von Transaktionen, wobei wieder Strategien zur Verfügung stehen müssen, die Priorität des Rücksetzens zu entscheiden.

Verfahren, die den Deadlock (möglichst) vermeiden wollen, versuchen einen Mittelweg zu beschreiten und die beiden anderen extremen Vorgehensweisen zu kombinieren:

Die Vergabe der Anforderungen erfolgt recht konservativ, doch stehen Erkennungs- und Rücksetz-Mechanismen zur Verfügung für den Fall, daß ein nicht auszuschließender Deadlock doch eintritt.

8.4 Rücksetzen von Transaktionen

Mehrmals wurde bereits die Notwendigkeit des Rücksetzens von Transaktionen erwähnt - z. B. zur Auflösung von Deadlocks und Beheben sonstiger Fehlerursachen. Die Fehlertypen können grundsätzlich folgendermaßen unterteilt werden:

- Das Gesamtsystem beeinflussend:
  - Prozessor- oder Betriebssystemausfall
  - Ausfall/Zerstörung bei notwendigen Peripheriespeichern
  - Zusammenbruch des Datenbanksystems.

- Mehrere Transaktionen beeinflussend:
  - Deadlock zwischen mehreren Transaktionen
  - Erreichen der Speichergrenzen bei Pufferbereichen, Tabellenverwaltungen etc.
  - Zusammenbruch bei eingeleiteten Rücksetzmaßnahmen
  - Erkennen von Fehlern bei Logfile- und Archivdaten bei eingeleiteten Wiederaufsetzmaßnahmen.

- Eine Transaktion beeinflussend:
  - Fehler im Anwendungsprogramm der Transaktion
  - Verletzung der Datenbankintegrität
  - Entzug von Zeitscheiben
  - Operator Cancellation
  - Benutzerfehlreaktion
  - Falsche Eingabewerte, die die Plausibilitätsprüfungen nicht bestehen
  - Schleifen aufgrund bislang nicht erkannter Fehler im Datenbanksystem.

Um eine Transaktion im Fehlerfall korrekt rücksetzen zu können (Rollback, Undo), muß ein Logfile geführt werden. Hierin müssen die für eine Rekonstruktion der Datenbank wesentlichen Informationen stehen: Before-Images der Datenbankobjekte (Areas oder Records je nach Granularität) sowie der Inhalt der Transaktion (T) und ihrer Teilschritte (TS). Durch Rücksetzmaßnahmen läßt sich dann der aktuelle Datenbankinhalt rekonstruieren, falls im Falle eines Transaktionsfehlers die Datenbank in einem nichtdefinierten Zustand hinterlassen wird: Es ist dann nicht klar, ob eine Änderung nur in den Pufferbereich geschrieben wurde oder ob der neue Inhalt auch korrekt und mit allen sekundären Änderungsnotwendigkeiten in die Datenbank geschrieben wurde, um diese integer zu hinterlassen.

Abbildung SICH 24 veranschaulicht die konkurrierende Arbeit von zwei Transaktionen T1 und T2 auf eine Datenbank und das Führen des Logfiles nach der Strategie der Before-Images (BI, linke Seite) oder After-Images (AI, rechte Seite).

Nach der Before-Image-Strategie muß eine Transaktion vor einer Veränderung der Datenbank den alten Inhalt (Before-Image) des Datenbankobjektes auf das Logfile schreiben sowie die Aktion der

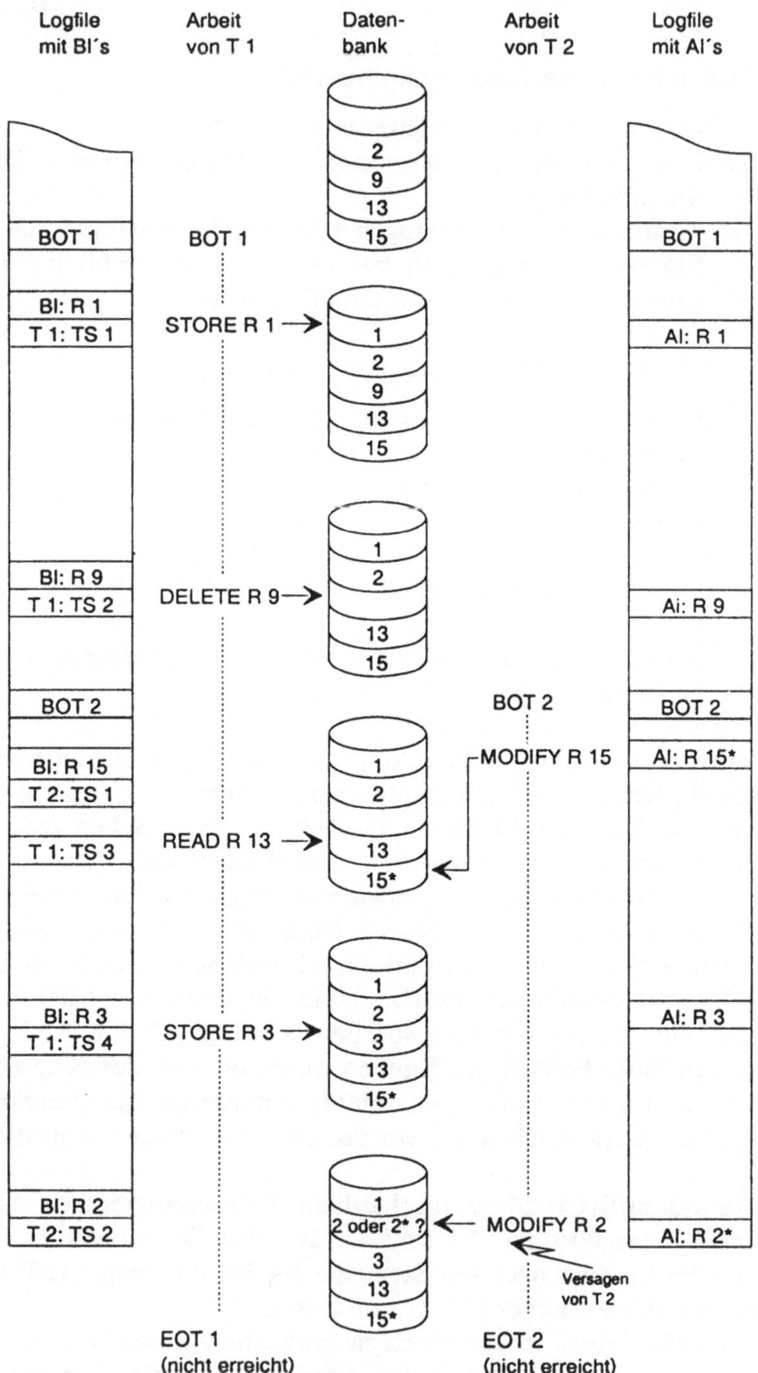

Abb. SICH 24: Führen des Logfiles

Transaktion selbst. Bei Eintritt eines Fehlers vor EOT kann die Datenbank dann so repariert werden, daß das Logfile rückwärts bis zum BOT der Transaktion gelesen wird, so daß bei jedem Before-Image der alte Wert des Datenbankobjektes in die Datenbank zurückgeschrieben wird. Nach dem Rückgängigmachen aller Änderungen (Undo) kann die Transaktion dann wiederholt werden (Redo). Falls der auftauchende Fehler nicht überwunden werden kann, kann man die Transaktion nach x-maligem Wiederholen des Rücksetzens abbrechen. Es liegt dann wahrscheinlich ein nichtüberwindbarer permanenter Fehler vor.

Falls während des Rücksetzens Fehler z. B. in der Recovery-Software wieder zum Absturz führen, ist man in den heiklen Bereich bei Datenbanksystemen geraten, die die Sicherheit bei Rücksetzmaßnahmen natürlich mit akzeptablen Entwicklungskosten erreichen müssen und nicht hundertprozentig garantieren können.

Neben und statt Before-Images können in das Logfile auch After-Images geschrieben werden. Die Transaktion braucht dann nicht mehr vollständig gesichert zu werden. Nachdem das After-Image sicher im Logfile gespeichert wurde, kann die Transaktion im Pufferbereich aufgegeben werden. Es gibt jedoch auch Systeme, die redundant das Before-Image, die Transaktion und das After-Image sichern, bisweilen optional in einem zweifach geführten Logfile (z. B. bei IMS/VS sog. dual logfile option): Falls sich bei Rücksetzmaßnahmen das Logfile als nicht korrekt beschrieben erweisen sollte, würde normalerweise beim DBA Panik ausbrechen, in diesem Falle jedoch nicht, da das zweite Logfile die Fehler eventuell (und hoffentlich) nicht enthält. Auch hier mußte von den Systementwicklern die Frage entschieden werden, wie hoch grundsätzlich der Sicherungsaufwand kosten- und belastungsmäßig getrieben werden soll.

Im Fall der After-Image-Strategie kann die sog. 2 Phasen Commit-Strategie angewendet werden: Nach Beendigung der eigentlichen Arbeit der Transaktion werden in einer ersten Beendigungsphase nur After-Images in das Logfile geschrieben und erst in einer zweiten Phase direkt danach in die Datenbank. Letzteres darf jedoch erst erfolgen, nachdem die Transaktion den Zustand „Committed" erreicht hat, nachdem sie alle Änderungen ins Logfile geschrieben hat. Abb. SICH 25 veranschaulicht die Phasenfolge.

Die Recovery-Maßnahmen stellen einen sehr wichtigen Bestandteil eines Datenbanksystemes (und einer jeden Systemsoftware) dar und sind bei den meisten Systemen stark ausgeprägt. MVS wurde z. B.

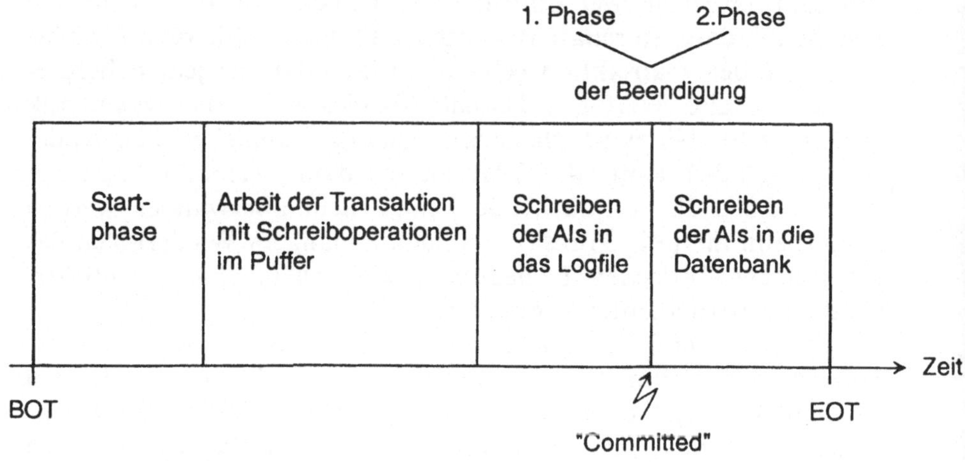

Abb. SICH 25: 2 Phasen Commit-Strategie

erst akzeptabel sicher, als bei der Version SP1 die FRR (Functional Recovery Routines) stark verbessert wurden. Im Hinblick auf Datenbanksysteme sei zur weiteren Vertiefung auf [Reu] verwiesen.

8.5 Zugriffskontrolle zur Identifikation und Authentifikation

Die Daten einer Datenbank müssen vor unberechtigtem Zugriff geschützt werden. Juristisch regelt dies der Datenschutz, die Maßnahmen, die zur Realisierung ergriffen werden müssen, zählen zu dem Komplex der Datensicherheit.

Besonders wichtig ist es, den Ausweis der Benutzer (Identifikation) un den darauf folgenden Nachweis der Berechtigung (Authentifikation) besonders sicher zu gestalten - sei es, daß die Datenbank lokal oder im Netz erreicht werden soll. Hierzu gibt es eine Reihe etablierter Verfahren, die weiter verfeinert werden können.

Am häufigsten werden **Paßwörter** zur Identifikation und der daran gekoppelten Authentifikation benutzt; Plastikkarten, Chipkarten etc. können auch eine Rolle spielen.

Zur Gestaltung eines Paßwortes gibt es viele Ideen: Zufallszahlen, Match-Codes, Namenskürzel, Informationen über Unberechtigten

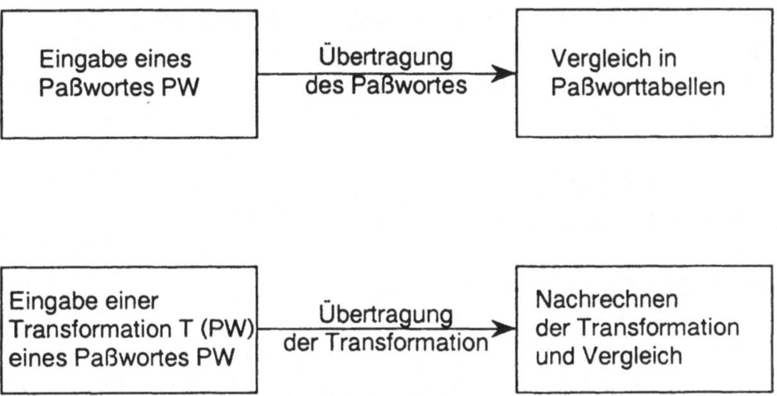

Abb. SICH 26: Paßwortverfahren

unbekannte Tatsachen (Vorname der Großmutter etc.) können verwendet werden. Grundsätzlich kann man jedoch zwei Arten der Verwendung von Paßwörtern unterscheiden: Eine **statische** und eine **dynamische**. Statische Paßwörter bleiben für eine gewisse Zeit unverändert und werden dann neu festgelegt. Der Rhytmus richtet sich nach der Benutzungshäufigkeit und der Gefahr des unberechtigten Erschleichens oder Erkennens. Bei weniger gefährdeten Anwendungen kann der Verantwortliche (oft. Datenbankadministrator, Sicherheitsbeauftragter) einen ½- oder 1-Jahresrythmus wählen. Dynamische Paßwörter verändern sich von einer Verwendung zur nächsten. Dies Veränderung wird durch das System erzwungen, indem auf eine Vorgabe des Systems durch den Benutzer eine Transformation angewendet werden muß. Diese Transformation wird nachgerechnet und überprüft, anstatt daß – wie bei statischen Verfahren – nur das Paßwort nachgeschlagen und verglichen wird. Abb. SICH 26 veranschaulicht die zwei Vorgehensweisen. Die Dynamik kann vom System erzeugt werden, indem zufallszahlabhängige Vorgaben zur Transformation vorgespielt werden oder die Uhrzeit eine Rolle spielt. Im Englischen werden die Verfahren sehr anschaulich als „one time passwords“ bezeichnet.

Bei vielen Systemen (z. B. CODASYL) können Prozeduren zur Berechnung dynamischer Paßwörter angegeben werden, etwa mit der Klausel:

PRIVACY KEY FOR ... IS ⟨Prozedur⟩.

Die von der Gruppe des DBA zu gestaltende Prozedur gibt dem Anwender Freiheit bei der Gestaltung sehr trickreicher Sicherungsverfahren. Ein Beispiel möge dies veranschaulichen (Systemvorgaben kursiv):

LOGON RIEGER
1122 PASSWORD PLEASE
10091
LOGON 11.45 etc
....

Der Benutzer mußte folgende Transformation anwenden: Hinter die erste Ziffer der Tagesstundenzeit das dreistellige Quadrat der ersten und letzten Ziffer der vorgegeben Zufallszahl als Dezimalzahl setzen, wonach noch die letzte Ziffer der Tageszeitstunde gesetzt wird. Der Algorithmus kann sicherlich noch ausgefeilter aussehen, doch darf er das Gedächtnis und die Rechenfähigkeiten des Endbenutzers nicht überfordern. Wie bei allen Paßwortverfahren gilt auch hier, daß das Verfahren nur mitgeteilt wird und nicht aufgeschrieben oder an die Pin-Wand geheftet werden darf.

Auf das Eingeben eines statischen oder dynamisch errechneten Paßwortes folgt das Nachschlagen in einer Paßworttabelle (bzw. Nachrechnen), um den Benutzer auszuweisen, woran sich der Berechtigungsnachweis anschließt. Abb. SICH 27 zeigt die grundsätzliche Vorgehensweise: Es erfolgt eine matrixartige Zuordnung der Benutzeridentifikation mit der/den gewünschten Relation/en (Datenelement, Satz, Objekt). Abb. SICH 27 zeigt anhand einer SQL-Anfrage an die Relation PERSONAL, daß im Prinzip zwei Bit ausreichen, um die wichtigsten Berechtigungen zu codieren: Lesen und Schreiben, nur Lesen, nur Schreiben, weder Lesen noch Schreiben erlaubt. Praktisch wird man hierfür z. B. ein Byte verwenden, da noch einige weitere Berechtigungszustände erfaßt werden müssen; oft sind es die folgenden:

READ einer Relation erlaubt
INSERT in eine Relation erlaubt
DELETE von Tupeln erlaubt
UPDATE von Attributwerten
DROP einer Relation
EXECUTION erlaubt.

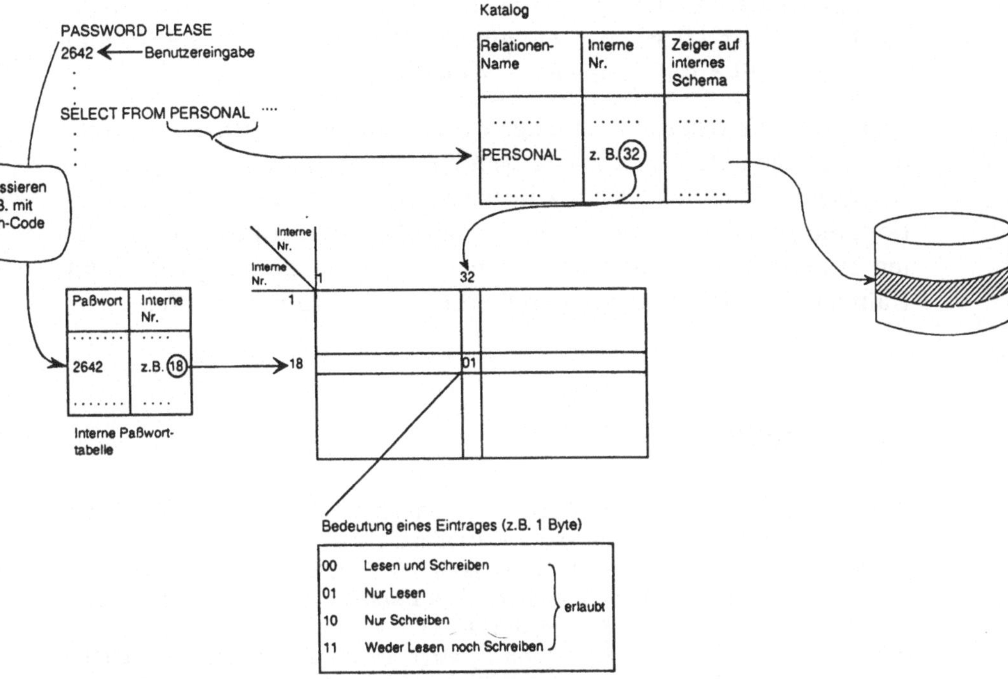

Abb. SICH 27: Schema der Berechtigungsprüfung

Die Matrix wird meist zeilenweise als Berechtigungseintragung hinter den Eintragungen in der Paßworttabelle abgespeichert. Bislang war eine werteunabhängige Zugriffskontrolle angenommen worden. Grundsätzlich können auch **werteabhängige** Berechtigungen eine Rolle spielen (sog. security by entry). Dies führt zu sehr aufwendigen (vgl. [Ber]) Kontrollmechanismen, da grundsätzlich der Zugriff erst einmal gestattet werden muß, um dann mit Ausnahmetabellen nach der Prüfung von Attributswerten zu entscheiden, ob die gewünschte Aktion durchgeführt werden darf. Ein typisches Beispiel für die Sinnhaftigkeit werteabhängiger Zugriffskontrollen liegt bei Personendaten vor:

- Ein Vorgesetzter darf auf alle Lohndaten seiner ihm untergebenen Mitarbeiter zugreifen, aber nicht auf Daten seiner Vorgesetzten oder solche Gleichgestellter.
- Ein Mitarbeiter der Personalabteilung darf alle Gehaltssätze bei einem Monatseinkommen von weniger als 8000,– DM anschauen, aber nicht diejenigen der Abteilungen A und B.

- Ein Assistenzarzt darf auf die Patientendaten der Privatbettabteilung seines Chefarztes bis auf die Patienten X, Y und Z und keinesfalls auf diejenigen der Abteilung A zugreifen.

Viele Systeme gestatten derartige wertabhängige Zugriffskontrollen, deren Pflege natürlich auch aufwendig ist (vgl. [Här]).

Es gibt sicher noch viele Autorisierungsmodelle zur Authentifikation, die zumal auf dem Gebiet der Bürokommunikation in vernetzten Systemen große Bedeutung haben, deren Behandlung jedoch im Rahmen der Zielsetzung dieses Werkes zu weit führen würde.

8.6 Literatur

[Ber] Bernstein, P. A.; Hadzilacos V.; Goodman N.: Concurrency Control and Recovery in Database Systems, Reading, 1987

[Esw] Eswaran K. P.; Gray J. N.; Lorie R. A.; Traiger I. L.: The Notions of Consistency and Predicate Locks in a Database System, in: Communications of the ACM 19, 1976, S. 624–633

[Hab] Habermann A. N.: Prevention of System Deadlocks, in: Communications of the ACM 12, 1969, S. 373–377

[Här] Härder, T.: Implementierung von Datenbanksystemen, München/Wien, 1978

[Reu] Reuter A.: Fehlerbehandlung in Datenbanksystemen, München/Wien, 1981

[Vos] Vossen G.: Datenmodelle, Datenbanksprachen und Datenbank-Management-Systeme, Bonn/Reading, 1988

9 Organisation des Datenbankeinsatzes (ORG)

In diesem Kapitel sollen einige grundsätzliche Organisationsprobleme im Lebenszyklus eines Datenbanksystemeinsatzes beleuchtet werden: Systemauswahl, Leistungsverbesserungen während des Einsatzes sowie die Umstellung auf ein neues Datenbanksystem. Die Organisationsaspekte der Einbindung von Datenbanksystemen in die sonstige betriebliche Informationsverarbeitung werden in den Kapiteln „Datenbankadministration“ und „Informationsmanagement“ behandelt.

9.1 Test, Auswahl und Bewertung von Datenbanksystemen

Es ist schwierig, allen Anforderungen gerecht werdend ein Datenbanksystem auszuwählen. Dies gilt umso mehr, je stärker weitere Softwarekomponenten (z. B. 4.-Generation-Sprachen) integriert werden. Grundsätzlich kommt eine der in der Folge beschriebenen Methoden (oder eine Mischung) in Frage. Es ist unbestritten, daß alle diese Methoden Nachteile besitzen; sie stellen einen Versuch dar, das Problem der Datenbanksystem-Auswahl in den Griff zu bekommen. Abbildung ORG 1 zeigt die Auswahlverfahren im Überblick.

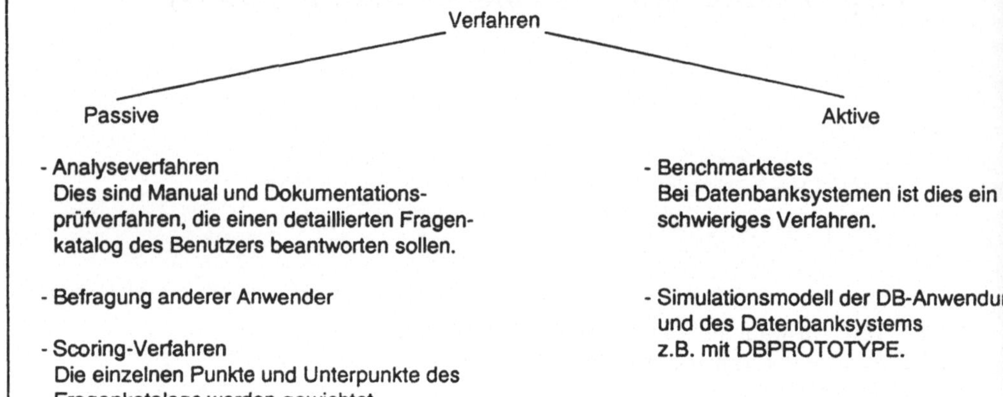

Abb. ORG 1: Gliederung der Verfahren zur Datenbanksystem-Auswahl

Die Analyseverfahren sowie die Benchmarktests sollen in der Folge weiter untersucht werden.

9.1.1 Analyse der Systemdokumentation

Bereits der analytische Vergleich von Datenbanksystemen ist schwierig. Dies liegt an meist unterschiedlichen internen Architekturen der einzelnen Systeme. Hier bietet die Gruppe der CODASYL-Systeme ein recht einheitliches Konzept. Bei relationalen Systemen kann man die Benutzeroberfläche einigermaßen vergleichen, da hierzu theoretische Erörterungen, der SQL-Standard oder die Kriterien von Codd zu Rate gezogen werden können (vgl. auch Kapitel REL).

Meist geht man anhand einer Merkmalsliste vor, deren Ergebnisse dann mit einem Anforderungsprofil verglichen werden. Vorschläge solcher Listen bieten z. B. Palmer [Pal] oder Peat [Pea].

Die folgende Liste ist eine gekürzte und bearbeitete Fassung (ohne Untergruppen) des Vorschlags von Peat [Pea]. Die angesprochenen Kriterien sind im wesentlichen unabhängig vom zugrunde liegenden Datenmodell.

Kriterien der Benutzeroberfläche (hauptsächlich Punkte 4–7) müssen bei relationalen Systemen modifiziert werden. Neuere Entwicklungen wie verteilte Datenbanksysteme und Endbenutzerzugang bedürften zusätzlicher Kriterien (vgl. Kapitel VDBS und END).

1. Produktprofil und -geschichte

- Wo entwickelt?
- Wann entwickelt?
- Für welchen Zweck entwickelt?
- Von wem entwickelt?
- Sind Anbieter und Entwickler identisch?
- Was würde nach einer evtl. Vertriebseinstellung geschehen?
- Geplante Entwicklungen?
- Wichtige Entwicklungen der letzten beiden Jahre.
- Aktive Benutzergruppe?
- Welches Support-Angebot existiert?
- Preis (Einmallizenz bzw. Miete)?
- Kosten und Dauer der Schulungen?
- Installationskosten?
- Installationszeit?

2. Klassifikation und Umgebung

- In welcher Sprache geschrieben?
- Batch-Umbegung.
- Online-Umbegung.
- Speicherbedarf (real/virtuell).
- Data Dictionary/Directory-Funktion?
- Beschränkungen durch spezielle Hardware-Anforderungen?
- Programmstruktur mit Overlays?
- Welche Betriebssysteme werden unterstützt?
- Welche Betriebssystem-Zugriffsmethode nutzt das Datenbanksystem?

3. Programmierung

- Welche Host Languages?
- Preprozessor?
- DDL?
- DMCL?
- Report Generator?
- Query Language?
- User Exits?

4. Datendefinition

- Felder.
- Segmente.
- Wiederholfelder.
- Wiederholgruppen.
- Sätze.
- Feldinhaltskontrolle durch Datenbankmanagementsystem?
- Begrenzung der Feldanzahl?
- Welche Merkmale eines Feldes können definiert werden?

5. Physische Speicherstrukturen

- Zeigerinformation im Datenbestand?
- Internes Datenmodell?
- Freispeicherverwaltung?
- Zeigerart (logisch, relativ, physisch)?
- Variable Satzlänge?
- Sekundärindizierung?
- Direkte Zugriffsmethoden möglich?
- Schlüsselfelder aus mehr als einem Feld stammend?
- Datenkompression möglich?

6. Datenunabhängigkeit

Wie werden folgende Situationen gelöst?
- Einfügen eines neuen Feldtyps.
- Einfügen eines neuen Satz-/Segmenttyps.
- Änderung der Feldmerkmale.
- Einfügen eines neuen Sekundärindex.

7. Datenmanipulation

- Befehlsarten.
- Schlüsselwertänderung möglich?
- Mengenorientierte Befehle möglich?
- Positionierung eines Cursors (Currency-Konzept).
- Boole'sche Funktionen?
- Suche nach generischen Schlüsseln?
- Suche nach Nichtschlüsselfeldern?
- Auffinden von Daten aus verschiedenen Satztypen mit einem Befehl?
- Update nach Zugriff über Sekundärindex möglich?

8. Mehrbenutzerbetrieb und Integrität

- Multiusing?
- Multithreading?
- Wie wird Sperren realisiert?
- Wie wird ein Deadlock gelöst?

9. Recovery

- Rollback?
- Rollforward?
- Warmstart?
- Wieviel Operator/Programmierer-Eingriff ist nötig?
- Wieviele simultane Log-Dateien?
- Welche Informationen enthält die Log-Datei?

10. Zugriffskontrolle

- Subschema-Möglichkeiten (Views)?
- Paßwortmethoden?
- One-time-passwords?
- Verschlüsselung?
- Aufzeichnungen von Fehlversuchen?

11. Performance-Statistik und Tuning

- Welche Berichte sind möglich?
- Real time performance measurement/batch performance measurement?

12. Reorganisation

- Permanent/periodisch?
- Wann möglich?
- Möglich für Teile der Datenbank?
- Möglich für bestimmte Satztypen (z. B. CALC-Records)?

Zu dieser Liste können noch weitere, schwer bestimmbare Faktoren hinzu kommen. Dies sind etwa Kompatibilitäts- und Integrationszwänge im Unternehmen, notwendige Anzahl von Systemspezialisten, zu erwartende Performance bei sich ändernden Aufgaben, Umstellungsaufwand bei Betriebssystemwechsel und dgl. mehr.

9.1.2 Benchmarktests

Benchmarktests sollen zuerst allgemein und dann datenbankspezifisch geschildert werden.

Benchmarks (wörtlich: Werkbank) sind das sinnvollste Mittel, um die Leistungsfähigkeit einer Anlage zu testen. Sie haben jedoch ihre Grenzen – auch müssen bestimmte Regeln beachtet werden. Man kann die folgende Unterteilung vornehmen:

a) Standard-Benchmark: Nicht selbst angefertigte Programmauswahl, z. B. der TP1-Test (vgl. Beispiel 2).
b) Echter Benchmark: Ausgewogene Auswahl von Programmen der eigenen, laufenden Produktion. (Anwendungsverschiebungen können so natürlich nicht berücksichtigt werden).

Einige Regeln, die bei der Bechmarktest-Durchführung als sinnvoll gelten, sollen kurz erörtert werden:

1. Die Testanlage und -software muß möglichst genau der Angebotskonfiguration entsprechen.
2. Die Testanlage muß für die Testzeit nur für den Benchmark zur Verfügung stehen. Der Benchmarktest muß soviel Programme enthalten, daß verschiedene Grade von Multiprogramming getestet werden können. Hierzu muß ein Testplan vorliegen.
3. Durchsatzzeiten müssen zur Sicherheit auch mit der Stoppuhr gemessen werden.
4. Es muß ein möglichst detaillierter Output der Accounting-Routine verlangt werden: z. B. CPU-Zeit, Kanalzeit, EXCPs (Execute Channel Program), Turnaround-Zeiten, praktisch die gesamten Accounting-Auswertungen.
5. Aus den Punkten 1. bis 4. geht hervor, daß die den Test betreuenden Personen unbedingt Detailkenntnisse der Architektur, des Betriebssystems und des Accountings der zu testenden Anlage vorher erworben haben müssen. Diese Vorgehensweise kann evtl. ziemlich kostspielig werden, so daß zumal Anwender kleinerer Firmen oft nur den Test spezifizieren und alles andere dem Hersteller bzw. dessen Testcenter überlassen.
6. Während des Tests sollte man die Gelegenheit wahrnehmen, die Konfiguration der Testanlage systematisch zu variieren. Dies erleichtert die Entscheidung, falls Änderungen der Angebotskonfiguration später gewünscht oder vorgeschlagen werden. Variieren sollte man:

- Hauptspeicher und Erweiterungsspeicher zuschalten oder abschalten in den üblichen Inkrementen.
- Zweitprozessor und evtl. weitere zuschalten oder abschalten, falls das Systemkonzept dies auf einfache Art und Weise erlaubt.
- Peripheriezuordnung variieren.
- Betriebssystemvariationen vornehmen lassen (z. B. residenten Teil größer gestalten oder kleiner).
- Zu- oder abschalten von Cache-Teilen.
- Zu- oder Abschalten von I/O-Prozessoren.
- Betriebssystem wechseln, z. B. MVS/ESA statt MVS/XA.

7. Alle Variationen müssen genau registiert werden.

Die Vorteile und Nachteile von Benchmarktests sollen nun kurz geschildert werden:

Vorteile:

- Relativ sichere und gängige Methode bei batchorientierten Anwendungen.
- Die Zusammenstellung des Tests bereitet meist keine unüberwindlichen Schwierigkeiten und kann oft schnell erfolgen.
- Man kann leicht I/O-intensive und/oder CPU-intensive Tests oder Mischungen zusammenstellen.
- FORTRAN-, COBOL- oder C-Orientierung erleichtert das Testen.
- Neben der Hardware werden auch Softwareeigenschaften integral beurteilt.

Nachteile:

- Benchmarks können für eine Reihe von Online-Anwendungen keine guten Aussagen liefern bzw. sind kaum zusammenzustellen.
- Benchmarks auf einer leeren Anlage mit vorgegebenen Transaktionsfolgen spiegeln nicht den Alltagsbetrieb wieder (Warteschlangenprobleme im DC-System usw.).
- Benchmarks können nur schwer für Spezialanwendungen zusammengestellt werden:
  - Echte Real-Time-Anwendungen sind kaum zu testen, z. B. Flugüberwachung, Reservierungssysteme, Prozesslenkungssysteme.

- Auch Datenbankanwendungen sind per Benchmark nur schwer; d. h. kostenaufwendig vorab zu testen. Grund: Fehlende Normierung auf diesem Gebiet als einheitliche Grundlage.
- Assemblerprogramme können nicht in Benchmarks einbezogen werden, falls nicht-kompatible Anlagen verglichen werden sollen.
- Benchmarks können Verzerrungen liefern, falls sie - absichtlich oder unbedacht - nicht entsprechend dem augenblicklichen oder erwarteten Anforderungsprofil zusammengestellt werden. Hieraus resultiert die Gefahr der Manipulation.

Vorgehensweise bei einem Datenbanksystem-Benchmarktest

Es werden - u. U. mittels eines Testdatengenerators - Massendaten erstellt. Die Datenbankstruktur wird erstellt. Anschließend werden die Daten in die Datenbank übernommen.

1. Zeitmessung für sog. Null-Update. Die Zeitmessung kann für vorgegebene Stufen von Datenvolumen vorgenommen werden.
2. Vorbereitete Anfrageprogramme (Suchen, Update, Löschen, Feldstruktur ändern, Inversionslauf usw.) werden gestartet und gemessen.
3. Spezielle Utilities werden eingesetzt (z. B. DB-Dump, DB-Sichern, DB-Restart, DB-Copy usw.) und vermessen.
4. Der für 1. bis 3. notwendige Arbeitsspeicher- und Peripheriebedarf wird erfaßt.

All diese Messungen werden bei variierten Hardware- und Systembelastungen mehrmals durchgeführt, damit man pro Punkt nicht nur auf eine Stichprobe angewiesen ist.

Sehr empfehlenswert sind zusätzlich umfangreiche Befragungsaktionen bei Anwendern mit einem gleichen oder ähnlichen Aufgabenspektrum anläßlich von Tests. Die Erhebungen müssen gut protokolliert werden, ein präziser Plan der Befragung muß vorliegen:

1. Welche Bedingungen führten bei Ihnen zum Datenbanksystemwechsel von ABC zu XYZ?
2. Wie war die Unterstützung bei der Umstellung?
3. Wie schätzen Sie den Servicegrad und Ausbildungsstand des Anbieters ein?

4. Welche Reaktion erfolgt bei Field Reports?
5. Welche Schwierigkeiten machte die letzte Release-Einspielung?
   u.v.a.m.

Benchmarktests sind zwar eine wichtige Auswahlkomponente, die jedoch nur einen Teil der zu beachtenden Komponenten darstellt. Weiter müssen beachtet werden:

1. Die Kostenseite (z. B. global oder als DM/Einheit).
2. Vertragsbedingungen und –gestaltungsmöglichkeiten.
3. Umstellungsaufwand und -hilfe durch den Anbieter.
4. Spektrum der angebotenen System- und Anwendersoftware, die nicht im Benchmarktest erfaßt werden kann.
5. Ausbaufähigkeit des Systems.
6. Wartungsbedingungen und Servicegüte.
7. Schulungsangelegenheiten.
8. Ausfallsicherung und Back-up-Systeme.
9. Die generelle Marktsituation des Anbieters.
10. Kompatibilitätszwänge.

Und sicher auch:

11. Benchmarkerergebnisse.

Manche der Gründe 1 bis 10 können so bestimmend sein (KO-Kriterien), daß Benschmarktests sich erübrigen oder sich nach der Durchführung als nicht notwendig erweisen. Falls eine echte Auswahl ansteht, werden die bestimmenden Faktoren oft in einem Bewertungsmodell (scoring model) mit Gewichten versehen.

Die Erörterung von Benchmarktests wirkt ohne praktische Beispiele leicht langweilig. Es folgen deshalb zwei Beispiele durchgeführter Tests.

Beispiel 1

Der „Wisconsin Benchmark" von Bitton, Dewitt und Turbyfill [BDT] ist ein Vorschlag zum Testen verschiedener Datenmanipulationsbefehle des relationalen Datenmodells. Sein ursprüngliches Ziel war der Vergleich der Performance von zwei Versionen des Datenbanksystems INGRES (University-INGRES und Commercial-INGRES) und der Datenbankmaschine IDM/500 von Britton-Lee mit bzw. ohne Database Accelerator (DAC). Die systematische Vorgehensweise verdient darüber hinaus aber allgemeine Beachtung.

Sekundärindex → unique 1; Primärindex (Cluster) → unique 2

unique 1	unique 2	two	ten	hundred	thousand
378	0	1	3	13	615
816	1	0	4	4	695
673	2	0	6	26	962
910	3	0	2	52	313
180	4	0	0	20	74
879	5	1	9	29	447
557	6	1	7	47	847
916	7	0	4	54	249
73	8	0	6	26	455
101	9	0	2	62	657

Abb. ORG 2: Ausschnitt einer Relation der Testdatenbank

Test-Datenbank

Die Datenbank besteht aus vier Relationen zu 1000, 2000, 5000 und 10000 Tupeln der Länge 182 Byte. Aufgrund der Größenunterschiede lassen sich Selektions-, Projektions- und Join-Operationen verschiedenen Umfangs konstruieren.

Innerhalb der Tupel erlaubt die Werteverteilung der Attribute Anfragen des Typs: Selektion, die genau X % aller Tupel betrifft. Gleiches gilt für Projektion und Join. Abbildung ORG 2 läßt erkennen, daß durch einfach formulierbare Anfragen das Attribut „two" einen Selektionsfaktor von 0, 50 oder 100%; das Attribut „ten" einen Faktor von 0, 10, 20, ..., 90, 100% besitzen kann.

Bei Projektionen steuert die Werteverteilung die Anzahl doppelter Tupel nach der Projektion, die zu entfernen sind. Dazu muß die Projektion sortiert werden, woraus sich meistens eine höhere Antwortzeit als bei Selektionen erklärt.

Für das Testen der Primär- und Sekundärindex-Organisation sind die Attribute „unique 1" und „unique 2" vorhanden. Numerische Schlüssel erleichtern die Formulierung von Anfragen verschiedener Selektivitätsfaktoren.

Neben den numerischen Attributen enthalten die Test-Relationen drei alphanumerische Attribute zu je 52 Byte, wovon eines Primär-, ein zweites Sekundär-Schlüssel ist. Den Aufbau zeigt Abb. ORG 3. Es lassen sich aufgrund der Buchstabenverteilung unterschiedlichste Selektivitätsfaktoren konstruieren lassen.

```
"Axxxx ... xxxAxxx ... xxxA"
"Bxxxx ... xxxAxxx ... xxxA"
"Cxxxx ... xxxAxxx ... xxxA"
             .
             .
             .
"Vxxxx ... xxxAxxx ... xxxA"
"Axxxx ... xxxBxxx ... xxxA"
             .
             .
             .
"Vxxxx ... xxxBxxx ... xxxA"
"Axxxx ... xxxCxxx ... xxxA"
             .
             .
             .
"Vxxxx ... xxxVxxx ... xxxA"
"Axxxx ... xxxAxxx ... xxxB"
             .
             .
             .
"Ixxxx ... xxxBxxx ... xxxC"
"Jxxxx ... xxxBxxx ... xxxC"
```

Abb. ORG 3: Alphanumerisches Attribut der Testdatenbank

Durchführung

Der Benchmark setzt sich aus 32 Anfragen der folgenden Kategorien zusammen:

1) Selektion mit verschiedenen Selektionsfaktoren.
2) Projektion mit verschiedenen Prozentanteilen doppelter Attribute.
3) Einfache und multiple Joins.
4) Aggregierte Funktionen (Minimum, Summe).
5) Updates: Einfügen, Löschen, Ändern.

Gemessen wurde die Ausführungszeit der Anfragen im Einbenutzerbetrieb. Die Anfragen erfolgten sequentiell. Somit ist dieser Benchmarktest für Online-Transaktionsumgebungen (OLTP = Online Transaction Processing) nicht geeignet. Die Vorgehensweise kann aber als Anleitung zur Konstruktion eigener Benchmarktests dienen. Grundsätzliche Architekturparameter wie Indexorganisation oder Join-Strategien können in ihren Auswirkungen auf die Performance

Selection Queries with Indices
Result Tuples Inserted into Relation
Integer Attributes
Total Elapsed Time in Seconds

System	Number of Tuples Selected from 10000 Tuple Relation			
	Clustered Index		Non-Clustered Index	
	100	1000	100	1000
U-INGRES	7.7	27.8	59.2	78.9
C-INGRES	3.9	18.9	51.2	60.8
IDMnodac	2.0	9.9	3.8	27.6
IDMdac	1.5	8.7	3.3	23.7

Update Queries Without Indices
Total elapsed time in seconds

System	Query Type		
	Append 1 Tuple	Delete 1 Tuple	Modify 1 Tuple (Key Attr)
U-INGRES	5.9	37.6	37.7
C-INGRES	1.4	32.3	32.8
IDMnodac	0.9	22.8	29.5
IDMdac	0.7	20.8	20.9

Abb. ORG 4: Ergebnisse von zwei Anfragen des Wisconsin-Benchmarktests

allerdings auch im Einbenutzerbetrieb geprüft werden. Abbildung ORG 4 zeigt beispielartig zwei Ergebnisse des Tests, die natürlich sehr von der Testumgebung abhängig sind.

Beispiel 2 (DEBIT-CREDIT-TEST)

Die fehlende OLTP-Orientierung des in Beispiel 1 geschilderten Benchmarktestes führte zu erweiterten Überlegungen. Eine Gruppe von 24 Praktikern und Theoretikern (unter denen sich zwei der drei Autoren des ersten Testes befanden) definierte einen transaktionsorientierten Benchmarktest [Ano]. Dieser besteht aus drei Anwendungen:

- SCAN: Ein kurzes COBOL-Batchprogramm zum sequentiellen Kopieren und Update von 1000 Datensätzen.
- SORT: Ein Batch-Programm zum Sortieren von 1000000 Datensätzen.
- DEBIT-CREDIT: Eine Buchungstransaktion mit Terminaleingabe, Presentation Service für das COBOL-Eingabeprogramm, fünf verschiedenen Datenbankzugriffen und Ausgabe über X.25-Leitungen.

Der Test gibt in seiner Gesamtheit ein recht umfassendes Bild über die Leistung einer Großrechner-Konfiguration in der Online-Transaktionsverarbeitung. Er enthält jedoch auch nicht vollständig spezifi-

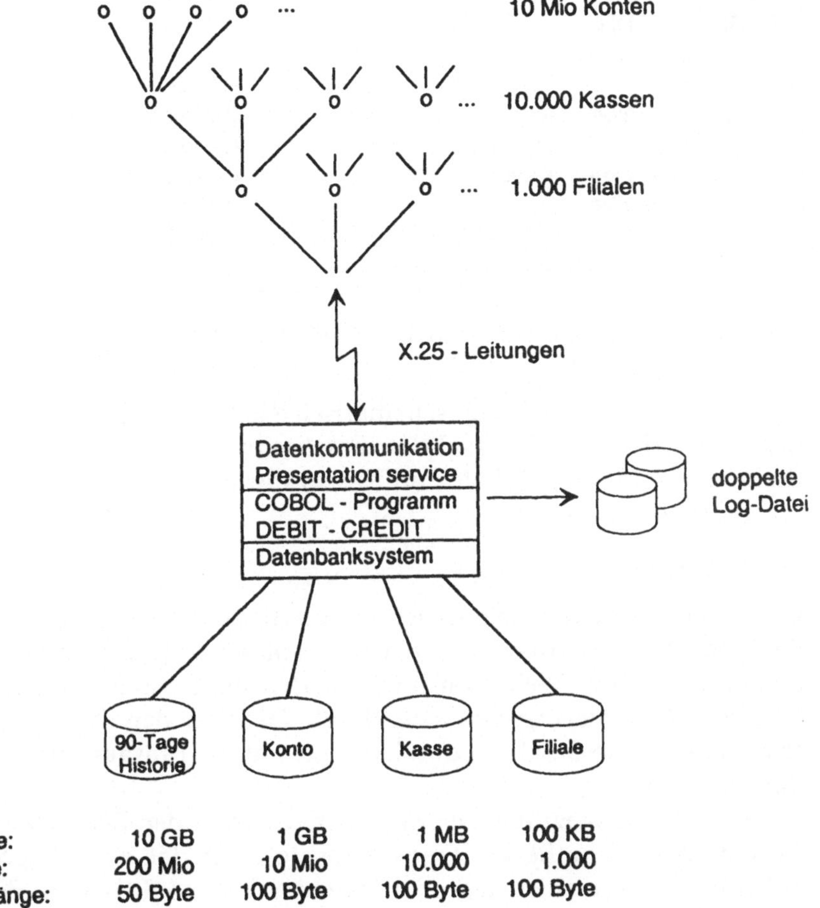

Abb. ORG 5: Umfeld des TP1-Benchmarktests

zierte Testerfordernisse und Vereinfachungen, die bereits zu Weiterentwicklungen führten (s.u.).

Die Leistung eines Datenbanksystems wird im Programm „DEBIT-CREDIT“ geprüft, das kurz beschrieben werden soll.

Dieses Programm (verbreitet unter den Namen ET1 und TP1) simuliert eine stark vereinfachte Debitoren-/Kreditoren-Buchhaltung einer Bank. Im Vergleich zum ursprünglichen Test werden die Transaktionen von einem Generator erzeugt, wodurch ein gewisser Terminal-Overhead entfällt.

DEBIT - CREDIT		
Beginne Transaktion		
Lese	Nachricht vom Terminal	(100 Bytes)
Überschreibe	Konto	(Random Datei)
Schreibe	Historie	(sequentielle Datei)
Überschreibe	Kasse	(Random-Datei)
Überschreibe	Filiale	(Random-Datei)
Schreibe	Nachricht an das Terminal	(200 Bytes)
Bestätige Transaktion		

Abb. ORG 6: Beschreibung der DEBIT-CREDIT-Transaktion

Abbildung ORG 5 zeigt schematisch das Umfeld der Transaktionen; Abb. ORG 6 die Transaktionsbeschreibung, die aus Updates auf drei Dateien (Konto, Filiale und Kasse) sowie einem Einfügen in die Datei „Historie“ besteht.

Durchführung

Gemessen wurde die Anzahl der Transaktionen pro Sekunde (TPS). 95% der Transaktionen mußten eine Antwortzeit unterhalb einer Sekunde erfüllen. Weiterhin interessierten die Kosten, die für eine TPS anfielen. Sie ergaben sich durch Division der Systemkosten (Kauf) innerhalb 5 Jahren durch die gesamten Transaktionen (Normalisierung).

In der Testspezifikation variiert die Größe der Datenbank im Verhältnis zur simulierten Transaktionsfolge, so daß eine proportionale Messung verschieden großer Datenbanken möglich wird. Es gibt auch Vergleiche verschiedener Datenbankgrößen mit gleichen Transaktionsfolgen. Abbildung ORG 7 zeigt Testergebnisse des TP1-Benchmarks bei ORACLE [ORA] mit zwei verschiedenen Datenbankgrößen. Getestet wurde das Datenbanksystem ORACLE TPS (Transaction Processing Subsystem), eine spezielle Version des Datenbanksystems ORACLE (vgl. Kapitel REL) für transaktinsorientierte Online-Anwendungen.

Eine weitere, ausführliche Beschreibung dieses Tests mit dem Datenbanksystem ADABAS kann man in [SAG] nachlesen.

Entwicklung

Mittlerweile hat sich eine Gruppe von 26 Firmen unter dem Namen TPC (Transaction Processing Performance Council) konstituiert, die

Performance - Testmethode TP1 Debitoren / Kreditoren Benchmark mit variabler Datenbank		
	ORACLE	ORACLE
· Datenbankgröße (Tupel)	5.000.000	100.000
· Betriebssystem	VMS	VMS
· Hardware	VAX 6240	VAX 6240
· TP1 (TPS)	43	49
· Sprachen	SQL, C	SQL, C
· Multiprozessor - Unterstützung	ja: 4	ja: 4
· Antwortzeit in Sek.	99% < 1	99% < 1
· Neutrale Gutachter	Codd & Date	Codd & Date

Abb. ORG 7: TP1-Testspezifikation und -ergebnis bei ORACLE TPS [ORA]

die Nachteile der beschriebenen Testumgebungen durch einen neu definierten Standard beseitigen will [Ser]. Unterschieden werden zwei Testvarianten. TPC A wird die Weiterentwicklung des ursprünglichen Tests, TPC B eine Entwicklung des Datenbanktests TP1. Die Erörterung von Einzelheiten würde an dieser Stelle zu weit führen.

9.2 Leistungsverbesserung von Datenbanksystemen

Eine einmalig festgelegte logische und physische Struktur eines Datenbanksystems tendiert im Zeitablauf zu einer Leistungsverschlechterung, die durch geänderte Anfrageprofile oder aufgrund größerer Änderungen im Datenbestand verursacht wird.

Im Lebenszyklus eines Datenbanksystems sind deshalb Maßnahmen zur Leistungsverbesserung nötig, für die der Datenbankadministrator (vgl. Kap. DBA) verantwortlich zeichnet.

Die allgemeine Vorgehensweise der Leistungsverbesserung bei Datenbanksystemen erläutert Abb. ORG 8. Die theoretisch bestechende Idee eines selbst-organisierenden Datenbanksystems, das

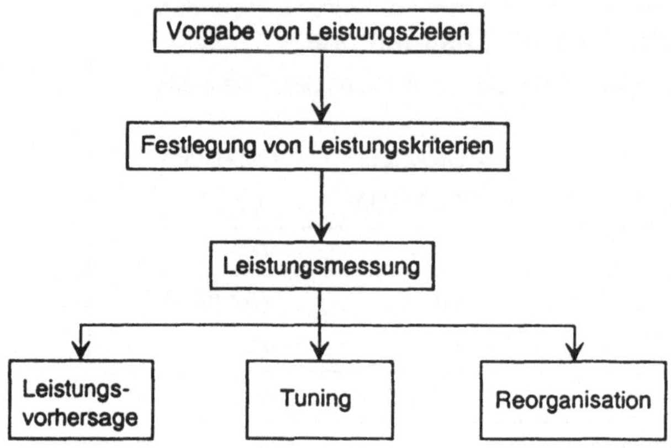

Abb. ORG 8: Vorgehensweise bei der Leistungsverbesserung

Maßnahmen der Leistungsverbesserung und andere Arbeiten des Datenbankadministrators weitgehend automatisiert, ist bisher nicht realisiert worden, kann jedoch über Expertensysteme gelöst werden.

Vorgabe von Leistungszielen

Neben dem häufigen Fall der Verbesserung der Leistung eines laufenden Datenbanksystems können als weitere Leistungsziele genannt werden [Mül]:

- Prüfung der Auswirkungen geplanter Anwendungen oder Systemänderungen auf ein installiertes Datenbanksystem.
- Prüfung, ob spezifizierte Anwendungsanforderungen durch eine geplante Datenbanksystemkonfiguration erfüllt werden können.
- Quantitativer Vergleich der Auswirkungen einzelner Leistungsfaktoren von Datenbanksystemen, z. B. unterschiedliche physische Speicherungsmethoden und Veränderungen am internen Schema.

Leistungskriterien

Zur bestmöglichen Erfüllung der Anforderungen an das Datenbanksystem und Zuordnung von Einflußfaktoren wird der Datenbankadministrator im Datenbankentwurf folgende Kriterien untersuchen:

- Bedienung aller Anwendungsanforderungen:
  Dies ist abhängig von der logischen Datenstruktur und den implementierten Zugriffspfaden.
- Kurze Antwortzeiten:
  Die Antwortzeit kann durch systeminterne Kriterien (Ausführungsreihenfolge der Transaktionen, E/A-System, Betriebssystem, Sicherungsverfahren, Puffergröße, Zugriffsanzahl, Hauptspeicher- und Prozessorbelastung) sowie systemexterne Faktoren (physische Datenorganisation, Datenvolumen) beeinflußt werden.
- Speicherplatzbedarf:
  Komprimierung, Freispeicherverwaltung, Datenorganisations-Methode und Sekundärindizierung sind als wichtige Einflußfaktoren zu nennen.

Leistungsmessung

Als Hilfsmittel der Leistungsmessung kommen meistens Hardware- oder Software-Monitore in Betracht [Här].
Hardwaremonitore messen über Sensoren Impulse an verschiedenen, ausgewiesenen Meßpunkten. Sie liefern für die Datenbanksystem-Leistung nur mittelbar verantwortliche Meßergebnisse wie verbrauchte CPU- und E/A-Zeiten, Hauptspeicherbelastung, Wartezeiten von Tasks usw.

Software-Monitore werden als Betriebssystem-Routinen oder Anwendungsprogramme implementiert. Sie erlauben die Messung von Systemeigenschaften. Für Datenbanksysteme interessieren (vgl. auch [Här]):

- Ausführungszeit und statistische Verteilung einzelner DML-Befehle (GET NEXT, SELECT u. a.).
- Plattenzugriffe (E/A-Zeit).
- Zeitanteil für Indexzugriff, Schreiben der Log-Datei und andere interne Maßnahmen.
- Pfadlängenmessung (Ausführungsanteile einzelner Module bei Ausführung eines Datenbanksystem-Aufrufs).
- Warteschlangenanalyse im DC-System.
- Unterstützende Messungen im Betriebssystem.

Für die gängigen Datenbanksysteme bieten oft unabhängige Software-Häuser Software-Monitore an. Ein Monitor kann im Hintergrund permanent mitlaufen oder zu bestimmten Zeitpunkten angeschaltet werden. Produktbeispiele sind Insight/DB2 (Plenum), Omegamon/DB2 (Candle), DB2PM (IBM) für DB2 und DC Analyser, IMS-DC-Monitor (IBM).

Die Ergebnisse der Leistungsmessung können der Leistungsvorhersage, dem Tuning oder der Reorganisation dienen.

Leistungsvorhersage

Leistungsvorhersagen sind notwendig, wenn neue Anwendungen mit der Datenbank realisiert werden sollen, insbesondere, wenn es sich um komplexe Strukturen handelt (siehe das Beispiel in Abb. NETZ 5). Die Daten der Leistungsmessung bieten hierfür Anhaltspunkte. Werkzeuge wie DBPROTOTYPE (IBM) können zukünftige Anforderungen simulieren, wobei die Testdatenbank ebenfalls von einem Tool (Data Base Design Aid) erzeugt wird.

Tuning

Tuning und Reorganisation stellen Maßnahmen der Leistungsverbesserung dar, die man begrifflich nicht immer genau abgrenzen kann.

Tuning beinhaltet die Leistungsverbesserung der Datenverwaltung durch Auslegung der Hard- und Software-Betriebsmittel sowie Prüfung von Alternativen der physischen und logischen Datenorganisation.

Tuningmaßnahmen sollten eher zu Anfang des Datenbanksystem-Einsatzes ergriffen werden, weil eine optimale Datenorganisation selten analytisch ermittelt werden kann.

Da es keine Daumenregeln für auszuwählende Maßnahmen gibt, möge die folgende Liste beispielhaft für die Fülle an Möglichkeiten stehen:

- Kapazitätsänderung von Betriebsmitteln.
- Änderung der Betriebsmittelzuweisungen an das Datenbanksystem.

- Anzahl der parallelen Tasks, die ein Datenbanksystem ausführen darf und kann.
- Größe der Datenbank- und Nachrichtenpuffer.
- Durchführen einer notwendigen Reorganisation der Daten (s.u.).
- Wahl der Zugriffsmethode (z. B. HIDAM statt HDAM bei IMS oder eine der zahlreichen Varianten der CODASYL-Systeme).
- Anlegen von Sekundärindizes bzw. mehrere Einstiegspunkte in ein Netzwerk, um Plattenzugriffe zu mindern.
- Physisch nahe Speicherung von Daten und Indizes (Clustering).
- Partitionierung des logischen Adreßraumes für Reorganisation und Recovery (z. B. Tablespace bei DB2).
- Komprimierung der Daten.
- In Anwendungsprogrammen: Beispielweise Optimierung von SQL-Befehlen, wenn mehrere Formulierungsmöglichkeiten vorhanden sind oder Codierung in maschinennaher Sprache.

Reorganisation

Reorganisation i.e.S. meint die Verbesserung der bestehenden Datenorganisation, ohne Methoden und Betriebsmittel zu wechseln. Da die Kosten der Reorganisation relativ hoch sind, muß ihre Häufigkeit gegenüber der Verschlechterung der Zugriffskosten, Speicherausnutzung u.a.m. abgewogen werden.

Reorganisationsmaßnahmen verbessern die Effizienz einer implementierten physischen Datenorganisation. In den meisten Fällen muß die Datenbank entladen werden, um die Parameter der Data Description Language zu ändern und anschließend die Datenbank neu zu laden.

Zur Reorganisation zählende Maßnahmen erfolgen teilweise automatisch, teilweise durch Dienstprogramme des Datenbanksystems:

- Freispeicherverwaltung und Garbage Collection.
- Indexreorganisation, z. B. Rebalancierung von B-Bäumen (ständig).
- Änderung der Root Addressable Area in HDAM und Rehashing der Root-Segmente.

Bei relationalen Datenbanksystemen sind Reorganisationsmaßnahmen im Datenbestand (z. B. Freispeicherverwaltung) meist nicht nötig, da die Tupel sequentiell (Ausnahme: Cluster-Organisation) in der Eingabereihenfolge gespeichert werden.

9.3 Datenbanksystem-Wechsel

Ein Wechsel des Datenbanksystems bringt technische und organisatorische Probleme mit sich. Die komplette Umstellung von einigen Gigabyte Datenbestand einschließlich Anwendungsprogrammen auf einen neuen Systemtyp kann sicherlich mehrere Jahre dauern. Ein Wechsel zwischen zwei Datenbanksystemen gleichen Typs (z. B. zwei CODASYL-Systeme) dürfte leichter zu bewerkstelligen sein. In diesem Fall offerieren die Anbieter aus eigenem Interesse oft Umstellungs-Tools.

Ein DBS-Wechsel wird insbesondere durch Probleme bereits implementierter Datenbanken erschwert [Bru]:

1. Unsauberkeiten im Design der Datenstrukturen (z. B. Redundanz, ausgeschöptes Numerierungssystem etc).
2. Ausnutzung von Schwächen bzw. Restriktionen eines spezifischen DBS (z. B. mehrerer Satztypen in einem Segmenttyp, überlappende Felder in IMS-Segmenten, fehlende Fremdschlüssel).

Die Verantwortung für den Datenbanksystem-Wechsel trägt der Datenbankadministrator. Durch die Führung eines unabhängigen Date Dictionary-Systems und die Forcierung von Standards kann der Umstellungsaufwand gemindert werden.

Wir können folgende Wechsel-Typen unterscheiden:

Wechsel von der Dateiverwaltung auf ein Datenbanksystem

Hier möchte der Anwender die Vorteile des Datenbanksystem-Einsatzes gegenüber der Dateiverwaltung nutzen (vgl. Kap. EIN). Auf vielen Großrechnern werden die betrieblichen Daten noch mittels VSAM-Dateien verwaltet, so daß dieser Wechsel-Typ relativ häufig vorkommt. Für die Datenkonversion sind Tools erhältlich. Der Aufwand zur Umstellung der Anwendungsprogramme sowie zur

Schulung der betroffenen Mitarbeiter darf nicht unterschätzt werden, hält sich jedoch in Grenzen.

Wechsel zwischen Datenbanksystemen eines Systemtyps

Dieser Fall kann innerhalb der Gruppe der netzwerkorientierten oder der relationalen Datenbanksysteme auftreten. Die Gründe liegen oft in der Nutzung anbieterspezifischer Vorteile oder in Preisvorteilen.

Ein anderer Umstellungsgrund dieser Art entsteht bei sehr großen Datenbeständen. Zuweilen wird ähnlich wie bei der Großrechner-Hardware eine doppelte Strategie gefahren und zwei Datenbanksysteme eingesetzt. Diese laufen bisweilen auf zwei Rechnern, z. B. DEC und IBM. Plant der Anwender eine Integration der Anwendungen, so kann hieraus ein Datenbanksystem-Wechsel im Zuge der Vereinheitlichung resultieren. Es erweist sich dann als Vorteil, wenn ein Datenbanksystem verschiedene Hardware und Systemsoftware unterstützt, was die wichtigsten, unabhängigen Anbieter schon lange ermöglichen!

Wechsel von einem nicht-relationalen auf ein relationales Datenbanksystem

Dieser häufig diskutierte Wechsel wird von Anwendern in Erwägung gezogen, die die Vorteile des relationalen Modells nutzen wollen. Die häufigsten Umstellungen betreffen sicher den Wechsel gemäß der Produktweiterentwicklung des Hauslieferanten (IDMS - IDMS/R, TOTAL - SUPRA, IMS - DB2 u. a.). Auch ein Anbieterwechsel ist möglich, etwa von einem CODASYL-Datenbanksystem zu DB2 oder ORACLE.

Bei der Umstellung auf ein relationales Datenbanksystem sollte in jedem Fall eine genaue Überprüfung der Datenstrukturen stattfinden, um im relationalen Modell einen normalisierten Datenbestand zu erhalten.

Beispiel: Wechsel von IMS auf DB2

Die Überschrift dieses Beispiels kann in einigen Fällen durchaus mit einem Fragezeichen versehen werden, da hohe Kosten entstehen und sehr große IMS-Anwendungen kaum abzulösen sind. Für viele Anwendungen mit einfacherer Struktur ist IMS Fastpath eine sinnvolle Lösung. Allerdings muß konstatiert werden, daß IBM das Produkt DB2 stark forciert. Im Rahmen des Common Programming Interface von SAA (dem zukünftigen IBM-Standard) erfolgt sowieso eine Umstellung von Programmen, wobei ein Datenbanksystem-Wechsel mitgeplant werden kann. IMS wird im Gegensatz zu SQL von DB2 nicht explizit und erst später in den SAA-Empfehlungen genannt, allerdings stehen Schnittstellen bereit. Die Existenz guter Migrationswerkzeuge kann ein ausschlaggebender Grund zum Wechsel sein (s.u.).

Anstelle des Wechsels zu DB2 existieren folgende Alternativen:

Alternative 1: Duale Datenbankphilosophie

Da DB2 in seinen Anfangsreleases wegen seiner geringeren Leistung nicht für operative Datenbankaufgaben empfohlen werden kann und andererseits IMS/VS in tausenden Installationen gut funktioniert, mußte IBM mit Ankündigung von DB2 die sog. duale[1], d.h. zweigleisige Datenbankphilosophie ausgeben;

- Für operative Zwecke wird IMS/VS Full Function oder IMS/VS Fast Path genommen,
- für Informationssystemzwecke wird DB2 empfohlen,
- an der Schnittstelle kann mit Extraktdaten gearbeitet werden. Dies geschieht mit der Software „Data Extract Facility (DXT)".

Abbildung ORG 9 zeigt diesen Zusammenhang graphisch.

Der Vorteil dieses Konzeptes liegt in der Weiterverwendung stabiler Anwendungen und der darüber vorhandenen Kenntnisse. Managementauswertungen, bei denen z.B. Tagesaktualität völlig ausreicht, werden über DB2 abgewickelt. Nachteil: Insgesamt muß man die Kosten der dualen Datenbankstrategie ziemlich hoch ansetzen.

---

[1] Wenn die Zahl „zwei" ins Spiel kommt, kann man immer auf interessante Sprachspiele gefaßt sein: Oft taucht das Attribut „dual" auf, evtl. wird „dyadisch" genommen, auch „Bi" klingt interessant, in seltenen Fällen trifft man „Duo" an. Im Deutschen klingt „Zwei" evtl. zu profan, „Doppel" vielleicht schon besser.

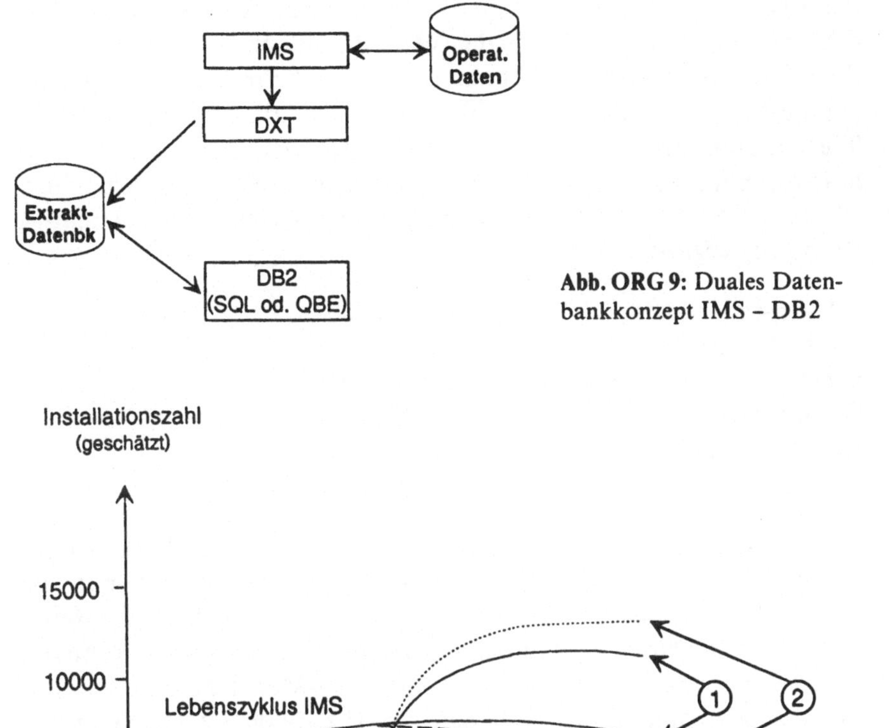

Abb. ORG 9: Duales Datenbankkonzept IMS - DB2

Abb. ORG 10: Mögliche Installationsverläufe

1976 hatte man es noch einfacher, als DBOMP (Data Base Organisation and Maintenance Program) zugunsten von IMS einfach abgesetzt wurde – unter großen Benutzerprotesten. Wegen der vielen tausenden IMS/VS- und DL/1-Benutzer (man schätzt etwa 7000 und 10000) kommt ein schnelles Absetzen von IMS nicht in Frage. Man kann sich die zukünftige Entwicklung etwa wie in Abb. ORG 10 dargestellt vorstellen.

Die Installationszahl von DB2 nimmt Ende der 80er Jahre rasant zu, wobei jedoch die meisten Installationen nicht-operative Datenbanken verwalten. Die weitere Installationszunahme wird entscheidend von der Verfügbarkeit guter Migrationshilfen von IMS/VS zu DB2 abhängen. Dann dürfte der Verlauf tendenziell wie unter (2) in Abb. ORG 10 gezeigt aussehen, ansonsten bedeutend gedämpfter (Verlauf (1)), weil die Großzahl der IMS-Installationen sich in den 90er Jahren halten dürften. Es sieht so aus, daß unabhängige Softwarehäuser sich den IMS-DB2-Markt von IBM zu eigen machen, zumal er ein sehr lukrativer Markt ist. Eine überschlägige vorsichtige Rechnung ergibt:

IMS-Installationen:	Etwa 7000
Preis Migrationstool:	150000,-DM
Beratung pro Umstellung:	150000,-DM
Gesamtmarkt:	2,1 Mrd. DM
10% Marktanteil:	210 Mio. DM
Auf 10 Jahre:	21 Mio DM/Jahr

Mit einem guten Werkzeug, das 10% des Marktes erobern würde, ließen sich etwa 21 Mio DM/Jahr erwirtschaften. Wenn man die Entwicklungskosten mit 100 Personaljahren zu 100000,-DM ansetzt, mithin mit 10 Mio DM, dann ist ein solches Werkzeug ein „Renner", zudem wenn man noch den DL/1-SQL/DS-Markt betrachtet. Nun darf man allerdings nicht vergessen, daß IMS in der letzten Zeit noch beachtliche Verbesserungen erfahren hat:

- IMS/DB (wie auch CICS und VSE, jedoch nicht IMS/DC) wurde sog. SAA-Compliant-Produkt,
- IMS/ESA (Version 3) bietet ein SAA-Common Programming Interface für C und COBOL,
- desweiteren den in SAA über SQL definierten Datenbankzugriff.
- Die ESA-Orientierung wird nochmals Performancevorteile bringen.

Dies kann den Lebenszyklus von IMS auf unbestimmte Zeit verlängern.

Wie man sieht, kann man auch Anfang der 90er Jahre noch nicht abschätzen, wie und wann die duale Datenbanksystem-Philosophie in eine einzige (DB2-) Philosophie einmünden wird.

Alternative 2: Relationale Oberfläche für IMS

Für IMS gibt es die relationale Oberfläche „Query-DL/1“, die eine ähnliche Syntax wie QMF (Query Management Facility) für DB2 (vgl. Kap. REL), aufweist. Eine Anfrage an die hierarchische Datenbank IMS liefert als Ergebnis eine Tabelle. Es entsteht folgendes Problem: Im ungünstigsten Fall könnte ein Query-DL/1-Befehl die komplette IMS-Datenbank sequentiell durchsuchen. Daher sind bei der Nutzung organisatorische Vorkehrungen zu treffen.

Alternative 3: Simulation von IMS-Zugriffen auf DB2

Bei dieser evolutionären Umstellung könnte man die Struktur der alten Anwendungsprogramme unverändert lassen, wenn man die IMS-Zugriffe automatisch in DB2-Zugriffe umsetzen ließe. Eine Datenkonversion muß vorher stattfinden. Insgesamt ist dies ein recht schwieriges Unterfangen.

Fazit

Der Wechsel eines Datenbanksystems ist eine u. U. folgenschwere Entscheidung und will sorgfältig geplant sein. Tendenziell besteht ein Trend zur Umstellung auf ein relationales Datenbanksystem, wenngleich sich die nächste Generation von Datenbanksystemen, nämlich objektorientierte Datenbanksysteme, bereits andeutet.

9.4 Literatur

[Ano] Anon et al.: A Measure Of Transaction Processing Power, in: Datamation, Vol. 31, April 1, 1985, S. 112–118

[BDT] Bitton, D.; DeWitt, D. J.; Turbyfill, C.: Benchmarking Database Systems – A Systematic Approach, in: Proc. 9th Intern. Conf. on Very large data bases, Florence, 31. 10.–2.11.1983, S. 8–19

[Bru] Brunner, H.: Das DBMS wechseln wie das Hemd? in: cw-Focus Nr. 5, Datenbanken und Zugriffssprachen, 14. 9. 1990

[Här] Härder, T.: Leistungsanalyse von Datenbanksystemen, in: Angewandte Informatik 4/79, S. 141–150

26 ORG

[Mül] Müller-Ettrich, G.: Leistungsmessung und Leistungsverbesserung von Datenbanksystemen, Köln-Braunsfeld, 1982

[ORA] ORACLE Deutschland GmbH, Stuttgart (Hrsg.): Die ORACLE-Welt 2/88

[Pal] Palmer, I.: Database Management, London 1973

[Pea] Peat, L. R.: Practical Guide to DBMS Selection, Berlin, New York, 1982

[SAG] Software AG (Hrsg.): ADABAS 5 Benchmark Report, Darmstadt 1988

[Ser] Serlin, O.: Toward an Equitable Benchmark, in: Datamation, Feb. 1, 1989, S. 47–54

10 Datenbankadministration (DBA)

10.1 Das Konzept der Datenbankadministration

Die Datenbankadministration (DBA) entstand als Konsequenz ungenügender bzw. falscher Datenbanksystem-Nutzung in der Anfangszeit des DBS-Einsatzes (zur Geschichte von DBS vgl. Kap. EIN). Die Probleme können in zwei Punkten zusammengefaßt werden:

1) Das Potential eines DBS für Informationsauswertungen wird ungenügend genutzt, ist nicht bekannt oder gar nicht in einer dem DBS-Gedanken entsprechenden Form vorhanden.
2) Die Funktion eines DBS für die Software-Entwicklung im Verbund mit Sprachen der 3. oder 4. Generation, Data Dictionary-Systemen usw. wird nicht optimal genutzt.

Die Datenbankadministration soll den zielgerechten Einsatz eines DBS garantieren und Daten als betriebliche Ressource behandeln. Der Begriff DBA kann sowohl die Person(en) als auch die betriebliche Funktion meinen. Eine DBA ist i.d.R. nur bei Großrechner-Datenbanksystemen anzutreffen.

Man kann die Einführung einer DBA als inhaltliche Lernphase nach einer technischen Lernphase im DBS-Bereich bezeichnen. Die historische Entwicklung der DBA-Funktion kann wie folgt skizziert werden [Wen]:

1. Ausgehend von den softwaretechnischen Notwendigkeiten, ein komplexes DBS handzuhaben, wurde zunächst der technische Bereich der DBA betont.
2. In der Zeit von 1973 bis 1978 kamen Managementaufgaben hinzu, wie die bewußte Gestaltung und Wahrnehmung der Schnittstellen zu den Benutzergruppen des DBS sowie Auswahl- Definitions- und Designaufgaben.
3. Diese Ausgabenausdehnung führte zur Diskussion der Funktionen Datenadministration (DA) und Informationsmanagement (IM)

Die Funktionstrennung von DBA (mehr technisches Management des DBS) und IM, welches den Begriff DA mehr oder weniger ersetzt hat und mehr die Nutzungsseite von DBS u. a. DV-Ressourcen betrachtet, wird immer deutlicher. Das vorliegende Werk trägt dieser Tatsache Rechnung durch die Aufteilung in die Kapitel Datenbankadministration (DBA) und „Informationsmanagement (IM)“. Eine Abgrenzung der Funktionen enthält dieses Kapitel. Unternehmen realisieren bisher oft Funktionen des Informationsmanagement in der DBA-Abteilung oder gar nicht.

Aufgaben der Datenbankadministration

Abbildung DBA 1 gibt einen Überblick über die DBA-Aufgaben.

Diese Aufgaben der Datenbankadministration werden nun erläutert.

1) Schnittstellen zu Informationsmanagement und Benutzern

Die *Beratung des IM* besteht darin, die Anwendungsanforderungen des IM, die u. a. aus den Anforderungen der Endbenutzer entstanden sind, auf Realisierbarkeit zu prüfen. Umgekehrt kann die DBA auch Anstöße für Nutzungsmöglichkeiten des DBS geben. IM und DBA sollen sich auf ihren Beschreibungsebenen (vgl. Abb. DBA 2) über Standards verständigen.

Abbildung DBA 2 verdeutlicht die *Umsetzung der IM-Anforderungen* über mehrere Ebenen [Wen].

Die Erstellung des konzeptionellen Modells gehört zu den Aufgaben des IM und beinhaltet alle Entities und die zwischen ihnen bestehenden Beziehungen, die Informations- und Verarbeitungs-

1) Schnittstellen zu Informationsmanagement und Benutzern:

- IM-Beratung zu Möglichkeiten und Grenzen des Datenbanksystem-Einsatzes
- Umsetzung der IM-Anforderungen:
  - -- Logisches Daten-Design
  - -- Physisches Daten-Design
- Betreuung der DBS-Anwendungen

2) Management des Datenbanksystem-Lebenszyklus:

- Bewertung und Auswahl
- Installation und Laden
- Betrieb, Wartung, Kontrolle und Weiterentwicklung

3) Sicherheit des DBS-Einsatzes:

- Semantische Integrität
- Operationale Integrität (Zugriffssicherung)
- Datenschutz

Abb. DBA 1: Aufgaben der Datenbankadministration

zwecke, sachlogische Integritätsbedingungen und methodische Angaben. Ein Darstellungsmittel kann z. B. das Entity-Relationship-Modell sein.

Das konzeptionelle Schema besteht aus einer formalisierten und logischen Beschreibung in der Sprache des gewählten Datenmodells.

In der nächsten Umsetzung wird das konzeptionelle Schema durch Codierung mit einer DDL für ein konkretes DBMS handhabbar.

Die letzte Aufgabe der DBA besteht nun in der Festlegung eines internen Schemas (physisches Design) sowie externer Subschemata.

Die *Betreuung der DBS-Anwendungen* betrifft hauptsächlich auftretende Änderungen der erwähnten Design-Aufgaben.

2) Management des Datenbanksystem-Lebenszyklus

Wie Abb. DBA 1 zeigt, erstreckt sich der DBS-Lebenszyklus über alle Phasen des allgemeinen Software-Lebenszyklus.

Die DBA ist verantwortlich für das Management des Lebenszyklus der in Unternehmen eingesetzten DBS. Ein typischer Lebenszyklus enthält die Phasen

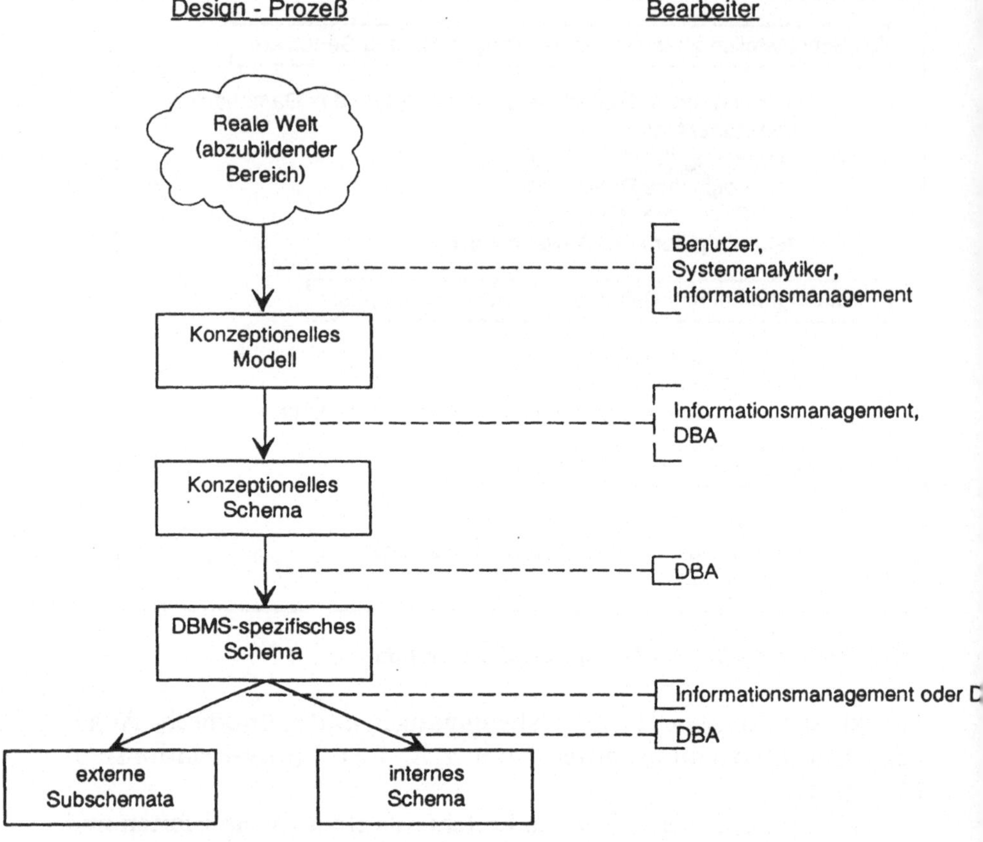

Abb. DBA 2: Umsetzungen der Benutzeranforderungen DBS und Aufgabenzuordnung (Design-Prozeß: [Wen])

- Planung,
- Anforderungsformulierung und -analyse,
- Entwurf,
- Implementierung,
- Betrieb und Wartung,
- Wachstum und Wechsel des DBS [FaH].

Die Aufgaben der Abb. DBA 1 sind allesamt in diese Phasen einordnenbar. Die dort vorgenommene sachlogische Ausgliederung einiger Aufgaben bot sich jedoch aufgrund der Abgrenzung zum Informationsmanagement und entsprechenden organisatorischen Gliederungen der DBA-Abteilung (s.u.) an.

Bewertung und Auswahl von DBS stellen eine grundlegende Entscheidung im Sinne strategischer Planung von Informationstechnologie dar. Beispielweise ist die Entscheidung für oder gegen ein relationales Datenmodell von strategischer Tragweite. Die DBA sollte bei Bewertung und Auswahl beteiligt werden. Da DBS-Bewertung und -Auswahl die Organisation des DV-Bereiches insgesamt betreffen, findet sich in Kapitel ORG eine detaillierte Behandlung.

Nach der Festlegung aller Schemata erfolgen *Installation und Laden der Datenbank.* Die DBA legt alle Benutzerrechte- und -pflichten inklusive der Sicherheitsvorkehrungen fest. Beim Laden der Datenbank muß die DBA Vorsorge treffen, daß der operative Betrieb nicht gestört wird. Die Umstellung von Dateisystemen auf DBS oder zwischen DBS kann

zeitlich betrachtet

- stichtagsweise
- parallel,

sachlich betrachtet

- mit der Gesamtdatenmenge
- mit einer Teildatenmenge,

qualitativ betrachtet

- mit Zugriff aller Programme auf das neue DBS
- mit Zugrif nur eines Teils der Programme auf das neue DBS erfolgen.

Betrieb, Wartung, Kontrolle und Weiterentwicklung sind von der DBA derart zu gestalten, daß die Erfüllung der Ziele des Datenbanksystem-Einsatzes garantiert wird. In diese Phase fallen rund 60% der Aktivitäten der DBA [Wen].

Aus einer Leistungsanalyse des DBS muß die DBA die erforderlichen Konsequenzen ziehen. Änderungen können sich auf das physische und logische Design beziehen. Bei größeren Änderungen ist evtl. eine Hardwarekapazitätsanpassung erforderlich.

3) Sicherheit des DBS-Einsatzes

Die Sicherheit des DBS und seiner Anwendungen ist während des gesamten Lebenszyklus zu gewährleisten. Sie steht in Zusammenhang

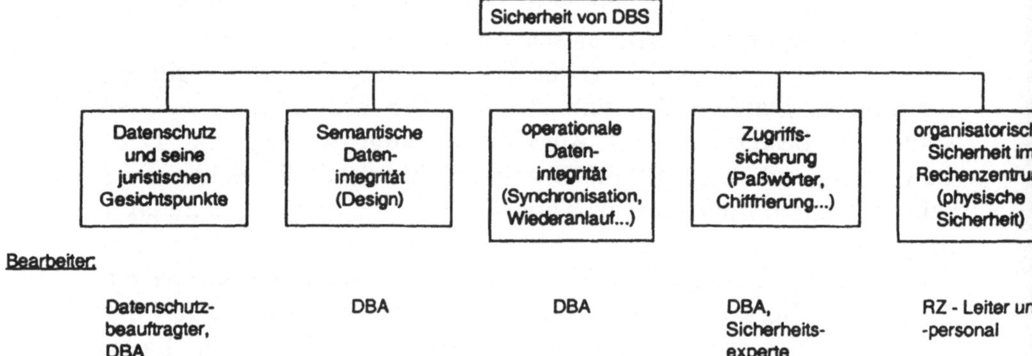

Abb. DBA 3: Einordnung der DBA-Aufgaben in den Bereich „DBS-Sicherheit"

mit der Gesamtsicherheit der Informationsverarbeitung, die grundsätzlich nur so gut wie das schwächste Glied aller Sicherungsmaßnahmen ist. Abbildung DBA 3 zeigt die Sicherheitsaspekte eines DBS und die Rolle der DBA. Einige Sicherheitsaspekte werden im Detail in Kapitel SICH behandelt.

Werkzeuge der DBA

Die DBA muß Kenntnis von den in Frage kommenden computergestützten Werkzeugen besitzen, die ihr die Arbeit ermöglichen und erleichtern. Abbildung DBA 4 nimmt eine Zuordnung wichtiger Werkzeuge zu Tätigkeiten der DBA vor. Eine Diskussion im Detail würde den Rahmen des Buches sprengen, zumal einige Werkzeuge sehr produktspezifisch sind (z. B. Ladeprogramme). Das übergreifende Werkzeug „Data Dictionary-System" wird in Kapitel DBA 10.2 diskutiert, da es außerdem eine wichtige Rolle bei der Software-Produktion spielt.

Organisation der Datenbankadministration

Die Funktion der DBA wird in die Abteilung Datenverarbeitung, DV/Organisation, Informationssysteme o. ä. eingegliedert. Abbildung DBA 5 zeigt eine mögliche Lösung, in der zwischen DBA und IM getrennt wird. Weitere Einordnungsalternativen zeigt [Wel].

A - Aufgabe	Hilfsmittel, Werkzeuge		
wertung, Auswahl von DBS	Analyse von Manuals, Benchmarktests		Data Dictionary - System
jisches Design	DDL, formale Sprachen, semantische Modelle (Entity-Relationship-Modell), Tools zur Normalisierung, Design - Systeme (z.B. IMS/DBDA Data Base Design Aid), CASE - Tools	X	
ysisches Design	Data Storage Description Language, Design - Systeme (IMS/DBDA u.a.)	X	
tallation, Laden	Testdatengenerator, Dienstprogramme, Ladeprogramme		
trieb	Hardware -, DB -, DC - Monitore, Nutzungsstatistiken	X	
organisation, Umstellung	DDL, DSDL, Dienstprogramme des DBS	X	
herheit des DBS	Teile der DDL, Zugriffstabellen, Dienstprogramme für Restore, Rollback, Checkpoints usw.	X	

X: Diese DBA-Aufgaben werden durch ein DD-System unterstützt

Abb. DBA 4: Werkzeuge der Datenbankadministration

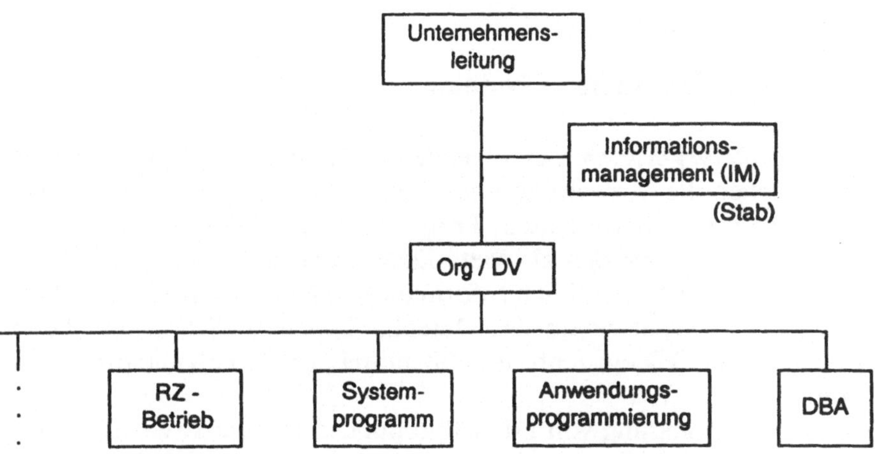

Abb. DBA 5: Mögliche organisatorische Eingliederung der DBA

Aufgabe der Ablauforganisation ist es, die nötigen Kommunikationsbeziehungen sicherzustellen. Die Mitarbeiter der DBA müssen die entsprechenden „interdisziplinären“ Fähigkeiten aufweisen.

Die *interne Gliederung der DBA* kann je nach DBA-Umfang und Betriebsgröße flach (nur eine Hierarchieebene), funktional, DV-

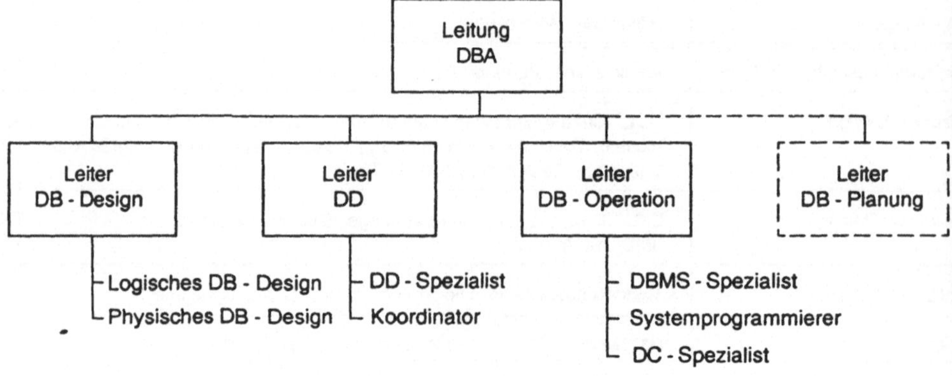

Abb. DBA 6: Funktionale interne Gliederung der DBA [Wel]

Projekt-orientiert oder in Form einer Matrixorganisation sinnvoll sein. Weldon [Wel] beschreibt diese Formen, von denen Abb. DBA 6 die funktionale Gliederung zeigt.

10.2 Data Dictionary-Systeme

Data Dictionary-Systeme, in folgenden Data Dictionary (DD) genannt, ermöglichen die Verwaltung und Nutzung verschiedener Informationen über gespeicherte Daten, Programme u. a. DV-Ressourcen. Die Inhalte des DD werden als Meta-Daten bezeichnet. Im engen Sinne enthalten DD hauptsächlich Informationen über Schemabeschreibungen und Integritätsregeln des Datenbanksystems. Schon mit diesen Inhalten sind DD ein zentrales Hilfsmittel der Datenbankadministration.

Die Entwicklung von DD ist verbunden mit der Erweiterung der Datenbankadministration zu Datenadministration und Informationsmanagement. DD-Inhalte erhielten zusätzlich Informationen über Anwendungsprogramme, Funktionen, Benutzer usw. Sie wachsen damit immer mehr in die Rolle eines universalen Hilfsmittels zur Softwareproduktion (vgl. auch Kapitel DBA 10.3) hinein.

Zwei weitere Begriffe verdienen im Zusammenhang mit Data Dictionary-Systemen Erwähnung:

Der Name *Directory-Systeme* verweist darauf, daß neben der wörterbuchartigen Beschreibung („Dictionary") der Daten auch ein Adreßverzeichnis mit Querverweisen vorliegt.

Den Titel *Repository* gibt IBM dem DD-Produkt für DB2 [IBM]. Das englische Wort (Übersetzung: Ablage, Lager, Sammelplatz) verweist wohl darauf, daß neben der Verwaltung der Metadaten des DBS möglichst viele andere DV-Ressourcen und -Beschreibungsobjekte verwaltet werden sollen.

Als integrale Komponente einiger (auch kleinerer) Datenbanksysteme ist die Bezeichnung *Katalog* anzutreffen. Diese entspricht oft nur Teilen der skizzierten Dictionary-Funktion.

Als Gattungsname hat sich „Data Dictionary" durchgesetzt.

Typische Fragen an ein DD lauten:

1. Woraus besteht eine Komponente eines Anwendungssystems?
2. Worin ist eine Komponente eines Anwendungssystems enthalten? (prinzipielle Fragestellungen der Stücklistenverarbeitung)

Anfragen könnten im konkreten Fall sein:

- Welche Anwendungsprogramme und Benutzer verwenden ein vorhandenes Datenfeld?
- Welche Daten benutzt ein Anwendungsprogramm?
- Von welchen Programmen werden bestimmte Datenelemente generiert?

Vorteile eines Data Dictionary-Systems

Ein Data Dictionary unterstützt, insbesondere wenn es nicht umgangen werden kann, das Prinzip der Datenunabhängigkeit und alle weiteren Ziele eines Datenbanksystems.

Spezielle Vorteile des Einsatzes von DD sind:

- Steigerung der Softwarequalität durch
  - Reduktion von Inkonsistenzen und unbeabsichtigsten Datenredundanzen,
  - Unterstützung bei Design und Entwicklung neuer Systeme,
  - Konsistente Dokumentation der Datenbeschreibungen,
  - Integration der Softwaretools über das DD.
- Verringerung des Aufwandes für Entwicklung und Wartung von Software: Produktivitätssteigerung.

- Kontrollierbarkeit und Standardisierbarkeit der Datenbeschreibungen.
- Zugangskontrolle zu den Daten.
- Aufbau einer konzeptionellen Sicht zur Ordnung und Darstellung der Begriffswelt des Unternehmens.

Diesen Vorteilen steht gegenüber, daß der Nutzen eines DD erst nach einer Anlaufzeit von einigen Jahren voll zum Tragen kommt. Die Gründe liegen in Implementierungsproblemen und dem Lernaufwand bei Mitarbeitern.

Architektur eines Data Dictionary-Systems

Die Entwicklung der Architekturparameter ist vor dem Hintergrund der Entwicklung von DD zu sehen.

DD veränderten sich von pasiven Dokumentationssystemen zu einem Softwaretool zur (logisch) zentralen Beschreibung, Verwaltung, Kontrolle und Nutzung der Informations-Ressourcen eines Unternehmens [Mün].

Drei Begriffspaare typisieren Data Dictionary-Systeme [Leo]:

Aktiv – passiv

Aktive DD sind die einzige Quelle von Metadaten und können nicht umgangen werden. DBS erhalten nur auf diese Weise Schema-Informationen für den Zugriff auf gespeicherte Daten. Dies ist die Grundvoraussetzung für viele Steuer- und Kontrollfunktionen des DD.

Den Grad der Aktivität bestimmt der Bindungszeitpunkt zwischen den Daten des DD und den zugreifenden Programmen. Die Bindung erfolgt zur Übersetzungszeit des Anwendungsprogramms (Compiler), zur Ausführungszeit des Betriebssystems-Prozesses (Linker, Lader) oder zur Ausführungszeit einzelner Instruktionen.

Passive DD hingegen sind reine Nachdokumentationssysteme und erfahren keine automatische Aktualisierung.

Heutige Data Dictionary-Systeme sind i. d. R. in unterschiedlichem Maße aktiv. Nur diese betrachten wir in den folgenden Ausführungen.

Abhängig – unabhängig

„Abhängig“ meint die Unterstützung nur eines Datenbanksystems durch das DD, während unabhängige DD für mehrere Datenbanksysteme und Dateiverwaltungsformen Meta-Daten erzeugen. Ein abhängiges DD ist quasi eine Anwendung des DBS und nutzt dessen allgemeine Routinen (Zugriffsschutz, Recovery usw.). Es wird vom Anbieter des DBS erstellt.

Unabhängige DD umfassen alle nötigen Routinen in eigenem Code und ermöglichen die Darstellung von Meta-Daten verschiedener DBS/Dateiverwaltungsformen in einer gleichen Struktur.

Integriert – nicht integriert

Ein integriertes DBS führt die Bindung zwischen Meta-Daten und Anwendungsprogramm zur Programm-Ausführungszeit aus. Das DD ist nicht mehr Anwendungsprogramm des DBS, sondern integraler Bestandteil. Es ist alleiniger Verwalter der Metadaten. Integrierte DD sind zwangsläufig abhängig.

Die geschilderten Architekturparameter sind in den Kombinationen

1) Abhängig, nicht integriert
2) Unabhängig, nicht integriert
3) Abhängig, integriert

in Produkten anzutreffen.

Insbesondere zwischen Alternative 2) und 3) ist abzuwägen, da

- unabhängige DD größere Flexibilität und Anpassung, geringere Herstellerbindung und die Möglichkeit der Verwaltung von Nicht-DBS-Daten bieten;
- integrierte DD größere Aktualität (bzw. einen höheren Grad an Aktivität) durch den späteren Bindungszeitpunkt besitzen und keine redundante Datendarstellung zur Folge haben.

Abbildung DBA 7 zeigt schematisch die drei typischen Architekturformen von Data Dictionary-Systemen.

Die interne Architektur eines DD und damit ihr Leistungsumfang läßt sich am besten durch die *logische Struktur der Meta-Daten* skizzieren. Da die Verwaltung der Meta-Daten datenbankartig erfolgt, ist eine Darstellung mit sog. Bachmann-Diagrammen angemessen. Pfeile in Abb. DBA 8 bedeuten 1:n-Beziehungen.

Der Vorschlag der Abbildung von [ALM] kann auf verteilte Datenbanksysteme erweitert werden oder durch Hinzunahme von Metadaten der fachlichen Ebene (Objekte, Informationsmengen, An-

1) Abhängig, nicht integriert

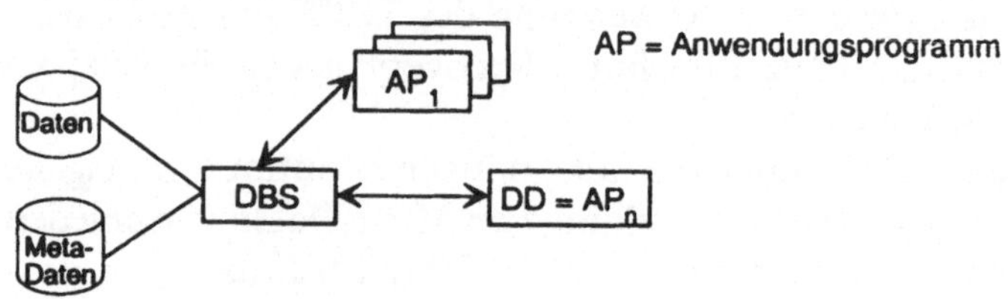

2) Unabhängig, nicht integriert

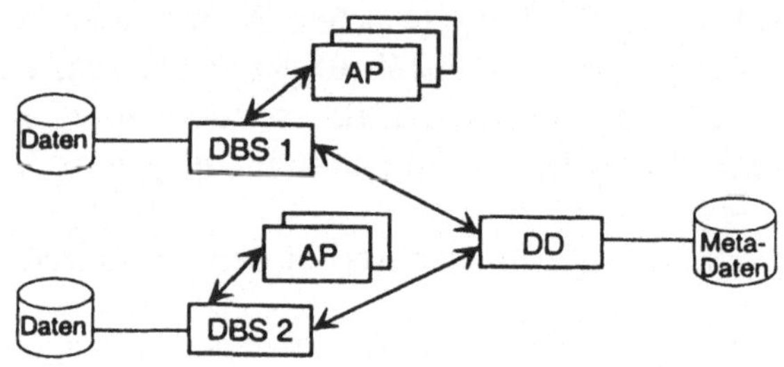

3) Abhängig, integriert

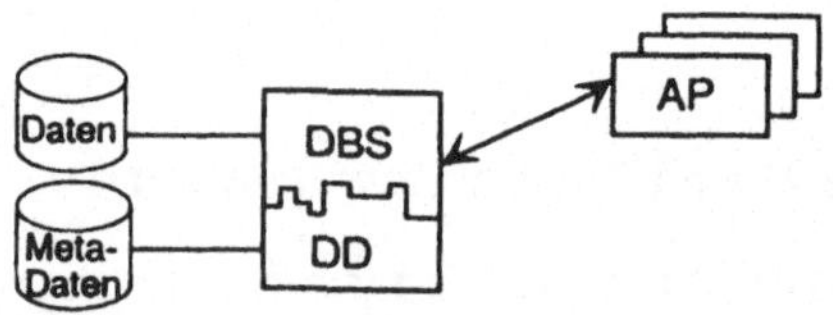

Abb. DBA 7: Realisierungsformen aktiver Data Dictionary-Systeme

wendungssichten, Integrationskreis, Funktionskomplex, Funktionen) zu einem Werkzeug zur Softwareerstellung gestaltet werden.

Normierungsanstrengungen für eine Data Dictionary-Architektur werden vom American National Standards Institute (ANSI) und der International Standardization Organization (ISO) unternommen. Es ist auch möglich, daß ein Quasi-Standard - etwa das zukünftige IBM Repository - entsteht. Eine standardisierte Data Dictionary-Architektur kann die Portabilität DBS-basierter Software erheblich verbessern. Der ANSI-Vorschlag soll kurz geschildert werden [Gol]:

Das „Information Resource Dictionary System" stellt mit Elementen des Entity-Relationship-Modells eine logische Struktur der Meta-Daten dar. Die Struktur enthält klassische Dictionary-Informationen (Daten, Satz, Element usw.) sowie Informationen über die betriebliche

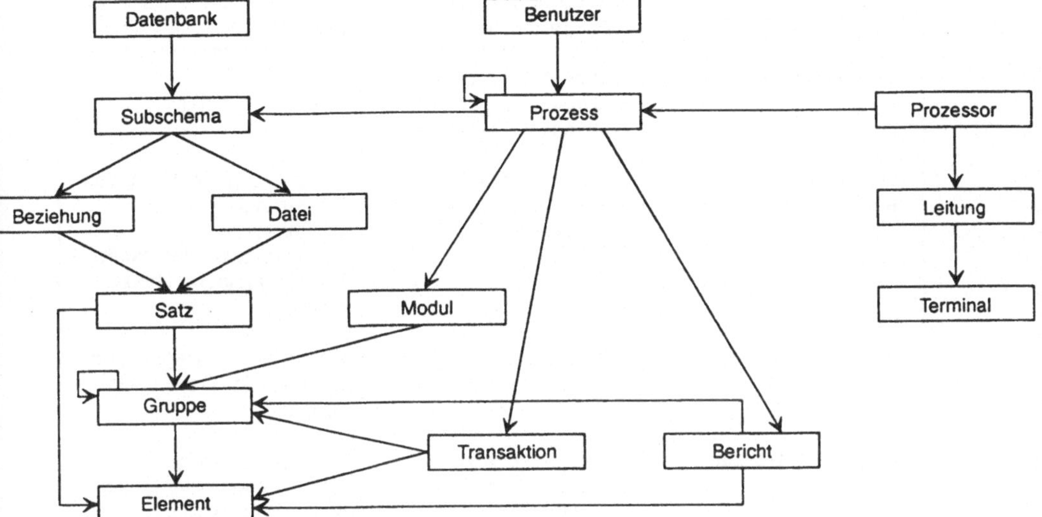

Abb. DBA 8: Mögliche logische Struktur von DD-Entity-Typen [ALM]

Ressourcennutzung (Benutzer, Programm, System usw.). Die Verbindungen der Entities sind immer binäre Relationen, z. B.:

- „Finanzabteilung ist verantwortlich für Lohnabrechnungssystem",
- „Lohnabrechnungssytem enthält Lohndatei" usw.

Erwähnenswerte Eigenschaften des ANSI-Vorschlages sind:

- Schnittstellen zu Datenbanksprachen (SQL) und Programmiersprachen sind geplant.
- Der Software-Lebenszyklus wird durch phasenabhängige Dictionary-Information und -Integritätsregeln unterstützt.
- Viele eingebaute Sicherheitsfunktionen sind vorhanden.
- Integration mehrerer Dictionary-Inhalte ist möglich.

Aufgaben eines Data Dictionary-Systems

Die Aufgaben eines DD sollen in drei Hauptgebiete gegliedert werden:

Unterstützung der Softwareentwicklung

Die Softwareentwicklung kann in allen Phasen durch ein DD unterstützt werden (Systemplanung, Bedarfsanalyse und -definition, Ent-

IM / DBA - Aufgaben	DD - Bestandteil	DD - Prozeß
Datendefinition	Dictionary / Directory Anfragen: Suchen nach bestimmten Daten	Herstellen der Datenverfügbarkeit
Datenbank - Entwurf und -implementierung	Generierungsfunktion Testdaten - Bereitstellung Berichtsgenerator	Generierung von Meßdaten Entwurf der Speicher-strukturen Dokumentation der Daten-bank und anderer Daten-einheiten
Datensicherheit Datenintegrität	Plausibilitätsprüfung Sicherheitseinrichtungen	Kontrolle der Datenintegrität Kontrolle des Datenbank-zugriffs
Datenbank - Betrieb, -wartung	Update - Prozeduren Abfrage - Prozeduren Berichtsgenerator Querverweise Ausfallsicherung	Backup, Recovery Dokumentation der Daten-bank - Prozeduren Speichern und Suchen von Information über die vor-handenen Datenbestände
Überwachung und Auswertung der Leistung	Testdaten - Bereitstellung	Gestaltung neuer Daten-strukturen
Entwicklung von Standards, Anpassung an Standards	Berichtsgenerator Sicherheitseinrichtungen Editiereinrichtungen Plausibilitätsprüfung Status - Einrichtung	Dokumentationsregeln und -prozeduren Zugriffskontrolle Dokumentations - Standards

Abb. DBA 9: Unterstützung der Datenbankadministration und des Informatinsmanagements durch Data Dictionary-Systeme (Quelle: [Leo], [Wen])

wurf, Implementierung, Test, Betrieb und Wartung) [Leo]. Diese DD-Aufgaben behandelt Kapitel DBA 10.3 dieses Kapitels.

Unterstützung der Datenbankadministration und des Informationsmanagements

Wünschenswert für diese Aufgaben ist eine möglichst enge Integration des DD mit den DV-Ressourcen sowie eine umfassende logische Struktur der Meta-Daten.

Abbildung DBA 9 gibt einen selbsterläuternden Überblick über die wichtigsten Aufgaben des DD auf diesem Gebiet.

Klasse	Produkt	Anbieter	zugehöriges DBS *
1	DB / DC Data Dictionary	IBM	IMS bzw. DL / 1
1	DDS / 1100	Unisys	UDS
1	ADR / Data Dictionary	ADR	Datacom / DB
2	IDD	Computer Assoc.	IDMS / R
2	Inline Directory	Cincom	SUPRA (TOTAL)
2	PREDICT	Software AG	ADABAS
3	Datamanager	MSP	IMS, DL / 1, DB2, UDS, SESAM, ADABAS, IDMS / R
3	Rochade	R&O	IMS, DB2

* zusätzlich ermöglichen die meisten DD noch den Zugriff auf indexsequentielle Dateien (VSAM).

Abb. DBA 10: Wichtige Data Dictionary-Systeme

Unterstützung der DV-Revision [Kin], [Zil]

Die zentrale Meta-Daten-Generierung und Verwaltung ermöglicht aus Revisionssicht die Verlagerung von automatisierbaren Kontrollen in das DD. Ist das DD die einzige Quelle von Meta-Daten, so entspricht die Dokumentation der tatsächlichen Verwendung. Im einzelnen sind kontrollierbar:

- Semantische Integritätsbedingungen (Format, Wertebereich, Beziehungen zwischen Daten),
- Vollständigkeit von Transaktionen,
- Zugriffsrechte auf Daten,
- Zugriffsrechte auf das DD selbst.

Produkte

In einer ersten Unterscheidung kann der Anwender Data Dictionary-Systeme in die drei Klassen

1) abhängig, nicht integriert
2) abhängig, integriert
3) unabhängig, nicht integriert

einordnen.

Abbildung DBA 10 teilt wichtige Data Dictionary-Systeme in diese Rubriken ein.

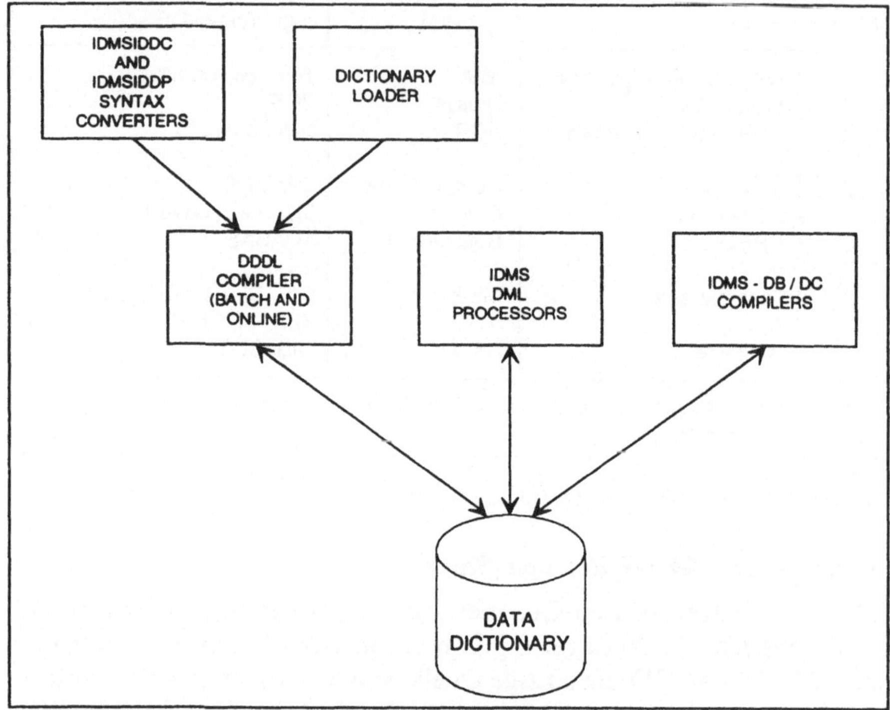

Legende:

DDDL	Data Dictionary Definition Language
IDMSIDDC, IDMSIDDP	Umsetzung von COBOL und PL/1 - Datenbeschreibungen (Indexsequentielle Dateien)

Abb. DBA 11: Software-Schnittstellen von IDD [Cul]

Abbildung DBA 11 zeigt beispielartig die Software-Schnittstellen des abhängigen, integrierten Data Dictionary-Systems IDD von Cullinet [Cul]. Die Verbindungen zu den Kästen oberhalb des Data Dictionaries manifestieren die Abhängigkeit zu IDMS/R. Sie zeigen die verschiedenen Möglichkeiten der Übernahme von Datenbeschreibungen in das DD. Die Pfeile zu den Kästen unterhalb des DD führen zu verschiedenen Auswertungs- bzw. Verwendungsarten von Meta-Daten.

Fähigkeiten, nach denen man Data Dictionary-Systeme unabhängig von der Architekturklasse unterscheiden kann, lauten:

- Umfang und Komfort der Kommandosprache,
- Bei Online-Verarbeitung: Benutzbare DC-Systeme,
- Generierungshilfen,

- Erstellung benutzerdefinierter Meta-Datentypen,
- Umfang an Standardreports,
- Synonym-Unterstützung für Meta-Daten, die für verschiedene Zwecke genutzt werden,
- Sicherheitsfunktionen.

10.3 Unterstützung des Software-Lebenszyklus

Die Datenbankadministration unterstützt während des gesamten DBS-Lebenszyklus die Vorhaltung zentraler und möglichst redundanzfreier Daten. Dabei sorgt sie für die Integrität und Konsistenz dieser Daten. Das Data Dictionary-System verwaltet alle für diese Aufgaben nötigen Meta-Daten und ermöglichst Erfassung, Suche, Änderung und Auswertung dieser Daten.

Diese Zusammenhänge begründen die folgenden zwei Aussagen:

1. Die DBA nimmt eine wichtige Funktion bei der datenbankgestützten Software-Entwicklung ein.
2. Data Dictionary-Systeme sind ein wichtiges Werkzeug für die datenbankgestützte Software-Entwicklung.

Abbildung DBA 12 erläutert Aussage 2).

Zwei Trends sind im Rahmen dieses DD-Einsatzes festzuhalten:

- Die logische DD-Struktur wird erweitert. Man spricht auch von *Entwurfsdatenbanken* oder *Entwicklungsdatenbanken* (gelegentlich auch Design Dictionary) und meint oft eine Struktur eines DD.
- DD sind eine zentrale Komponente im Konzept des *„Computer Aided Software Engineering“ (CASE).*

Entwicklungsdatenbanken

Die Entwicklungsdatenbank nimmt alle Ergebnisse auf, die während des Entwicklungsprozesses anfallen und zur Dokumentation der erzielten Ergebnisse relevant sind. Diese Dokumente entstehen bei der Anwendung von werkzeugunterstützten Methoden.

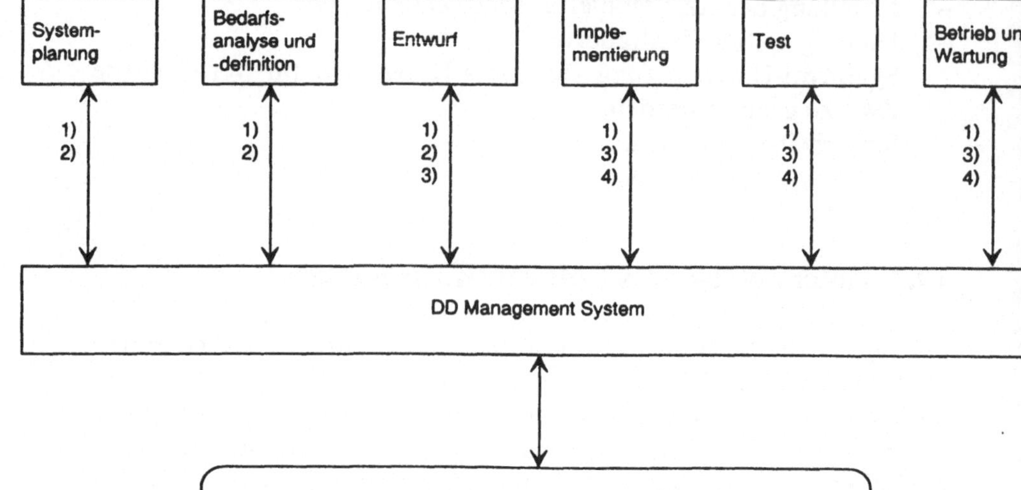

Abb. DBA 12: Verwendung eines Data Dictionary-Systems während des Software-Entwicklungszyklus (Quelle: [Leo], [Wen])

Als zusätzliche Forderung ist die direkte Umsetzung konzeptioneller Strukturen aus dieser Datenbank in eine technische Realisierung zu erheben.

Lokale Entwicklungsdatenbanken nehmen produzierte Zwischenergebnisse eines Entwicklers auf. Die *globale,* durch ein DD realisierte Entwickungsdatenbank integriert die lokalen Entwicklungsdatenbanken und enthält nach Abschluß der Entwicklung die Dokumentation.

Softwarebezogene, zusätzliche Inhalte eines DD für eine Entwicklungsdatenbank sind:

1) Definitionen für das Vorgehensmodell der Softwareentwicklung
2) DV-Konzept:
   - Datenmodell
     - 3 NF-Modell
     - Anwendersicht

- DV-Funktionen
  - Systemzugehörigkeit
  - Modulzuordnung
  - Dialoge
  - Bildschirmmasken
  - Programme

3) Fachkonzept:
   - Entity-Relationship-Modell
   - Organisationseinheit
   - Betriebliche Funktionen
   - Auslösende Ereignisse von Funktionen
   - Datenflüsse
4) Regeln zur Qualitätssicherung
5) Versionsverwaltung

Computer Aided Software Engineering (CASE)

CASE ist eine Implementierung von Methoden und Werkzeugen der Disziplin des Software-Engineering, wobei im Gegensatz zu einzelnen Tools gilt [CAS]:

- Die Einzelwerkzeuge sind, obwohl sie unterschiedliche Aspekte des Software-Engineering abdecken, phasenübergreifend integriert.
- CASE ist Datenbank- und Data Dictionary-basiert, welche die Integration ermöglichen.
- Die Entwurfsergebnisse (Entwicklungsdatenbank) können weitgehend automatisch in Softwarekomponenten übernommen werden. Hierzu sind Programm- und Maskengeneratoren erforderlich.
- CASE-Systeme besitzen eine besonders komfortable Benutzeroberfläche mit graphischen Komponenten.
- CASE-Systeme enthalten Werkzeuge für das Projektmanagement.

Abbildung DBA 13 zeigt die Grundstruktur eines CASE-Systems.

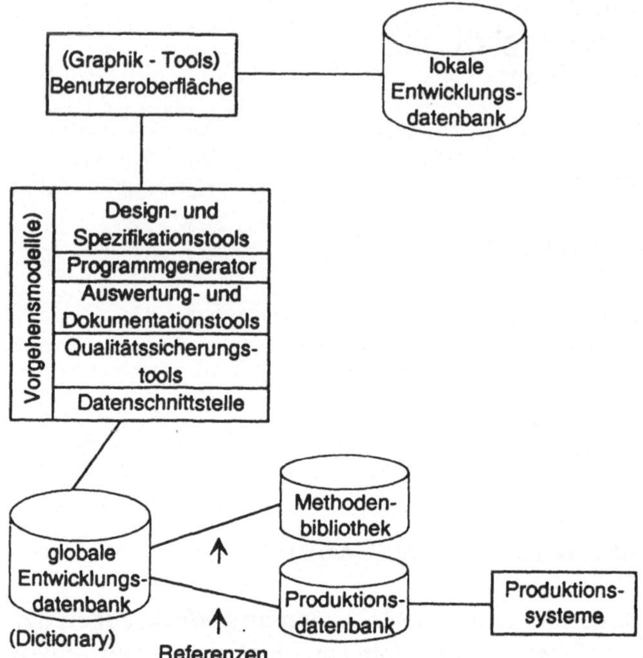

Abb. DBA 13: Struktur eines CASE-Systems

CASE-Produkte

Wichtige CASE-Produkte sollen in einer kurzen Übersicht aufgelistet werden.

Diese Produkte sind Großrechner- und/oder PC-orientiert. Eine ständige Weiterentwicklung ist zu beobachten.

- DOMINO (Siemens)
- PREDICT CASE (Software AG)
- IEF (James Martin Ass.)
- FOUNDATION (Andersen Consulting)
- IEW/ADW (Knowledge Ware)
- Excelerator (Index Technology)
- MAESTRO II (Softlab)
- Oracle CASE (ORACLE)
- Software through pictures (IDE/GSE)

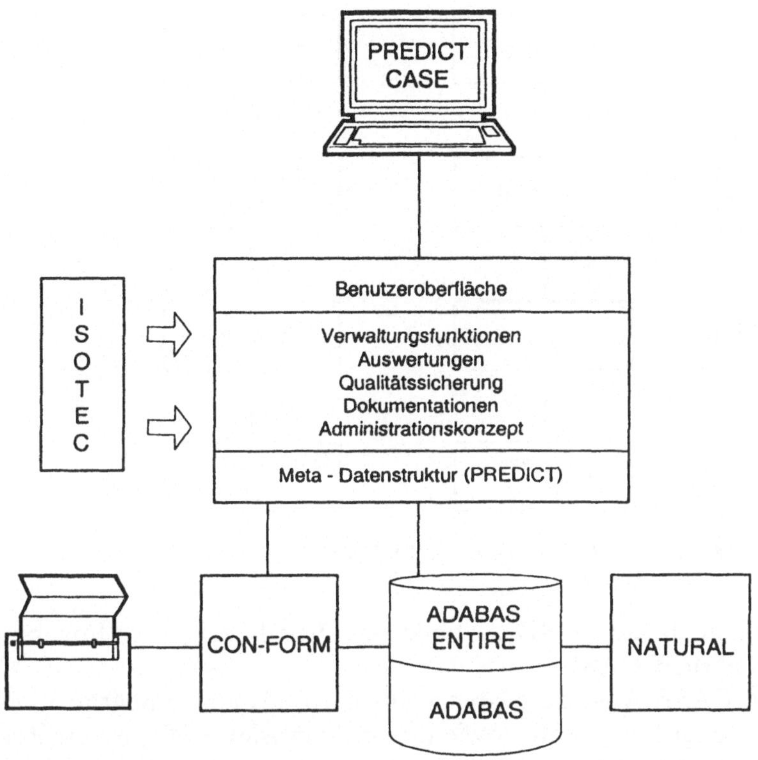

Legende:

ADABAS	Datenbanksystem
ADABAS ENTIRE	Entity-Relationship-Darstellung auf ADABAS
CON-FORM	Formatierer
ISOTEC	Integrierte SOftware-TEChnologie, Vorgehensmodell (Ploenzke Informatik)
NATURAL	4.-Generation-Sprache (PREDICT CASE = NATURAL-Anwendung)

Abb. DBA 14: Umgebung von PREDICT CASE [SAG]

- case/4/0 (micro TOOL)
- Teamwork (Cadre Technologies)

Beispielartig soll kurz das Konzept von PREDICT CASE der Software AG [SAG] geschildert werden.

PREDICT CASE ist ein Werkzeug zur Planung und Dokumentation von Software-Systemen der Produktionsumgebung der Software

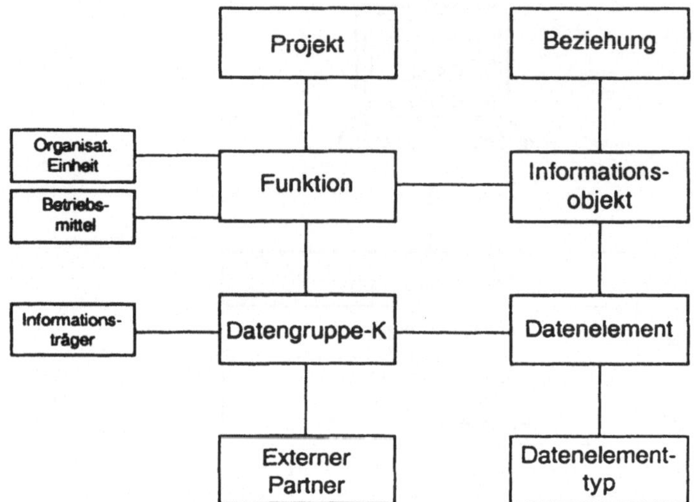

Abb. DBA 15: Wichtige Objekttypen von PREDICT CASE [SAG]

AG (vgl. auch Kap. END). Abbildung DBA 14 zeigt die Umgebung von PREDICT CASE.

Die CASE-Ansätze bestehen insofern, als eine Integration der Entwicklungsdokumente sowie die automatisierte Pflege von Referenzen zwischen Planungsdaten in einer Entwicklungsdatenbank und Produktionsdaten erfolgt.

Die wichtigsten Methoden sind:

- ISA Informationsstrukturanalyse,
- FSA Funktionsstrukturanalyse,
- KSA Kommunikationsstrukturanalyse.

Die Informationsstruktur von PREDICT CASE wird mit der Meta-Datenstruktur des Data Dictionary-Systems PREDICT und somit indirekt mit den Produktionsdaten referenziert. Sie wird als Entity-Relationship-Modell abgebildet. Abbildung DBA 15 zeigt die wichtigsten Objekttypen. Ein Metaobjekt (Objekttyp) von PREDICT CASE wie „Beziehung" wird während des Entwurfs konkretisiert als Objekt von PREDICT CASE, z. B. „Kunde_erteilt_Auftrag". Dies ist wiederum ein Metaobjekt der Anwendung mit Einzelobjekten in der Produktionsdatenbank („Meier_erteilt_Auftrag 4711"). Die Datengruppe-K repräsentiert Austauschdaten zwischen Kommunikationspartnern.

10.4 Literatur

[ALM] Allen, F. W.; Loomis, M. E. S.; Mannino, M. V.: „The Integrated Data Dictionary/Directory System", in: ACM Computing Surveys, Vol. 12, No. 2, 1982, S. 245–286

[Cas] Case, A. F. Jr.: Computer-Aided Software Engineering (CASE): Technology For Improving Software Development Productivity, in: DATA BASE, Vol. 16, Fall 1985, S. 35–43

[Cul] Cullinet Software Inc. (Ed.): Integrated Data Dictionary - Summary Description, Westwood, MA, 1984

[Gol] Goldfine, A.: The Information Resource Dictionary System, in: Chen, P. P. (Ed.): Entity-Relationship Approach, Washington 1985, S. 114–122

[IBM] IBM: Repository Manager/MVS - General Information, Version 1, Release 1, GC26-4608-0, o.O.A., 1989

[Kin] Kinzinger, H.: Revisionsunterstützung durch ein erweitertes Data Dictionary System, in: COMPAS 84, Hrsg. AMK Berlin, 9.–12. 10. 1984, S. 1025–1039

[Leo] Leong-Hong, B. W.; Plagman, B. K.: Data Dictionary/Directory Systems: Administration, Implementation and Usage, New York 1982

[Mün] Münzenberger, H.: Data Dictionary Systeme im Wandel der Zeit, in: COMPAS 87 proceedings, Hrsg. AMK Berlin, 6.–8. 5. 1987, S. 199–213

[SAG] Software AG (Hrsg.): PREDICT CASE - Einführung, Bestellnr. PCA-111-001-D, Darmstadt 1988

[Wel] Weldon, J. L.: Data Base Administration, New York 1981

[Wen] Wentzel, C.: Konzepte und Hilfsmittel der Datenadministration und deren Konsequenzen für die betriebliche Datenverarbeitung, Frankfurt 1984

[Zil] Zillessen, W.: Einsatz von Data Dictionary/Directory Systemen zur Prüfung datenbankgestützter Informationssysteme, in: COMPAS 84, Hrsg. AMK Berlin, 9.–12. 10. 1984, S. 1009–1023

11 Informationsmanagement (IM)

11.1 Das Konzept des Informationsmanagements

Das Kapitel Informationsmanagement behandelt Datenbanksysteme im größeren Rahmen der betrieblichen Informationswirtschaft. Auf diese Weise wird eine Grundlage zum effizienten Einsatz der Datenbanksysteme geschaffen. Es gilt der Zusammenhang: *Daten* sind in einer Entscheidungs- oder Handlungssituation *Informationen,* wenn durch ihre Nutzung eine Wissenserhöhung beim Anwender stattfindet (Information stellt zweckorientiertes Wissen dar [Wit]).

Nach einer Analyse des Informationsmanagement-Konzeptes (Kapitel IM 11.1) erfolgt die Erläuterung einer wichtigen Informationsmanagement-Aufgabe: „Erstellen der globalen Daten- und Funktionenarchitektur". Sie ist Grundlage für den Entwurf von Datenbankstrukturen. Hierzu wird die Datenmodellierung mit der verbreiteten und werkzeugunterstützten Methode „Entity-Relationship-Modell" vorgestellt (Kapitel IM 11.2). Kapitel IM 11.3 greift spezielle Aspekte des Datenbanksystem-Einsatzes heraus, die eine Bedeutung für die Funktionsausübung des Informationsmanagement besitzen: Standards und strategische Datenbanksystem-Wirkungen.

Der *Begriff* „Informationsmanagement" wird sehr vielschichtig gebraucht. Wir verwenden als Definition:

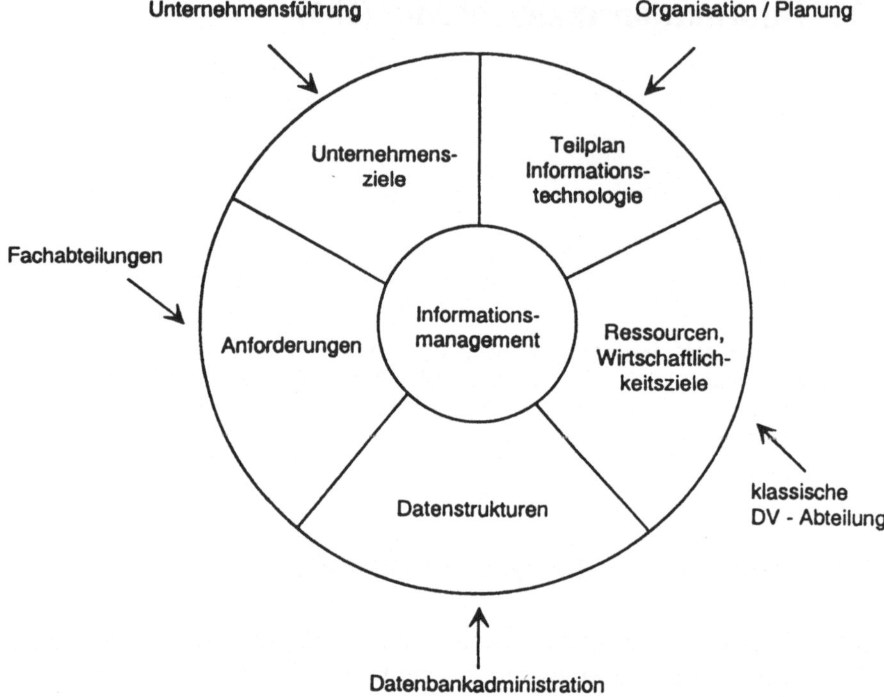

Abb. IM 1: Spannungsfeld des Informationsmanagements

Der Aufgabenbereich des Informationsmanagements umfaßt alle Prozesse, die der Informationsverarbeitung und -nutzung in einer Organisation dienen. Dazu gehören Erfassung, Verwaltung, Verteilung und Bereitstellung von Informationen [NzW].

Das Management der Kommunikation ist in diese Aufgaben mit eingeschlossen, da Information und Kommunikation sich wechselseitig bedingen.

Abbildung IM 1 erläutert das Spannungsfeld des Informationsmanagements: Es muß aufgrund seiner übergreifenden Funktion vielfältige Kommunikationsbeziehungen etablieren.

Entwicklungslinien

Das Konzept des Informationsmanagements entstand Ende der 70er Jahre in den USA als Vorschlag zur Lösung der Probleme des

Informationstechnologie-Einsatzes in öffentlichen Verwaltungen. Dieser unter der Bezeichnung ***„Information Resource Management"*** eingeführte Ansatz orientierte sich am Ressourceneinsatz als übergreifenden, strategischen Ausgangspunkt für die Informationsverarbeitung betreffende Entscheidungen. Es steht damit im Gegensatz zur funktionalen bzw. anwendungsorientierten Betrachtungsweise, die nur isolierte Anwendungsbereiche betrachten kann [Esc].

Unter Informations-Ressourcen sind die Teilbereiche Datenverarbeitung, Textverarbeitung, Graphikverarbeitung, Wissensverarbeitung und Kommunikation zu verstehen (zukünftig auch Sprachverarbeitung), deren Integration eine der Motivationen zur Errichtung des Informationsmanagements ist.

Bereiche	Basisressourcen
(1) Datenverarbeitung	Datenbanksysteme, Dateien
(2) Textverarbeitung	Textverarbeitungssysteme, Texte, Dokumentationen über Ressourcen
(3) Graphikverarbeitung	Geschäftgraphik, technische Graphik
(4) Wissensverarbeitung	Expertensysteme, Regel-, Faktenbasen
(5) Kommunikation	Rechnernetze, Übertragungsdienste

Ein mögliches Zusammenwachsen der Bereiche deuten folgende Beispiele an:

(1) (5)	Datenfernverarbeitung, verteilte Datenbanksysteme, externe Datenbanken
(1) (2) (3)	Desk Top Publishing
(1) (2) (3) (4)	Hypertext
(1) (2) (3) (5)	ISDN (Integrated Services Digital Network)
(1) (4)	Datenbanksystem als Faktenbasis für ein Expertensystem
(2) (5)	Elektronische Post, Bürokommunikation

Das Information Resource Management wird teilweise nur als eine Entwicklungsstufe zum ***strategischen Informationsmanagement*** betrachtet. Das strategische Informationsmanagement setzt die relevanten Teilziele der strategischen Unternehmensplanung in die Nutzung und Planung der Informationsressourcen um. Dabei beach-

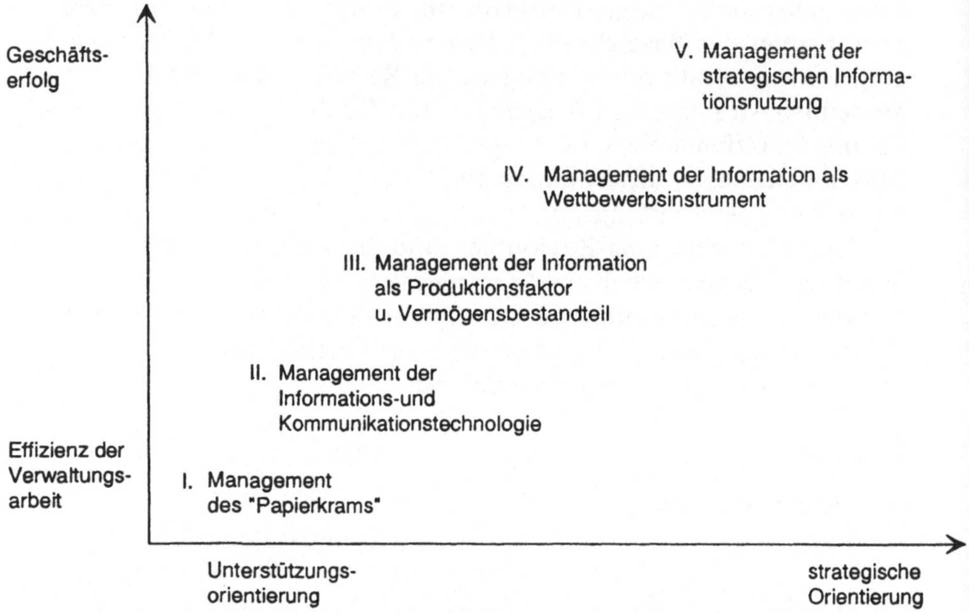

Abb. IM 2: Entwicklungslinien des Informationsmanagements [MaH] (Nach [Wol 1])

tet es Kosten-, Wissens- und Wirtschaftlichkeitsrestriktionen. Im deutschen Sprachraum hat sich der allgemeine Begriff „Informationsmanagement" durchgesetzt. Er meint je nach Autor Information Resource Management oder strategisches Informationsmanagement.

Die Klassifikation von Marchand und Horton macht die Entwicklungslinien deutlich (Abb. IM 2).

In den ersten beiden Stufen wird das Informationsmanagement nur als Büroorganisation bzw. als Verwaltung der Informationstechnologien angesehen. Die dritte Stufe kennzeichnet das eigentliche „Information Resource Management", bei dem wirtschaftliche und qualitative Komponenten der Information in den Vordergrund treten. Die vierte und fünfte Stufe sind prognostizierte Entwicklungen zum strategischen Informationsmanagement.

Ziele

Das Globalziel des Informationsmanagements ist es, den geplanten Beitrag der Informationstechnologie zu den strategischen Unternehmenszielen zu sichern. Dazu muß es die mittelbaren Ziele der DV-,

Organisations- und Fachabteilung erfüllen. Im einzelnen handelt es sich um folgende Ziele:

- Das Zusammenwachsen der einzelnen Bereiche der Informationstechnologie (traditionelle Datenverarbeitung, Textverarbeitung, Graphikverarbeitung, Wissensverarbeitung und Kommunikation) soll durch eine einheitliche Verantwortung erleichtert werden.
- Das Informationsmanagement soll die Änderung der Bedeutung von Information (als Produktionsfaktor bzw. Produkt) erkennen. Ihre stärkere Repräsentation in rechnergestützten Informationssystemen ist anzustreben.
- Das steigende Angebot an Informationstechnologie ist planerisch auszuwerten.
- Informationsvorsprung, -durchdringung sowie effiziente Nutzung von Information zur Erlangung von Wettbewerbvorteilen sind ein Unternehmensziel, zu dem das Informationsmanagement beiträgt.
- Traditionelle Wirtschaftlichkeitsziele des Informationstechnologieeinsatzes (Kosten, Produktivität, Ausfallsicherheit, Verfügbarkeit, Antwortzeit) sind zu sichern. Durch das Zusammenwachsen der Technologien bedingt, ist dies nur in Form einer ganzheitlichen Betrachtungsweise möglich.

Funktionen des Informationsmanagements

Die Funktionen des Informationsmanagements können in strategische Funktionen (z. B. Festlegen der strategischen Ziele der Informations-Infrastruktur), administrative Funktionen (z. B. Informationsbedarfsanalyse) und operative Funktionen (z. B. Produktionsmanagement der Informationstechnologie-Infrastruktur) unterteilt werden [HeB].

Eine mehr chronologische Aufteilung nach Seibt nennt sechs Hauptfunktionen [Sei]:

1. Analyse der Informationsbedarfe und der Informationsverarbeitungsbefürfnisse der betrieblichen Stellen und Abteilungen.
2. Analyse, inwieweit die vorhandenen technologiegestützten Anwendungssysteme die erhobenen Informationsbedarfe/Informationsverarbeitungsbedürfnisse befriedigen können.

3. Mittel- bis langfristige Anwendungssystemplanung.
4. Daten- und Funktionenarchitektur bzw. globale Daten-/Funktionenmodellierung.
5. Planung von Beschaffung und Einsatz der Informationstechnologie-Ressourcen.
6. Controlling der gesamten betrieblichen Informationsversorgung im Hinblick auf Wirksamkeit und Wirtschaftlichkeit.

Organisatorische Eingliederung

Die ganzheitliche Betrachtung der Informationsverarbeitung und ihrer Ressourcen erfordert eine Eingliederung des Informationsmanagements auf möglichst hoher Ebene, z. B. als eine Stabsabteilung des Vorstandes. In informationsintensiven Branchen ist gar an die Übernahme des Informationsmanagers in die Geschäftsführung zu denken. Die Position des „Informationsmanagers" kann natürlich auch durch den DV-Leiter oder DV-/Org-Leiter ausgefüllt werden, indem man bei der alten Bezeichnung bleibt und die Stellenbeschreibung ändert.

Um seine Funktionen erfüllen zu können, muß der Informationsmanager mit mindestens folgenden Kompetenzen ausgestattet sein [BeD]:

- Weisungsbefugnis für den gesamten Bereich der Informationsverarbeitung,
- Entscheidungskompetenz in allen Hardware- und Softwarefragen sowie zentrale Ressourcen-Koordination,
- Gesamtplanungskompetenz für die Datenverarbeitung, Kommunikations- und Dokumentationstechniken sowie die Büroautomation,
- Richtlinienkompetenz für Standards und Dokumentation,
- Anerkennung des Informationsmanagements-Bereiches als zentrale Fachautorität in allen Fragen der Informationsmanagements durch die Geschäftsleitung.

Abbildung IM 3 zeigt ein mögliches Organigramm des Informationsverarbeitungsbereiches mit der Position des Informationsmanagers, die den Positionen traditioneller DV-Leitungsfunktionen übergeordnet wird.

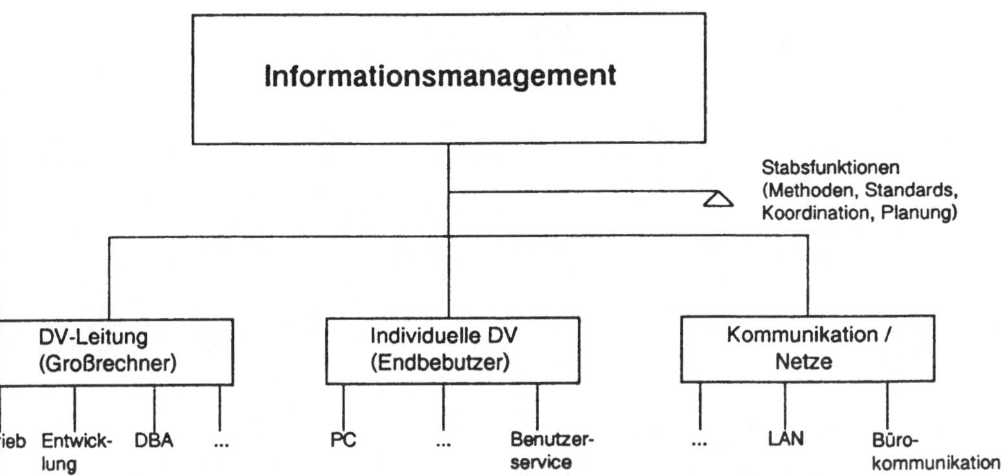

Abb. IM 3: Organigramm des Informationsverarbeitungsbereiches

Die Weisungsbefugnisse sind in diesem Beispiel hierarchisch gebunden. Findet in einem Unternehmen eine starke PC- und Endbenutzerorientierung statt, so kann über entsprechende Gremien eine Planung der Informations-Ressourcen von unten nach oben erfolgen (Beispiel: vgl. [Cor]). Im Datenbanksystem-Bereich könnte dies bei vielfältiger Anwendung von PC-Datenbanken und Endbenutzersprachen zutreffen (vgl. Kapitel END).

In diesem Fall ist auch die Einrichtung eines *Information Centers (Benutzer-Service)* zu erwägen. Dieses unterstützt die Endbenutzer von Informationstechnologie bei ihren Problemlösungen und ist cum grano salis ein „Informationsmanagement im kleinen“ da es auch Standardisierungs- und Abstimmungsfunktionen wahrnimmt.

Methoden und Werkzeuge

Auf diesem Gebiet findet der Informationsmanager eine kaum zu überblickende Vielfalt an Angeboten und Vorschlägen. Nützlich mag die folgende Klassifizierung [PaB] sein, da sie Methoden nach verschiedenen Blickwinkeln der Informationswirtschaft aufteilt (Abb. IM 4).

Wichtige Methoden nach der Klassifikation von Abb. IM 4 sind:

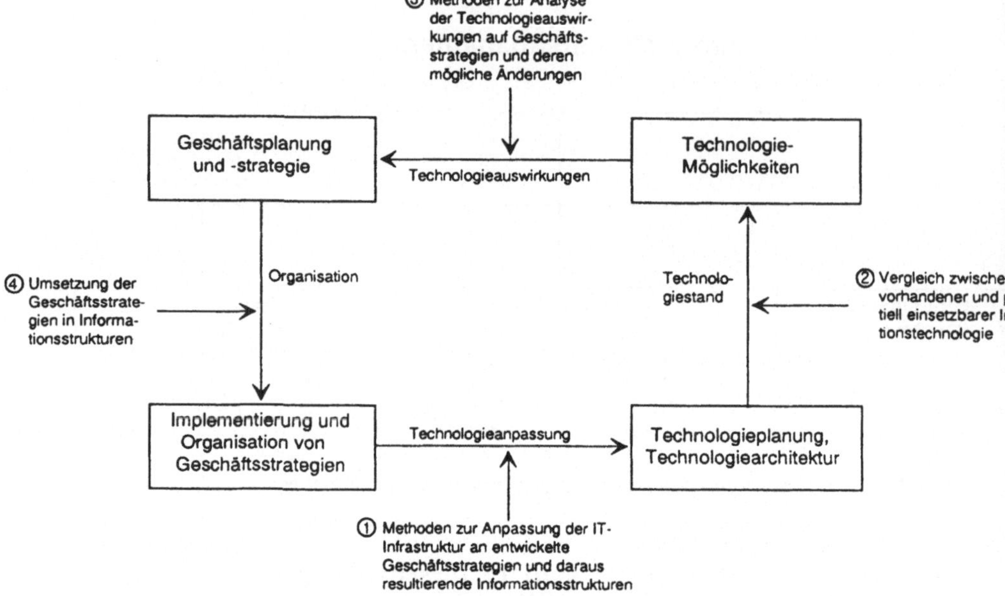

Abb. IM 4: Planungsbeziehungen im Informationsmanagement; Raster für die Methodenauswahl [PaB]

1) Technologieanpassung
- Funktions- und Informationsanalyse,
- Anwendungsportfolio,
- Business Systems Planning (BSP; von IBM),
- Kommunikations-System-Studie (KSS; von IBM).

2) Technologiestand
- Anwendungsportfolio.

3) Technologieauswirkungen
- Customer Resource Life Cycle,
- Delphi-Studien u. a. Befragungsmethoden,
- Methoden der strategischen Planung,
- Kritische Erfolgsfaktoren-Methode (Rockart).

4) Organisation
- Methoden der Informationsbedarfsanalyse (Befragung, Simulation, Szenarien),

- Entity-Relationship-Modell u. a. semantische Datenmodelle,
- Controlling-Methoden (Kennzahlensysteme, Nutzungs- und Wirtschaftlichkeitsanalysen) für bestehende Informations-Ressourcen.

Die *Werkzeugunterstützung* ist um so besser, je näher man der Modellierung von System- und Informationsstrukturen kommt. Data Dictionary-Systeme, CASE-Tools, Qualitätssicherungssysteme unterstützen den Informationsmanager bei der Modellierung und dem Controlling von Informationsstrukturen sowie der Anwendungsplanung. Auf diesem Gebiet arbeitet er eng mit dem Datenbankadministrator zusammen.

Umfassende Beschreibungen betrieblicher Informationssysteme aus der Sicht des IM werden zunehmend vorgeschlagen: Die ARIS-Architektur von Scheer [Sch] umfaßt die Bereiche:

- Organisationssicht
- Funktionssicht
- Datensicht
- Ressourcensicht
- Steuerungssicht.

Die Methoden zur strategischen Informations-Infrastruktur-Planung sind erst in Ansätzen, z. B. durch Expertensysteme, unterstützt.

Die Anwendung einzelner Methoden und Werkzeuge ist von der Bedeutung und Gewichtung der Ressource „Information“ in einem Unternehmen abhängig, ebenso von der Art der eingesetzten Informationstechnologie und der Qualifikation im Methodeneinsatz.

11.2 Datenmodelling mit dem Entity-Relationship-Modell

Der Informationsmanager hat die Aufgabe, für einen betrieblichen Bereich ein Modell der Informationszusammenhänge zu entwerfen (Unternehmensdatenmodell). Dieses ist Basis zukünftiger oder in Änderung befindlicher DV-Anwendungen.

Ist ein Datenbanksystem-Einsatz geplant, wird der Informationsmanager zum Erstellen des konzeptionellen Schemas ein Datenmodell bevorzugen, welches noch datenbanksystem-unabhängig ist, aber später leicht in das datenbankspezifische Schema übergeführt werden kann. Funktions- oder datenfluß-orientierte Modelle sind zusätzlich bei der Softwareerstellung sinnvoll.

Das 1976 von P. P. Chen vorgestellte *Entity-Relationship-Modell* [Che] besitzt die folgenden Eigenschaften, die viele Anforderungen des Informationsmanagements bei der Datenmodellierung erfüllen:

- Die grundlegenden Objekte des Entity-Relationship-Modells schließen sich unmittelbar an die Gedankenwelt der Informationsbedarfsanalyse an, die der Informationsmanager vorher durchführt.
- Es handelt sich um ein semantisches Datenmodell, welches mehr Inhalte über die Bedeutung der Daten enthält als die späteren Datenbanksystem(typ)-abhängigen Datenmodelle. Bei der Überführung in das Relationenmodell geht teilweise Semantik verloren und muß im Programm nachgebildet werden. Die Relationen sind „semantisch überladen" [HuK].
- Das Entity-Relationship-Modell erlaubt die systematische Konstruktion betriebswirtschaftlicher Sachverhalte auf Datenebene. Der Informationsmanager kann aktiv in den Dialog mit Fachabteilungen eingreifen.
- Das Entity-Relationship-Modell ist datenmodellunabhängig, d. h. sein Ergebnis kann in netzwerkartige, relationale und evtl. hierarchische Datenmodelle umgesetzt werden. Diese Unabhängigkeit ist bedeutsam, wenn die Entscheidung für ein Datenbanksystem erst nach der Datenmodellierung erfolgt.
- Die Transformation der gewonnenen Ergebnisse in ein ausführbares Datenbankschema ist weitgehend algorithmisierbar. Entity-Relationsship-Diagramme befinden sich in der dritten Normalform. In Zukunft sind für den Umsetzungsschritt verstärkt Werkzeuge zu erwarten.
- Der konzeptionelle Modellierungsschritt mit dem Entity-Relationship-Modell verstärkt die Unabhängigkeit von der physischen Datenspeicherung. Im Relationenmodell werden Elemente physischer Datenspeicherung (Zeiger) durch Relationenbezeichnungen sowie in Anfragen formulierte Joins ersetzt. Semantische Datenmodelle identifizieren Entities ausschließlich durch Attributbezeichnungen [HuK].

- Die graphische Notation mit Entity-Relationship-Diagrammen ist eingängig und aufgeschlossenen Mitarbeitern in Fachabteilungen verständlich.
- Last not least ist das Entity-Relationship-Modell seit über 10 Jahren vielen Softwarekonstrukteuren und Datenbankadministratoren bekannt und anerkannt. Erweiterungsvorschläge beherrschen nach wie vor die wissenschaftliche Diskussion [TYF].

Die folgenden Ausführungen beschreiben die Elemente des Entity-Relationship-Modells anhand von Beispielen. Anschließend erfolgt ein Überblick über Werkzeuge.

Elemente des Entity-Relationship-Modells

Wir setzen im folgenden die im Kapitel REL benutzten Begriffe des Relationenmodells voraus, an welches sich das Entity-Relationship-Modell teilweise terminologisch anlehnt.

Erster Schritt:
Informationssammlung über Entities und Beziehungen (Relationships)

Dieser Schritt entspricht in etwa der Informationsbedarfsanalyse und/oder der Ordnung vorhandener Informationen und Datenstrukturen. Man beachte, daß Chen bewußt nicht das Wort „Relation" im Codd'schen Sinne verwendet. Die „Relation" ist – wie bereits erwähnt – semantisch überladen, da sie sowohl Beziehungen verschiedener Art als auch Entities beschreiben kann.

Die Bedeutung der Elemente des Entity-Relationship-Modells lautet nach Chen [Che]:

Entity

Ein Entity ist ein individuelles und identifizierbares Exemplar von Dingen, Personen oder Begriffen der realen oder der Vorstellungswelt.

Entitytyp (Entity Set)

Ein Entitytyp faßt eine Menge von Entities zusammen, welche durch gemeinsame gleiche Prädikate (Eigenschaften) gekennzeichnet sind.

Beziehung (Relationship)

Eine Beziehung besteht zwischen zwei oder mehr Entities, die einem oder mehreren Entitytypen angehören. Ein Beispiel für eine Beziehung innerhalb eines Entitytyps (hier: Teil) ist die Stückliste (vgl. Kap. HIER).

Die Unterscheidung zwischen Beziehungen und Entities ist auch vom Anwendungszweck abhängig. Beispiel: „PKW“ ist in einem globalen Zusammenhang ein Attribut eines Entities „Fahrzeug“. PKWs können auch als eigene Entities angesehen werden; die Zuordnung „PKW – Fahrzeug“ stellt dann eine Beziehung her, die sonst entfällt.

Beziehungstyp (Relationship Set)

Dies ist analog des Entitytyps die Zusammenfassung von Beziehungen zwischen Entitytypen.

Attribut

Attribute ordnen Entities oder Beziehungen Werte aus Wertebereichen zu.

Value (Wert)

Werte sind Ausprägungen der Attribute einzelner Entities oder Beziehungen.

Value Set (Wertebereich)

Ein Wertebereich zeichnet sich durch bestimmte Eigenschaften aus und entspricht quasi dem Domänenbegriff des Relationenmodells.

Role (Rolle)

Eine Rolle ist eine Funktion, die ein Entity in einer Beziehung ausübt. Beispielweise können Entities im Beziehungstyp „Angestellter – Produkt“ die Rollen Vertreter, Produktmanager usw. ausüben (vgl. Abb. IM 5). Damit können gemeinsame Eigenschaften von Angestellten im Entitytyp „Angestellter“ isoliert werden und es ist dort keine Ordnung nach Rollen nötig.

Zweiter Schritt:
Umsetzung der Informationen in ein Entity-Relationship-Diagramm

Im zweiten Schritt wird die Struktur der Informationen entworfen. Die gefundenen Informationen werden in „Entity Relations“ und „Relationship Relations“ umgesetzt. Diese werden hier terminologisch wie Entity Sets und Relationship Sets als Entitytypen und Beziehungstypen bezeichnet.

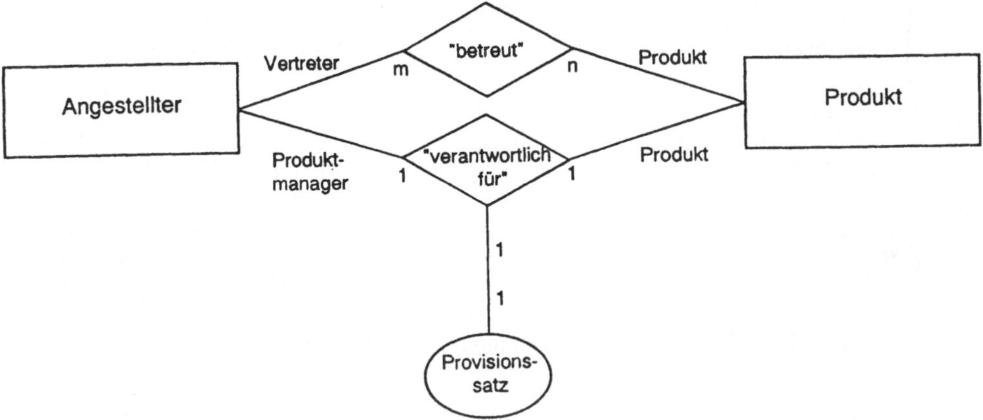

Abb. IM 5: Entity-Relationship-Diagramm

Die explizite Benennung von Entitytypen und Beziehungstypen sowie die Bezeichnung von Rollen ist aus der Normalformendarstellung nicht ableitbar.

Das Entity-Relationship-Diagramm benutzt folgende graphischen Konventionen:

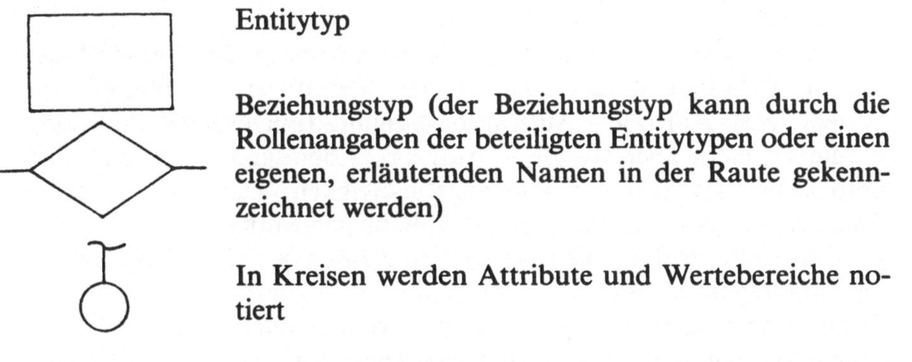

Entitytyp

Beziehungstyp (der Beziehungstyp kann durch die Rollenangaben der beteiligten Entitytypen oder einen eigenen, erläuternden Namen in der Raute gekennzeichnet werden)

In Kreisen werden Attribute und Wertebereiche notiert

1:1, 1:n, m:n Art des Beziehungstyps (vgl. Diagramme in Kapitel NETZ). Diese Information muß im Relationenmodell durch Schlüsselvergabe geregelt werden.

Attribute und Wertebereiche können einzeln an den Entitytypen und Beziehungstypen notiert werden, was im Detail den Informationsgehalt erhöht, bei größeren Diagrammen aber die Übersichtlichkeit erschwert. Abbildung IM 6 gibt ein Beispiel. „Konstruktionsdatum“ und „Ein-

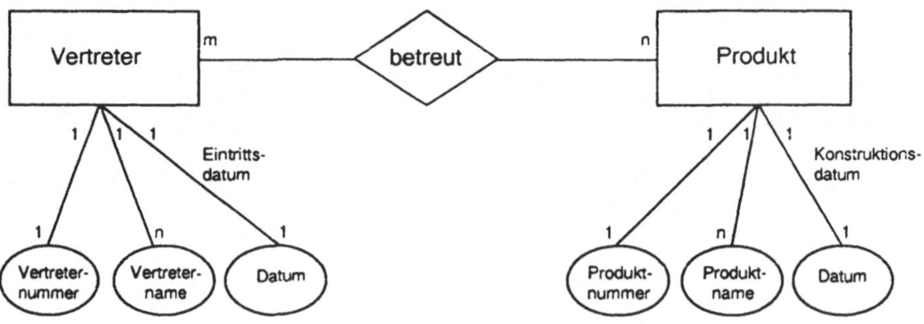

Abb. IM 6: Entity-Relationship-Diagramm mit Attributsnotation

trittsdatum" entstammen beide dem Wertebereich „Datum". Ansonsten sind die Namen von Attributen und Wertebereichen identisch.

Eine semantische Mehrinformation gegenüber dem Relationenmodell drückt die bereits 1976 von Chen vorgenommene *Unterscheidung in reguläre und schwache Entity- und Beziehungstypen* aus. Diese Information ist für die Datenintegrität wichtig.

Es wird die Existenzabhängigkeit eines Entity- oder Beziehungstyps von einem anderen modelliert. Attribute eines Entity-/Beziehungstyps reichen in diesem Fall nicht zur vollständigen Identifizierung aus. Ein abhängiger Typ existiert nur dann, wenn eine Referenz zu dem übergeordneten Typ vorhanden ist.

Diese Vorkehrung entspricht meist dem Konzept des Fremdschlüssels im Relationenmodell, da oft eine Identifizierungsabhängigkeit besteht (z. B. Auftrag – Auftragsbestätigung (mit gleicher Auftragsnummer); nicht aber Kunde – Auftrag). Abbildung IM 7 zeigt eine graphische Notation der Existenzabhängigkeit. Der Pfeil weist in Richtung des doppelt umrandeten, abhängigen Entitytyps.

Das Entity-Relationship-Modell unterstützt den abstrakten Datentyp *„Aggregation"* durch die explizite Verfolgung von Namen für Entity- und Beziehungstypen. Die Entitytyp-Bezeichnung „Vertreter" ist die Aggregation aller dort enthaltenen Attribute (Vertreter-Nr., Name usw.). Ebenso kann eine Beziehung zwischen Vertreter und Produkt die aggregierte Bezeichnung „Betreuung" erhalten. Dabei entfallen die Bezeichnungen über die Art des Beziehungstyps (1 : n usw.).

Eine *„Generalisierung"* faßt disjunkte Teilmengen von Entities zu einer Gesamtmenge zusammen mit gemeinsamen und verschiedenen Attributen. Diese semantische Information wird in Erweiterungen des Entity-Relationship-Modells eingeführt. Abbildung IM 8 zeigt die

Abb. IM 7: Existenzabhängigkeit im Entity-Relationship-Modell

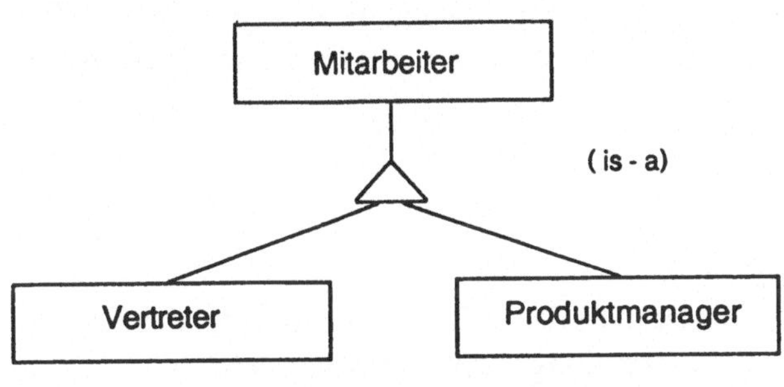

<u>Leseart:</u> Ein Vertreter ist ein Mitarbeiter (des Betriebs)
Ein Produktmanager ist ein Mitarbeiter

Es gibt keine weiteren Mitarbeiter mit anderen Bezeichnungen.

Abb. IM 8: Generalisierung im Entity-Relationship-Modell

graphische Darstellung dieses zuweilen als „is-a“-Relation bezeichneten Zusammenhangs. Überlappende Teilmengen werden durch „Rollen“ abgebildet.

Andere Erweiterungen des Entity-Relationship-Modells [TYF] berücksichtigen in ihrer Symbolik zusätzlich Beziehungen, die drei Entitytypen verknüpfen. Dies korrespondiert im relationalen Modell mit einem Schlüssel aus drei Attributen, der nicht zerlegt werden darf (Problem der 4. Normalform). Weiterhin unterscheiden Teory et al. in optionale und zwangsläufige Beziehungen. Optionale Beziehungen betreffen nur schwache Entity- und Beziehungstypen. In relationalen Datenbanksystemen werden sie durch Zulassung von Nullwerten eines Attributes (bzw. Maybe-Operator bei Abfragen) implementiert.

Diese kleinen Beispiele zeigen, daß die Erweiterungen des Entity-Relationship-Modells immer mehr Semantik inkorporieren, was für die Aufgaben des Informationsmanagers nur positiv gewertet werden kann.

Dritter Schritt:
Umsetzung des Entity-Relationship-Modells in ein implementierungsnahes Datenmodell

Die Bedeutung dieses Schrittes ist selbsterläuternd. Werkzeuge sollen diesen Schritt weitgehend automatisieren. Die „Algorithmisierbarkeit", d. h. Automatisierbarkeit hängt davon ab, inwieweit alle semantischen Eventualitäten im Entity-Relationship-Modell Beachtung finden. Erweiterte Modelle sind demnach besser zur Automatisierbarkeit geeignet.

Werkzeuge

Werkzeuge sind die Voraussetzung des effizienten Einsatzes des Entity-Relationship-Modells. Größere Diagramme werden sehr schnell unübersichtlich. Eine Gruppe von Werkzeugen beschäftigt sich daher mit der computergestützten Erstellung der Diagramme. Schnelle Navigation im Diagramm, Zoom-Funktionen und die Möglichkeit des Ausblendens nicht benötigter Diagrammteile werden zur Verfügung gestellt.

Eine andere Gruppe von Werkzeugen befaßt sich mit der Umsetzung von SQL-, DL/1-, oder CODASYL-Datenmanipulationsbefehlen in Entity-Relationship-Manipulationssprachen. Ähnliches wird auf Datenbeschreibungsebene angestrengt. Diese Tools würden dem Informationsmanager die Analyse vorhandener Informationsstrukturen erleichtern. Auch der umgekehrte Weg, d. h. die Umsetzung eines Entity-Relationship-Diagrammes in DML und DDL-Befehle eines Datenbanksystems, wird angegangen. Hiervon profitiert der Informationsmanager bzw. Datenbankadministrator bei der Entwurfsarbeit.

Viele Werkzeuge existieren als Prototypen (einige Beispiele findet man in [Che2]). Die Umsetzung findet mittlerweile in Systemen des Computer-Aided Software Engineering (CASE) und in Entwurfsdatenbanken statt.

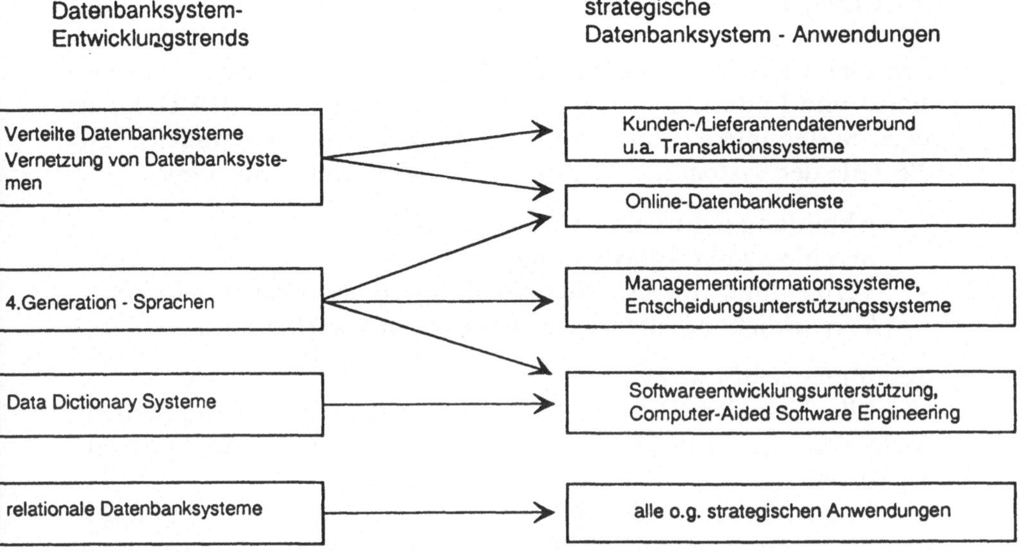

Abb. IM 9: Nutzung von Datenbanksystem-Entwicklungstrends in strategischen Datenbanksystem-Anwendungen [KaN]

11.3 Bedeutung des Datenbanksystem-Einsatzes für das Informationsmanagement

Strategische Bedeutung

Das Informationsmanagement ist eng mit der strategischen Unternehmensplanung bzw. Informationstechnologieplanung verbunden. Es ergibt sich ein Zusammenhang zwischen Datenbankstrategie, strategischen Datenbankanwendungen und Informationsmanagement. Man kann umgekehrt die Aussage treffen, daß die strategische Planung der Informationstechnologie erst unter dem Eindruck technologischer Fortschritte auf den Gebieten Vernetzung, Büroautomation, Datenbankeinsatz, 4.Generaton-Sprachen usw. aufkommt [KaN].

Abbildung IM 9 erläutert diesen Zusammenhang für das Gebiet des Datenbanksystem-Einsatzes.

Bedeutung für die Systemintegration

Ein Ziel des Informationsmanagements ist es, eine globale Informations- und Funktionsstruktur zu entwickeln (vgl. Kap. IM 11.1), die eine Systemintegration erlaubt (Unternehmensdatenmodell). Die Vorteile der Systemintegration sind bekannt und können mit

- Abbildung natürlicher Vorgangsketten,
- Beschleunigter Verarbeitung,
- Vermeidung von Zwischendatenträgern und Datenredundanz,
- Verwirklichung integrierter Verarbeitungsverfahren

zusammengefaßt werden.

Alle Ziele des Datenbanksystem-Einsatzes (Redundanzfreiheit, Mehrfachzugriff usw.) korrespondieren mit den Zielen der Systemintegration.

Nun ist es ebenso denkbar, eine Systemintegration über Methoden/Verfahren anzustreben. Diese Integrationsart ist allerdings nur für einzelne Fälle möglich (z. B. Simultan- statt Sukzessivplanung der Produktion), zudem wird das System starrer. Neuere Ansätze schlagen deshalb ein Trigger-Konzept vor, wobei Programme über „Aktionsdaten" nachrichtengesteuert ausgelöst werden. Auch diese Aktionsdaten können über ein Datenbanksystemen verwaltet werden.

Bedeutung für die Organisationsaufgabe

Das Informationsmanagement ist für die Organisation des Ablaufs der Informationsverarbeitung und -nutzung zuständig (vgl. Kap. IM 11.1), welche ein Teilgebiet der gesamten betrieblichen Organisation darstellt. Informationsverarbeitung ist hier ein aktiver Gestaltungsfaktor.

Ein Datenbanksystem enthält explizit oder implizit Funktionen, die organisatorische Regelungen verkörpern [Kau]:

- Verwaltung organisatorischer Daten,
- Bereitstellung von Daten für Entscheidungen,
- Abwicklung formaler organisatorischer Regelungen durch Software, die Daten des Datenbanksystems benutzt,
- Beeinflussung von Arbeitsteilung, Kommunikation und Delegation durch die Lokalität der Daten sowie Zuständigkeitsregelun-

gen für die Datennutzung. (Stichworte: Verteiltes Datenbanksystem, Endbezutzerzugang u. a.).

Der Informationsmanager kann somit eine Gestaltungsaufgabe in der betrieblichen Organisation durch Möglichkeiten des Datenbanksystems wahrnehmen.

Bedeutung für die Standardisierung

Das Informationsmanagement ist verantwortlich für Standardisierungen im Bereich der Informationstechnologie.

Die Standardisierung im Orgware-, Software- und Hardwarebereich führt zu Wirtschaftlichkeitsvorteilen. Einige Integrationsabsichten werden durch Standards erst ermöglicht. Datenbanksysteme sind in der kommerziellen Informationsverarbeitung unverzichtbarer Bestandteil der Standardisierungs-Strategie. Standards und Quasi-Standards sind:

- CODASYL-Empfehlungen,
- SQL-Sprache,
- VSAM-Verwendung,
- KDBS/KDCS (Kompatible Datenbank- bzw. Datenkommunikationsschnittstellen),
- Entity-Relationship-Modell,
- zukünftig Standards zur erweiterten Beschreibung der logischen Data Dictionary-Struktur (z. B. Repository von IBM).
- weitergehend: Alle Bemühungen im Rahmen offener Architekturen (z. B. X/Open-Portability Guide).

11.4 Literatur

[BeD] Berner, C.; Dietrich, A. I.: Vom langen Marsch durch die Institutionen, in: Computer Magazin 5/82, S. 37–67

[Che1] Chen, P. P.: The Entity-Relationship Model – Toward a Unified View of Data, in: ACM Transactions on Database Systems, Vol. 1, No. 1, March 1976, S. 9–36

[Che2] Chen, P. P. (Ed.): Entity-Relationship Approach – The Use of ER Concept in Knowledge Representation, Washington 1985 (Proceedings of the 4th International Conference on Entity Relationship Approach, Chicago, 29–30 Oct. 1985

[Cor] Corbin, D. S.: Bottom-up IRM Planning: How It Worked at Rockwell, in: IMC Journal, Vol. 23,No. 6, 1987, S. 27–32

[Esc] Eschenröder, G.: Planungsaspekte einer ressourcenorientierten Informatonswirtschaft, Bergisch Gladbach 1985

[HeB] Heinrich, L. J.; Burgholzer, P.: Informationsmanagement, München, Wien 1987

[HuK] Hull, R.; King, R.: Semantic Database Modeling, in: ACM Computing Surveys, Vol. 19, No. 3, Sept. 1987, S. 201–260

[KaN] Kaucky, G.; Niedereichholz, J.: Strategische Planung betrieblicher Informationssysteme unter Berücksichtigung des informationstechnologischen Angebotes, in: Angewandte Informatik 6/88, S. 235–239

[Kau] Kaucky, G.: Informationstechnologie und organisatorische Änderungen, Wiesbaden 1988

[MaH Marchand, D. A.; Horton, F. W.: Infotrends. Profiting From Your Information Resources, New York 1986

[NZW] Niedereichholz, J.; Wentzel, C.: Voraussetzungen und organisatorische Wirkungen des Informationsmanagements, in: Angewandte Informatik 7/85, S. 284–290

[PaB] Parker, M. M.; Benson, R. J.: Enterprise-Wide Information Management (EwIM) – The Available Tools and Methods, IBM Los Angeles Scientific Center Report No. G320–2780, Feb. 1986

[Sch] Scheer, A.-W.: Architektur integrierter Informationssysteme, Berlin u. a. 1991

[Sei] Seibt, D.: Information Resources Management, in: Lexikon der Wirtschaftsinformatik, Mertens, P. (Haupthrsg.), Berlin u. a. 1987, S. 180–182

[TYF] Teorey, T. J.; Yang, D.; Fry, J. P.: A Logical Design Methodology for Relational Databases Using the Extended Entity-Relationship Model, in: ACM Computing Surveys, Vol. 18, No. 2, June 1986, S. 197–222

[Wit] Wittmann, W.: Unternehmung und unvollkommene Information, Köln, Opladen 1959

[Wol1] Wollnik, M.: Aktionsfelder des Informationsmanagements, in: GMD-Jahresbericht 1987, Bonn 1988, S. 148–166

[Wol2] Wollnik, M.: Reorganisationstendenzen in der betrieblichen Informationsverarbeitung – Der Einfluß neuer informationstechnologischer Infrastrukturen, in: HMD 142/1988, S. 62–79

Sachverzeichnis